그리스-로마 종교와 신약성서: 그리스도교의 기원에 대한 사상사

조재형 지음

그리스-로마 종교와 신약성서:
그리스도교의 기원에 대한 사상사

초판1쇄   2021.06.30.

지음   조재형
편집   김덕원, 김요셉, 아만다 정, 박이삭, 이용화

발행처   감은사
발행인   이영욱
전화   070-8614-2206
팩스   050-7091-2206
주소   서울시 강동구 암사동 아리수로 66, 401호
이메일   editor@gameun.co.kr

ISBN   9791190389358
정가   22,000원

Greco-Roman Religion and the New Testament:
The History of Ideas on Christian Origins

Dr. Jae Hyung Cho

노량진 중앙 그리스도의 교회 중등부 시절부터

그리스도의 사랑을 가르쳐 주신

허미순 선생님께 이 책을 헌정합니다.

| 목차 |

그림 차례

추천사

기준서 박사 | 전 그리스도대학교 총장

　조재형 박사의 『그리스-로마 종교와 신약성서』는 신약성서 연구에 새로운 지평을 열어주는 묵직하고 유익한 연구서다. 지금까지 신약학계는 신약성서를 연구하고 해석하는 데 주로 유대적 종교와 문화의 관점에서 조명되어 왔다. 물론 신약성서를 연구할 때 구약성서와 그 배경이 되는 유대 종교/문화가 일차적이고 중요한 자료가 되는 것은 맞다. 그럼에도 아쉬운 것은 신약성서가 기록될 당시의 시대적/역사적 상황이 간과되어 왔다는 것이다. 1세기 당시 그리스 철학자들의 탁월한 사상, 뛰어난 저술가들의 문학작품, 헤아릴 수 없이 많은 그리스 신들의 이야기는 헬라 문화권에서 널리 읽혔고, 따라서 신약성서 저자들에게도 직간접적으로 지대한 영향을 끼쳤다.

　조재형 박사는 미 서부의 클레어몬트 대학원 대학교에서 그리스-로마 종교와 문화 연구에 독보적인 석학인 맥도날드 교수와 그레고리 라일리 교수 밑에서 신약신학을 연구할 수 있는 기회를 얻었고, 신약성서 안에 깊숙이 침전되어 있는 그리스-로마 종교와 문화에 대해 각별한 관심을 갖고 꾸준히 연구해왔다. "그리스-로마 종교의 빛 안에서 요한복음의 성만찬"을 박사학위 논문으로 쓰면서 더욱 심화된 연구를 거듭하였다. 이번에 내놓은 『그리스-로마 종교와 신약성서』는 기독교가 탄생하기 전후 1세기경의 그리스-로마 종교와 문화에 대하여 방대한 자료를 바탕으로 연구되었다는 점에서 높이 평가된다. 그의 연구 논문들은 앞으로 한국 신약학계의 신약성서 연구방법론의 외연을 넓히고 내용을 확장하는 데 크게 기여할 것이다. 앞으로 조재형 박사의 그리스-로마 종교와 문화에 대한 심화된 연구가 신약성서를 읽고 해석함에 있어서 나침반 역할을 하기를 기대한다.

　　유근희 박사 | 전 아시안제자회(NAPAD) 실행목사

　　오랫동안 기다렸던 조재형 박사의 작품이 드디어 출간되어 기쁘다. 이 책은 그리스도교 경전, 특히 신약성서를 연구하며 심도 있는 이해를 원하는 목회자들, 신학도들, 일반 평신도들에게도 큰 도움이 되는 필독서다. 저자 조재형 박사는 호메로스의 『일리아스』와 『오뒷세이아』 그리고 "밀의 종교"까지를 문학비평에 입각한, 사상사 비평, 미메시스 비평 그리고 역사 비평법을 도입하여, 신약성서 신학의 골수인, 유일신론, 고난받는 기독론, 부활신앙, 영생론 그리고 성례전(침례와 성찬)의 형성과 발전에 미친 영향을 고찰한다. 독자들은 그리스도교 신학의 "역동성과 사회 변혁성" 그리고 정체성을 깊이 이해함으로써 다원화된 포스트모더니즘 문화 속에서 그리스도교 신학과 신앙이 나아갈 새로운 방향을 찾을 수 있게 될 것이다. 신약성서의 심도 있는 이해를 원하는 분들의 필독서로 기꺼이 추천한다.

조태연 교수 | 호서대학교 신약학 교수

복음서 기자들의 해석을 따르면, 예수의 탄생과 죽음은 시편 등 구약성서의 예언이 성취된 것이다. 기독교는 예수 이전 헤브라이즘의 거룩한 전통과 예수 그리스도로 말미암은 새로운 영성을 옛 언약(old testament)과 새 언약(new testament)의 관계로 보는 관점을 정통으로 채택하였다(고후 3장, 특히 6, 14절). 기독교 경전으로서의 구약성서와 신약성서도 여기서 비롯되었다. 하지만, 예수와 바울보다 몇백 년 전부터 유대교도 철저히 헬레니즘화되어 있었다는 사실을 믿을 수 있을까? 신약성서의 모든 책이 전적으로 헬라어(그리스어)로만 기록된 이유는 무엇일까?

구약성서에서 하나님이 인간과 하나가 된다는 것이 가능한 일인가? 신(神)이 죽었다가 다시 살아나는 것은 또 어떤가? 사람이 신을 먹고 신처럼 된다는 것은 어디서 유래한 생각인가? 예수 그리스도의 죽음과 부활을 핵심으로 하는 케리그마와 같은 기독교의 핵심적인 교리는 구약성서나 유대교적 배경만 가지고는 결코 설명할 수 없다. 성만찬과 같은 기독교의 핵심적인 예전뿐만 아니라, 참사람(人性)이요 참 하나님(神性)인 예수 그리스도, 영과 육, 지옥과 천당, 사후 심판과 영생도 마찬가지다. 이들은 그리스-로마의 문화적, 종교적 전통과 함께 보아야 잘 이해된다. 그래서 하버드 대학의 헬무트 쾨스터(Helmut Koester)를 비롯한 많은 신약성서학자들은 헤브라이즘보다는 헬레니즘이 바로 신약성서 기독교의 중요한 배경이라고 보았다.

　우리나라의 성서학계에 신약성서의 배경으로서 유대교에 관한 책은 많다. 그러나 헬레니즘과 그리스-로마 시대의 문화와 종교 전통에 관한 연구서는 전무하다. 이 책의 독보적 가치는 여기에 있다. 이 책은 그리스-로마 종교의 내용과 사상 및 제의를 소개한다. 그리고 이러한 것들이 신약 기독교에, 나아가서 신약성서 본문들에 어떻게 관련되고 또 영향을 주었는가 추적한다. 이 책은 기독교 기원의 매우 중요한 부분들을 풀어낼 열쇠가 될 수 있을 것이다.

　나는 이 책의 최고 가치를 호머(호메로스) 문학의 연구와 더불어 밀의 종교(미트라스, 디오뉘소스 제의, 오피즘, 엘레우시스 제의, 퀴벨레 제의, 이시스 제의, 오시리스 제의 등) 소개에 있다고 본다. 이는 당장 예수 그리스도의 변모, 최후의 심판 및 기독교·성례전, 기독교 교리의 최고 핵심인 케리그마 및 기독론에 대한 열쇠를 제공하기 때문이며, 또한 히브리 성서 및 유대교와 비교했을 때 역사적 예수 및 그를 계승한 예수운동이 어떻게 다른지, 그리고 후자와 비교했을 때 바울로 대표되는 헬레니즘적 그리스도교는 또 어떻게 달라졌는지를 알아볼 수 있는 종합적인 그림을 보여주기 때문이다.

　나요섭 박사 | 전 영남신학대학교 신약학 교수

　조재형 박사의 『그리스-로마 종교와 신약성서』는 역사적이고 종교적이며 신학적인 배경을 제공하는 유익한 책이다. 그는 이를 통해 신약성경을 바탕으로 형성된 기독교의 본질과 문제를 동시에 해결해줄 수 있는 길을 제시함으로써 우리가 몸담고 있는 기독교에 대해 좀 더 열린 눈을 가지고 접근할 수 있도록 해준다.

첫째, 이 책은 기독교가 탄생하기 전후 그리스-로마 문화권에 대한 방대한 지식을 제공해준다. 배경을 통해서 주인공이 돋보이게 하는 방식으로 당시 주변의 종교적인 문화 속에서 기독교가 지닌 가치를 보게 만든다. 사상사 비평법을 사용하여 기독교 신앙의 큰 물줄기를 짚어주며, 우리가 쉽게 이해하기 어려운 신약성서의 몇몇 주제들에 대해 일목요연하게 정리해준다. 이러한 점에서 이 책은 큰 가치를 지닌다.

둘째, 이 책은 종교의 본질을 이해하는 가운데 기독교를 이해하도록 돕는다. 이를 통해서 많은 종교 가운데 기독교의 위치와 역할을 보게 한다는 점에서 이 책은 의미 있는 공헌을 한다. 다른 종교와 영향을 주고받는 가운데 이루어진 역사를 보게 하면서 오늘 우리가 몸담고 있는 기독교를 재해석하게 한다.

셋째, 조재형 박사는 유일신론적인 관점에서 기독교를 다시 한번 돋보이게 한다. 그리스-로마 문화권의 다양한 다신교와 단신교에 대해 서술하면서도 유일신교로 발전하게 된 기독교에 대해 집중하게 한다. 이는 사람들이 종교에 대해 가지는 기본적인 자세를 견지하면서도 우리가 믿는 유일신으로서의 하나님에 대해 깊이 성찰하게 한다.

결론적으로 이 책은 독자들에게 종교적인 지평을 넓혀준다. 기독교에 몸을 담고 있으면서 다른 종교에 대한 지식을 폭넓게 전해주면서도 동시에 그것을 통해 기독교의 위치와 역할을 다시 한번 보게 한다. 이러한 점에서 이 책은 다른 책들이 하지 못하는 역할을 하기 때문에 모든 이들에게 꼭 읽어보기를 추천한다.

　　김덕기 교수 | 대전신학대학교 신약학 주임교수

　　이 책은 다른 배경사의 책과 전혀 다른 종교사적 해석의 관점을
제공함으로써 글쓰기의 형식부터 남다르다. 그리스-로마 종교의 개
괄적인 이해를 호메로스의 신화적 영웅, 그리스-로마 역사, 밀의 종
교, 플라톤 철학의 연속적 흐름 속에서 사상사적 접근방법에 따라 먼
저 제시하고, 이어서 미메시스 비평으로 신약성서를 새롭게 조명한
해석 사례를 간결하게 제시한다. 그래서 이 책은 성서의 각 권의 주
제들을 나열한 개론서나 성서 전체의 구원사를 역사적 시간의 흐름
에 따라 기술하기 위해서 단지 그 배경으로서 그리스-로마 종교를
소개한 기존의 신약성서의 배경사 책들과 차별된다. 그리스-로마 종
교와 연관된 사진과 이를 설명하는 개론적인 소개를 통해서 즉시 그
요점을 파악하게 되어, 고대 종교의 흐름 속에서 성서의 핵심 메시지
를 빠르게 파악할 수 있는 길잡이를 제시한다는 점에서 이 책은 역동
적인 주석의 기초를 제공한다. 이러한 독자적인 종교에 신약성서를
연결시키는 시도는 많지 않았다. 그 밑에 흐르는 신학적 주제는 그리
스-로마 종교와 문학/원시기독교의 전승/신약의 창의적 메시지(신학
과 윤리)의 정/반/합의 구조가 새롭게 역동적으로 제시되는 변증법적
과정으로서의 하나님의 구원 드라마이다. 그래서 복음서와 사도행전
에 흐르는 신학적 구조를 그리스-로마 문화 현장에 알맞은 단순한
논리로 표현하면, '하나님은 그리스-로마 종교의 다양한 도전에도 원
시기독교의 핵심 전승을 그 시대의 정황에 따라 창의적으로 재해석
할 수 있는 실마리를 우리에게 제시하였다'로 요약될 수 있을 것이

다.

조재형 박사는 강단의 신학자와 달리 그는 온몸으로 그리스-로마 종교의 다양한 대화의 현장에 뛰어들어 그 속에서 하나님의 세미한 목소리를 들으며 신학적 착상을 시작하여, 마침내 그리스-로마 종교의 사상적 대양의 흐름 속에서만 볼 수 있는 신약성서의 핵심 주제 및 연관된 종교적 창의성을 새롭게 파악할 수 있는 이정표를 우리에게 제시했다. 더불어 그는 한국의 다종교와 남북 분단의 현장과 대화하며 성서를 재해석하는 안내자의 역할을 가장 창의적이고 역동적으로 담당했다. 이 책은 우선 신학생들이 그리스-로마 종교를 개론적으로 이해하는 데 유익할 것이다. 목회자들은 그리스-로마 종교의 맥락에서 성서를 조명한 다양한 참고도서를 섭렵하기 위한 개론서로 활용하면 좋을 것이다. 평신도들은 이 책을 통해 그리스-로마 시대의 다양한 종교와는 다른 성서만의 독창적이고 탁월한 윤리적 감수성을 발견하며, 그 안에서 하나님이 섭리하시는 심오한 역사를 발견할 수 있을 것이다.

나인선 교수 | 목원대학교 예배학 교수

그리스-로마의 종교와 문화가 신약성서를 형성하게 한 초대교회 신앙공동체에 어떤(what) 영향을 어떻게(how) 끼쳤는지는 신약성서 이해에 회피할 수 없는 본질적인 질문이 되어왔다. 조재형 박사는 『그리스-로마 종교와 신약성서』를 통해 그동안 서구 학계에서 연구된 그리스-로마 종교/문화가 신약성서의 신학의 형성과 전개에 어떤 사상적-문학적 영향을 미쳤는지를 심도 있게 소개한다. 그리고 이런 그리스-로마 종교와 문화의 관점을 통해 기존의 해석학적 방식으로는 이해하기 어려웠던 성서 본문들을 새롭고 창의적으로 해석하면서 신약성서 본문 해석의 지평을 넓혀준다. 이러한 조재형 박사의 학문 연구의 결실은 한국 신약학계와 교회의 경직화된 말씀 연구에 도전을 주고, 종교개혁의 정신을 이어가는 한국교회의 미래를 위한 귀중한 도구가 될 것이라 믿는다.

서문:
개정증보판을 내면서

나는 2002년 가을부터 2010년 말까지 미국 캘리포니아주에 있는 클레어몬트 대학원 대학교(Claremont Graduate University)의 종교학과에서 신약성서를 공부했다. 이곳에서 데니스 맥도날드(Dennis MacDonald) 교수와 그레고리 라일리(Gregory J.Riley) 교수를 만나기 전까지 나는 신약성서를 주로 유대교 배경하에서 공부하였고, 예수를 그리스-로마의 영웅들의 관점에서 해석하는 '영웅 기독론' 내지 호메로스 서사시들과 신약성서 본문들 사이의 문학적 연관성에 대해서는 전혀 생각해보지 못했다. 박사학위를 받기까지 꼬박 8년이 걸렸지만 나는 신약성서와 그리스-로마 종교/문학을 비교하면서 그리스도교의 기원을 흥미롭고도 새로운 관점에서 공부할 수 있었다. 2012년에 한국에 돌아와서 지금까지 공부한 것들을 국내 전문 학술지에 논문으로 발표하기 시작했다. 학술논문의 한계는 전문 연구자들을 제외하고 일반 대중들에게 쉽게 다가갈 수 없다는 데 있었다. 나는 다양한 경로를 통해서 내가 발표한 것들을 책으로 출판하려고 노력했지만 아직 대학 강단에서 자리를 잡지 못하고 강사로 연구를 하고 있는 학자에게는 선뜻 출판이 허락되지 않았다. 나는 직접 찍은 사진들을 표지와 자료로 이용하고, 개인 편집자와 표지 디자이너를 섭외해서 인터넷상에서 주문자 제작 방식(POD)으로 2018년에 내 생애 처음으로 『그리스-로마종교와 신약성서』라는 학술서적을 출판했다. 주문자 제작 방식은 초기 비용은 많이 들지 않고, 재고에 대한 부담도 적었지만, 독자들이 책을 주문하면 그때부터 제작에 들어가는 구조여서 최소한 열흘이 걸려야 책을 받아볼 수 있었다. 나는 얼마 지나지 않아 이 방식이 논문보다는 접근성은 좋지만, 독자들에게 다가가기에는 여전히 먼 거리에 있음을 느꼈다. 그래서 언젠가는 다시 정식으로 출판하여 전국 서점에 배포될 수 있기를 갈망하고 있던 차에 감은사의 이영욱 대표가 이 책의 출판을 제안했다. 나는 쉽지 않은 한국 출판 여건 속에서 이 책의 중요성을 간과하지 않고 기꺼이 출판을 할 수 있도록 손 내밀어 준 감은사에 진심으로 감사를 드린다.

이 책의 기본 구조는 크게 변하지 않았지만 책 끝머리에 2018년 판에 없는 '고린도전서에 나타난 그레코-로만의 공동식사'를 더 추가했다. 어색한 문장 표현들과 뜻이 명확하지 않은 부분을 고쳤으며, 인명과 주제 색인도 첨가했다. 이 책에서 사용한 한글성경은 특별한 언급이 없는 한 주로 개역한글을 사용했고, 필요에 따라서 공동번역과 새번역을 사용할 때에는 출처를 명기했다. 2018년판을 저술할 때는 서울에서 거주했었지만, 2020년 초에 8년 동안의 서울살이를 벗어나 충청남도 예산으로 아예 이사를 왔다. 작은 시골집을 1년 동안

수리하면서 각박한 서울살이 대신에 좀 더 호젓한 생활 속에서 이 개정증보판을 만들었다. 『그리스-로마 종교와 신약성서』에서 그리스의 철학적인 종교와 고대 영지 사상에 대해 간략하게 설명했는데, 이 부분을 작년(2020) 초에 『초기 그리스도교와 영지주의』라는 책으로 출판하게 되었다. 이 두 책은 내용적으로 서로 연결되어 있는데, 『그리스-로마 종교와 신약성서』는 뒤에 나온 책을 더 깊이 있게 이해할 수 있는 배경을 제공한다. 이 책의 어떤 부분은 전문적인 내용을 다루지만 인문학의 넓은 지평 안에서 저술되었기 때문에 비종교인들이나 또는 다른 종교를 가진 사람들도 마음만 먹는다면 충분히 읽고 따라올 수 있으리라 생각한다.

제1부

그리스-로마 종교와 신약성서의 관계

들어가는 말

　신약성서는 약 2천 년 전 그리스-로마 문화와 종교의 풍부한 토대 위에서 기록되었다. 이 책의 목적은 그리스-로마 종교의 배경과 사상이 신약성서의 신학(기독론, 신론, 부활사상, 침례, 성찬과 제의)의 형성과 발전에 미친 사상사적·문학적 영향들을 살펴보고 기존의 신약성서 본문들(미해결된 또는 논쟁중인 본문들)을 창의적으로 해석함으로써 신약성서 본문을 더욱 깊이 있게 이해하도록 돕는 데 있다. 일반적으로 구약성서는 신약성서 신학을 이해하는 데 일차적인 자료를 제공하기에 '신약의 그림자'라고도 불린다. 구약에 나타난 다양한 신학 사상들이 신약성서에서도 드러나기 때문이다(예, 언약사상, 죄에 대한 개념, 신론, 창조론 등). 그런 의미에서 구약성서의 지리와 문화, 역사는 신약성서 연구의 중요한 자료가 되며, 신약성서의 유대적 배경에 대한 연구는 세계 신약학계뿐만 아니라 한국 신약학계에서도 자주 다루어진 주제다.

　그러나 1세기 당시의 유대교와 유대인들은 헬라화된 세계 속에

있었다. 즉 신약성서의 저자들은 모두 헬라인이거나 '헬라화된' 유대
인이었다. 지금까지 발견된 신약성서의 헬라어 사본은 5,735개 정도
이며, 약 2천 개의 대문자 헬라어 성구집을 제외하면, 나머지 약 3천
개는 파피루스 사본과 대문자와 소문자 사본으로 존재한다.[1] 만일 유
대교와 유대 문화의 영향이 컸다면 얼마 정도의 히브리어 사본이 발
견되어야 할 것인데 지금까지 단 하나의 히브리어 사본도 발견되지
않은 것은 이해하기 어렵다. 오히려 1세기 복음서 기자를 비롯하여
바울서신과 다른 신약성서의 저자들이 자신들의 기록을 헬라어로
남겼다는 것은 헬라어와 헬라문화의 영향력을 직접적으로 반영하는
좋은 증거가 된다. 또한 당시 호메로스의[2] 『일리아스』와 『오뒷세이
아』, 그리스 철학자들의 저서들, 에우리피데스의 비극 작품들이 헬라
문화권에 광범위하게 유통되었다는 것은 그 문학작품들과 함께 헬
라종교들도 전파되었다는 의미가 된다. 특별히 로마 제국의 발달된
교통망과 치안을 기반으로 꽃을 피운 그리스-로마 문명과 종교는 유
대교와 함께 신약성서 기자들에게 직·간접적인 영향을 주었을 것이
다. 그러므로 그리스-로마 종교의 배경과 사상에 대한 이해는 유대교
를 통해서 해결되지 않는 신약성서 본문 이해와 해석에 새로운 빛을
비춰줄 수 있다.

---

1.   브루스 메츠거, 『신약의 본문: 본문의 전달, 훼손, 복원』, 장성민, 양형주, 라
      병원 옮김 (서울: 한국성서학연구소, 2009), 75-80.
2.   그리스어로는 '호메로스'(Homeros)라고 하지만 영어로는 '호머'(Homer)로
      불린다. 이 책에서는 '호메로스'라는 명칭을 주로 사용하지만 인용이나 상황
      에 따라서 '호머'도 사용할 것이다.

제1장
그리스-로마 종교와 신약성서에 대한
연구 방법과 동향

1. 연구방법

본 연구는 종교사학파가 주로 사용하는 사상사 비평법(History of Ideas)과 사상사 비평법을 문학적으로 재적용한 미메시스 비평(Mimesis Criticism), 신약성서의 문학비평 및 역사비평을 사용할 것이다. 사상사 비평법은 '사상의 역사'가 어떤 특정한 아이디어나 사상의 기원을 인간 역사의 흐름 속에서 어떻게 변화시키고 보전하게 하며 표현되도록 하는지를 추적하는 연구 방법이다.[1] 데니스 맥도날드(Dennis R. Mac-Donald)는 '사상의 역사'가 문학작품 속에서 구체적으로 드러나는 것에 주목하고, 그리스-로마의 문학작품과 신약성서의 본문을 비교 연구하며 다음과 같은 미메시스 비평 척도들을 활용한다. 그 척도들은 접근성(accessibility), 유사성(analogy), 밀도(density), 순서(order), 문학적 특

---

1. Arthur Lovejoy, *The Great Chain of Being: A Study of the History of an Idea* (New York/Evanston/London: Harper & Row, 1960), 1-23.

이성(distinctive trait), 해석성(interpretability)이다.[2] 문학비평에서는 기본적
으로 신약성서를 문학작품으로 이해하면서 인문학에서 사용하는 문
학비평 방법을 신약성서 연구에 적용한다. 역사비평은 신약성서에
대한 이성적인 분석과 해석을 기반으로 연구하는 것인데, 위의 연구
방법론에 관하여는 '제2부 그리스-로마 종교의 관점에서 신약성서
연구'에서 자세히 다루고자 한다.

2. 간략한 국내 연구 동향

아쉽게도 국내에서 '그리스-로마 종교와 신약성서'를 주제로 하
는 전문적인 단행본은 출간된 적이 없다. 게다가 이것을 신약성서와
연계한 학술 논문들도 드물다. 다만 간헐적으로 서양고대사와 철학
을 연구하는 학자들의 논문에서 '그리스-로마 종교와 기독교'를 제
한적으로 소개했을 뿐이다.[3] 그리스-로마 종교를 다루는 단행본으로
는, 김희성의 『신약배경사』(1-9장), 김천수의 『신약배경사』(85-228쪽),
김창선의 『유대교와 헬레니즘』(9-10장), 송혜경의 『신약 외경 (입문)』
(32-109쪽) 정도가 있다.

---

2.   조재형, "요한복음서의 예수의 수난과 유리피데스의 『박카이』의 디오니소스
      의 수난에 대한 미메시스 비평," 「신약논단」 22/2 (2015), 469-70을 참조하
      라.
3.   예를 들어, 조병수, "로마 세계에서 초기 기독교의 가옥 교회," 김향모(Kim
      Hyang-Mo), "The Origin of Christian Trinity," 조재형, "디오니소스의 제의
      를 통해서 본 요한복음서의 성찬" 등.

3. 간략한 해외 연구 동향

서구에서 그리스 종교, 또는 그리스-로마 종교에 대한 연구는 18
세기부터 현재까지 오랜 기간에 걸쳐 광범위하게 이루어졌다. 특히
19세기 이래로 종교사학파를 중심으로 한 연구가 꾸준히 진행되었
다. 대표적인 학자와 연구들을 소개하면 다음과 같다. 미르치아 엘리
아데(Mircea Eliade)는 세계 종교사를 다루면서 그리스-로마 종교에 대
한 많은 분량의 연구를 남겼다. 기독교와의 연관성은 거의 다루지 않
았음에도 그리스-로마 종교에 관하여 손꼽히는 책은 월터 버커트
(Walter Burkert)의 『그리스 종교』(Greek Religion)가 있다. 그리스의 문학과
종교와 철학이 신약성서에 미친 영향에 대한 연구는 프레더릭 브렌
크(Frederick E. Brenk)의 『향내가 나지 않는 목소리와 함께: 플루타르크
와 그리스 문학과 종교와 철학, 그리고 신약성서 배경 안에서의 연
구』가 대표적이다.[4] 크리스트프리트 뵈트리히(Christfried Böttrich)의 『신
약성서와 헬레니즘-로마 세계』(Neues Testament und Hellenistisch-Römische
Welt)는 주로 그리스-로마 종교가 신약성서 형성에 미친 영향에 대하
여 잘 다루었다. 데니스 맥도날드는 문학적 방법론을 이용하여 그리
스-로마 종교와 신약성서의 관계를 집중적으로 연구하면서 그리스
의 호메로스의 영향력이 신약성서 저자에게 어떤 영향을 주었는가
를 살피는 여러 연구를 남겼다.[5] 그레고리 라일리(Gregory J. Riley)는 사

---

4.   Frederick E. Brenk, *With Unperfumed Voice: Studies in Plutarch, in Greek
literature, Religion and Philosophy, and in the New Testament Background*
(Stuttgart: Franz Steiner Verlag, 2007).
5.   그의 영문책 제목들은 *Christianizing Homer; The Homeric Epic and the Gospel*

상사 비평법(History of Ideas)을 적용한 『하나의 예수 많은 그리스도들』
(One Jesus Many Christs)에서 지중해 지역과 그리스-로마 종교의 핵심 사
상들이 신약성서의 기독론에 미친 영향에 대하여 논하였다. 신약성
서의 사도행전과 그리스-로마 종교와의 관계에 대해서는 린 알란 카
우피(Lynn Allan Kauppi)의 『이상하지만 익숙한 신들: 사도행전에서 그
리스-로마인들이 종교를 읽다』(Foreign but Familiar Gods: Greco-Romans Read
Religion in Acts)에 잘 드러난다. 그리스-로마 종교와 신약성서의 관계를
다룬 소논문은 훨씬 많지만, 유대교와 신약성서의 관계를 다룬 논문
들에 비하면 적은 편이다. 대표적인 논문으로는 아브라함 말허브
(Abraham Malherbe)의 "그리스-로마 종교와 철학과 신약성서"(Greco-
Roman Religion and Philosophy and the New Testament)와 테란스 칼란(Terrance
Callan)의 "그리스-로마 종교와 고린도전서에서의 예언과 황홀"(Pro-
phecy and Ecstasy in Greco-Roman Religion and in 1 Corinthians) 등이 있다.[6]

---

of Mark; Does the New Testament Imitate Homer?: Four Cases from the Acts of
the Apostles; The Gospels and Homer: Imitations of Greek Epic in Mark and Luke-
Acts; Mythologizing Jesus와 같다. 자세한 서지 사항은 이 책의 마지막에 있는
참고문헌을 참조하라.

6.   필자의 입장과는 정반대로 로날드 내쉬(Ronald H. Nash)는 The Gospel and
the Greeks: Did the New Testament Borrow from Pagan Thought?에서 그리스-로
마의 신비종교와 문화와 사상이 신약성서에 영향을 주지 않았다는 입장을
피력한다. 이 책은 다른 기독교 근본주의자들의 연구방법과는 달리 역사비
평의 방법론을 사용하고, 반대의 연구 결과를 학문적으로 소개한다. 그러나
주로 오래된 자료들을 사용하였고, 그리스-로마 종교를 구약성서와 유대교
배경에서 편향적으로 다루었다는 한계가 있다. (이 책은 『복음과 헬라문화』,
기독교문서선교회, 2017로 역간되었다.)

제2장
그리스-로마 배경

　많은 성서학자들은 그리스도교가 유대교의 한 종파로 시작하여 성장해왔다고 믿기 때문에, 유대적 배경에서의 성서 연구는 의심의 여지가 없는 것으로 여겨졌다. 그러나 신약성서를 심도 있게 연구하기 위해 반드시 살펴야 할 배경은 그리스-로마 세계다.[1] 아쉽게도 성서학계는 유대적 배경을 주된 연구 대상으로 하면서 그리스-로마 배경은 부차적인 것으로 다루어 왔다. 구약성서에 나오는 주요 인물만 아니라 예수 및 초대교회의 첫 신자들 대부분이 유대인이기 때문에 신약성서 연구에서 유대적 배경을 주로 다루는 것은 당연하다. 그러나 이 유대인들이 혈통적으로는 유대인이었을지라도 당시 그리스

1.　"그리스-로마 세계"(Greco-Roman World)는 알렉산더 대왕 때부터 주후 3-4 세기까지의 지중해 주변의 땅을 지칭하는 용어이다. Bart D. Ehrman, The New Testament: A Historical Introduction to the Early Christian Writings (New York: Oxford University, 2000), 19.

문화의 영향 하에 헬라화된 유대인들이었다는 사실을 간과해서는 안 된다.[2] 이런 관점에서, 그리스 문화가 주전 4세기부터 주후 4세기까지 유대인들과 그리스도교인들에게 미쳤던 영향을 살펴보는 것은 초기 그리스도교의 역사뿐만 아니라 성서 해석에 있어서 중요한 배경을 제공한다. 먼저 알렉산드로스 대왕이 펼친 헬라 문화의 보급과 그 문화의 토대 위에 세운 거대 제국에 대해서 살펴 본 후에 이것들이 신약성서에 미친 영향을 살펴볼 것이다.

1. 알렉산드로스 대왕과 그리스 세계관의 전파

1) 알렉산드로스 대왕의 지중해 연안 제패와 세계 제국의 성립

세계 역사상 모든 사람들에게 잘 알려져 있으면서도 세계 문화에 지대한 영향을 미친 사람으로 알렉산드로스 대왕에 필적할 인물은 없을 것이다. 기원전 323년, 알렉산드로스 대왕이 사망한 이후 그에 대한 전설은 아이슬란드와 인도 그리고 중국에 이르기까지 광범위하게 퍼져나갔다.[3] 그는 여러 시대와 나라에 걸쳐서 "영웅, 거룩한 인물, 기독교인 성인, 새로운 아킬레스, 철학자, 과학자, 예언자, 미래

---

2.   그리스를 희랍어로 헬라(Hellas)라고 하기 때문에, 그리스화되어 가는 과정을 헬라화된다고 말하고, 이러한 사조를 헬레니즘이라고 한다. Ehrman, *New Testament*, 19.

3.   폴 카트리지, 『알렉산더: 위대한 정복자』, 이종인 옮김 (서울: 을유문화사, 2004), 35.

를 내다보는 견자(見者)" 또는 정복자로 알려졌다.[4] 이런 이유로 알렉산드로스 대왕은 영국의 셰익스피어(Shakespeare)를 포함하여 80여 개국 이상의 문학가들의 작품에 등장한다.[5] 소설가 메리 벗츠(Mary Butts)는 자신의 소설 『마케도니아 사람』에서, "한 시대를 요약하는 사람이 있는가 하면 또 다른 한 시대를 여는 사람이 있다. 알렉산드로스는 그 두 가지를 모두 한 사람이다"라고 소개한다. 알렉산드로스 대왕에 대한 이러한 소개는 종교적인 측면에서 그리스 종교를 확장한 것뿐만 아니라 그리스도교 시대를 여는 토대를 마련한 사람으로 이해될 수 있다.

알렉산드로스 대왕은 기원전 356년경에 마케도니아 왕 필립포스 2세와 에피루스의 공주 올륌피아스의 아들로 태어났다. 알렉산드로스가 20세가 되던 때 아버지 필립포스가 암살되었고, 그는 곧이어 마케도니아 왕위를 계승하였다. 그는 30세에 이오니아 바다에서 히말라야 산맥에 이르는 고대 세계 역사상 가장 큰 제국을 건설하였다.[6] 이후 페르시아와 소아시아 지역을 정복한 후 인도까지 정복전쟁을 확장하였다. 알렉산드로스는 가는 곳마다 헬라식 도시와 신전을 짓고 헬라어를 열성적으로 전파하였다. 그가 청소년기에 받은 교육의 영향으로 헬라 문화가 모든 것 위에 뛰어나다는 남다른 자부심이 있었기 때문이다.[7] 그에 의해 정복된 도시에는 극장, 목욕탕, 체육관

---

4. 카트리지, 『알렉산더』, 35-36.

5. 카트리지, 『알렉산더』, 36-37

6. W. W. 탄, 『알렉산더 大王史』, 地動植 옮김 (서울: 三星美術文化財團, 1985), 9.

7. Ehrman, *New Testament*, 19.

(김나지움), 행정건물과 상업건물, 신전 등이 건설되었고, 상류층을 중심으로 그리스의 문화, 언어, 종교가 널리 퍼져 나갔다.[8] 그가 이끈 원정대에는 철학자, 지리학자, 식물학자, 과학자, 시인, 예술가, 문학가 등도 포함되어 있었다.[9]

2) 헬라어의 보급과 그리스 문학의 전파(『일리아스』와 『오뒷세이아』 등)

알렉산드로스 대왕이 대제국을 건설할 수 있었던 군사적, 정치적 초석은 그의 아버지 필립포스가 제공했지만, 그의 성격과 사고에 큰 영향을 준 사람은 그의 어머니 올림피아스와 아리스토텔레스였다. 모든 일에 열성적인 천성은 올림피아스로부터 물려받았고, 그의 지성과 사고를 형성한 사상은 아리스토텔레스로부터 배웠다. 필립포스는 알렉산드로스가 13세가 되던 해에 대철학자인 아리스토텔레스를 초빙하여 알렉산드로스의 가정교사로 삼았다. 알렉산드로스는 3년 동안 아리스토텔레스로부터[10] 윤리학, 정치 및 아시아에 대한 지식, 철학 등을 배웠고, 그리스 문학과 과학, 의학 등에 관심을 갖게 되었다. 또한 알렉산드로스는 헤라클레스와 아킬레스, 그리고 포도주와 광기의 신인 디오뉘소스를 숭배하였고, 아리스토텔레스가 그를 위해 교정한 『일리아스』를 항상 그의 베개 밑에 간직하며 읽었다고 한다.

---

8.   Ehrman, *New Testament*, 19.

9.   탄, 『알렉산더 大王史』, 27.

10.   탄, 『알렉산더 大王史』, 27: 이 대철학자는 알렉산드로스의 페르시아 원정길에는 동행하지 않았지만, 그 대신에 자신의 "생질이고 철학가이며 역사가인 올륀투스의 칼리스테네스"를 동행하게 했다.

알렉산드로스가 호메로스의 문학 속에서 그의 꿈과 상상력을 키웠듯이 대다수의 그리스인들과 지중해 지역의 사람들은 호메로스의 『일리아스』와 『오뒷세이아』를 통하여 헬라적 사고방식과 그리스 종교의 정수를 습득하였다. 호메로스의 문학은 알렉산드로스가 이룩한 제국 내에서 헬라어의 보급과 발전, 그리고 종교관 형성에 큰 영향을 미쳤다. 그리스-로마 사회에서 호메로스의 문학은 "교육 시스템의 핵심"이었고, 문학과 문화의 중요한 코드(code)였다.[11] 헬라어는 제국을 통일하고 통치하는 데 있어 중추적인 역할을 하였고, 이 언어를 통하여 그리스의 종교와 고대 문학들은 제국 내에 빠르게 전파되었다. 알렉산드로스는 33세의 젊은 나이로 생을 마감했으나 그의 왕국은 네 명의 장군들에게 분할되어 지배되었다. 알렉산드로스 사후에도 이 장군들은 그리스 문화 전수자로서의 역할을 열성적으로 수행하였다. 그래서 로마가 지중해 연안을 지배하게 된 이후에도 헬라어는 국제 공용어로서의 지위를 잃지 않을 수 있었다. 로마 군대의 공식 언어는 라틴어였지만 다른 국가 기관과 교육 기관의 공식 언어는 헬라어였고 이는 정치, 문화, 철학 그리고 교육의 언어로 사용되었다. 로마 황제들의 도장이 헬라어로 새겨졌던 것을 보면 그 영향력을 짐작할 수 있다.

---

11. MarGalit Finkelberg, "Introduction: Before the Western Cannon," in *Homer, the Bible, and Beyond: Literary and Religious Canons in the Ancient World,* ed. MarGalit Finkelberg and Guy G. Stroumsa, Jerusalem Studies in Religion and Culture (Leiden and Boston: Brill, 2003), 4.

[사진 2-1: 그리스 아테네 근방에 있는 아폴로 신전 잔해]

2. 그리스-로마 사회에서의 유대교

그리스 문학은 헬라어의 전파와 발전에도 기여했지만 히브리 성서의 발전에도 크게 기여했다. 기원전 3세기경 이집트의 알렉산드리아에서 히브리 성서가 헬라어로 번역되었는데, 이는 흩어져 있는 유대인들이 더 이상 히브리어로 된 성서를 읽을 수 없었기 때문이었다.[12] 이 번역된 성서를 칠십인역(Septuagint)이라고 하는데, 여기에서는 구약성서의 순서도 재배열되었다. 칠십인역은 헬라화된 유대인들의

---

12.   Ehrman, *New Testament*, 34.

정신 세계를 보여주는 아주 좋은 예다. 언어는 사고의 집이라고 하지 않았던가! 이제 유대인들은 자신들의 신앙을 그리스 문화와 언어 속에서 건축하기 시작했다. 그리고 칠십인역의 "언어와 내용은 초기 기독교회로 하여금 헬라주의 세계로 진출하여 들어갈 수 있는 길을 예비해 주었다."[13]

헬라 사회에서 유대인들은 비교적 단일 신앙을 유지하며 유대인 공동체를 유지하였지만 그들의 사고와 신앙이 헬라화되는 것을 막지는 못하였다. 헬라어를 쓰는 것은 물론이고, 만찬 시에도 비스듬히 누워서 먹는 그리스식 "향연"이 유대인들 사이에도 유행했다.[14]　주전 168년경, 마카베오 혁명 전에는 예루살렘에서 야훼를 제우스나 디오뉘소스의 모습으로 묘사하기도 하였다. 모튼 스미스는 유대인들이 "야훼 제우스" 또는 "야훼 디오뉘소스"로 자신들의 하나님을 불렀다고 기록한다.[15] 플루타르크(Plutarch)는 "탁상담화"라는 글에서 유대인들이 포도주의 신인 디오뉘소스를 안식일에 포도주를 마실 때

13.　에드워드 로제, 『新約聖書背景史』, 朴昌建 옮김 (서울: 대한기독교출판사, 1984), 113.

14.　데니스 스미스는 그리스-로마의 식사 관습은 유대인들과 그리스인, 그리고 로마인들뿐만 아니라 전 로마 제국 내의 표준적인 식사 형태가 되었다고 한다. 그리스-로마의 향연에 나오는 대표적인 특징이 바로 "기대기" 또는 "비스듬하게 눕기"다. Dennis E. Smith, "Meal Customs (Greco-Roman)," in *ABD* 4, ed. David Noel Freedman, 4, 650-653 (New York: Doubleday, 1992), 650.

15.　Morton Smith, "On the Wine God in Palestine (Gen. 18, Jn. 2, and Achilles Tatius)," in *Salo Wittmayer Baron, Jubilee Volume II* (New York and London: Columbia University, 1974), 822.

자신들의 신인 야훼와 연결시켰다고 기록한다.[16] 고대로부터 팔레스
타인은 포도 재배로 유명한 지역이었다. 그래서 유대인들이 야훼와
안식일 포도주를 연결시키고, 이를 다시 헬라세계의 술의 신인 디오
뉘소스와 연결시킨 것은 자연스럽다.[17] 마카베오 혁명은 바로 이런
유대인들의 헬라화에 대한 반작용으로 생겨났다. 마카베오상 첫 부
분에는 알렉산드로스와 그의 부하들의 통치에 대해 이렇게 묘사한
다. "기띰 출신의 마케도니아 사람으로 필립보의 아들인 알렉산드로
스는 페르시아와 메대의 왕 다리우스를 쳐부수고 그 왕권을 차지하
여 그리스 왕국을 손에 넣은 다음, 수없이 전쟁을 하여 숱한 성을 점
령하고 세상의 많은 왕을 죽였다. 알렉산드로스는 땅 끝까지 진격하
여 여러 나라에서 많은 재물을 약탈하였다"(1마카 1:1-4, 공동번역). 그러
나 시리아의 헬라 정책을 반대했던 마카베오서는 역설적이게도 헬
라 문화가 유대 사회에 끼친 영향력을 잘 보여준다(2마카 6:1-7).

3. 그리스-로마 세계 속에서의 초기 그리스도교

초기 예수 운동과 그리스도교 공동체는 이처럼 풍부한 헬라 문
화의 영향 속에서 태동하였다. 헬라 문화를 계승하고 발전시킨 로마
는 팔레스타인 지역에 대한 더 큰 자치권을 부여하였다. 로마 황제들

---

16. Plutarch, "Table-Talk Ⅳ," in *Plutarch's Moralia VIII*, ed. T. E. Page, Loeb Classical Library (Cambridge: Harvard University, 1936), 365.

17. Smith, "On the Wine God in Palestine," 824.

은 예루살렘 제의 공동체가 지금까지 누려오던 권리를 새롭게 함으로 "방해받지 않고 예배를 드릴 수 있는 자유가 성전 공동체뿐만 아니라 제국 내에 있는 회당 공동체에도 보장되었다."[18] 그리스-로마라는 낱말은 로마가 그리스의 문화를 적극적으로 받아들여 발전시켰다는 것을 의미한다. 로마는 그리스의 신들의 이름만 바꿔서 자신들의 신으로 받아들였다. 예를 들면, 제우스는 유피테르로, 디오뉘소스는 바커스로, 아테나는 미네르바로, 베누스는 아프로디테 등으로 바꿨지만 그 역할과 특성은 똑같았다. 그리스-로마적 배경은 우선 언어의 장벽을 넘어서 복음이 전파될 수 있도록 하였다. 예수 당시의 일반 민중들은 아람어를 주로 사용했지만, 헬라어가 지중해 지역의 공용어로 쓰였기 때문에 헬라어는 광범위하게 퍼져있었다. 우리가 가진 신약성서가 코이네 헬라어로 기록되었다는 것은 그 당시의 그리스도교인들과 유대인들조차도 헬라어를 사용하지 않고서 신앙생활을 하기가 쉽지 않았음을 보여준다. 로마는 통치는 "로마의 평화"(*Pax Romana*)라는 말에서 알 수 있듯이 제국 내의 치안 확보를 통하여 제국의 안정화를 가져왔다. 잘 발달된 도로망과 로마 제국의 안정된 치안은 상인들의 자유로운 상행위와 문화의 발달을 가능하게 했을 뿐만 아니라 그리스도교의 복음이 전 로마 제국으로 쉽게 전파될 수 있는 기반을 제공했다. 사도 바울은 바로 이 헬라화된 도시의 헬라화된 유대인들을 대상으로 선교 전략을 세워 큰 성공을 거두었고, 오늘날 그리스도교가 세계적인 종교가 되는 데 큰 역할을 했다. 바울은 가장 철저하게 그리스-로마의 배경을 이용한 사도였다.

18. 로제, 『新約聖書背景史』, 31.

[사진 2-2: 로마 시대에 만들어진 포석, 이탈리아의 폼페이]

4. 그리스-로마 배경하에서의 성서 읽기의 예들

복음서 저자들을 비롯한 초기 그리스도교인들에게 있어서 예수가 십자가에 못 박혀 죽었다는 것은 충격적인 사건이었다. 예수는 자신을 하나님의 아들이며 메시아라고 주장했는데, 유대교 문헌과 전통 속에서 고난 받고 죽임 당하는 메시아의 모습은 찾아볼 수 없었기 때문이다. 제임스 찰스워스(James H. Charlesworth)는 유대교의 메시아가 이스라엘을 억압으로부터 구원해내는 전사나 왕과 같은 승리자의 모습으로 나타났다고 주장한다.[19] 그렇다면 신약성서 기자들은 "고난

---

19. J. H. Charlesworth, "From Messianology to Christology: Problems and Prospects," in *The Messiah: Developments in Earliest Judaism and Christianity*, ed. James H. Charlesworth (Minneapolis: Fortress Press, 1992), 6.

당하는 하나님의 아들로서의 그리스도"를 자신들의 독자들에게 어
떻게 설명했을까? 복음서와 바울의 글 속에서 예수의 기독론적 칭호
가운데 "하나님의 아들"은 아주 중요한데, 그 당시 독자들은 이 칭호
를 그리스-로마의 배경 속에서 이해하는 데 어렵지 않았을 것이다.
순교자 유스티누스는 2세기에 로마 황제에게 그리스도교를 변증하
는 글을 써 보내면서, "십자가에 달려서 죽었다가 부활하여 하늘에
올라간 예수는 제우스의 아들들의 삶과 전혀 다르지 않다"라고 설명
한다(예, 아스클레피우스, 헤르메스, 디오뉘소스, 디오스쿠로이, 벨레로폰, 페르세우
스 등). 그리스 종교에 많이 등장하는 영웅들이 하나님의 아들이라는
개념은 그 당시에 널리 받아들여졌다. 이 그리스 영웅들은 아버지로
부터 물려받은 신적인 특성과 어머니로 물려받은 인간적인 특성을
모두 가지고 있었고, 또 살아생전에 많은 고통을 당하였다. 그래서
그레고리 라일리(Gregory J. Riley)는 그리스-로마의 하나님의 아들 개념
은 초기 교회가 예수를 이해하는 데 아주 중요한 역할을 했다고 말했
다.[20] 그리스-로마의 "하나님의 아들"이라는 개념을 가지고 보면, 신
조로서 예수의 신성과 인성을 믿는 것을 넘어서 이것에 대한 종교사
적 설명을 할 수 있다. 라일리 교수는 이러한 그리스-로마 종교와 사
상이 어떻게 역사적 예수 연구와 그리스도교의 발전에 영향을 주었
는가를 잘 설명했다.[21] 예수가 그리스-로마 신화에 나오는 영웅들의

---

20. Gregory J. Riley, *One Jesus, Many Christs: How Jesus Inspired Not One True Christianity But Many* (Minneapolis: Fortress Press, 2000), 19.

21. 보다 자세한 그의 주장에 대해서는 다음의 책들을 참조하라. Gregory J. Riley, *The River of God: A New History of Christian Origins* (San Francisco:

모습으로 설명된다면 그의 고난과 죽음, 그리고 부활이 설득력 있게
이해된다는 말이다. 인간적인 성품과 신적인 성품을 가지면서 동시
에 온갖 박해와 고통을 당했던 그리스-로마의 영웅들의 모습이 바로
예수의 모습이라는 것이다.

그리스도교의 기원에 대한 그리스-로마의 영향을 주로 문학적인
측면에서 연구하는 대표적인 학자 중의 하나가 데니스 맥도날드
(Dennis R. MacDonald) 교수다. 그는 문학비평의 최근 이론 중 하나인 미
메시스 비평(Mimesis Criticism)을 이용해서 호메로스의 『일리아스』와
『오뒷세이아』가 어떻게 마가복음과 누가복음 그리고 사도행전에 영
향을 주었는가를 연구한다.[22] 그의 이론은 미국 성서학계에서도 새로
운 주장이기 때문에 언제나 논쟁의 중심에 격렬한 찬반이 있지만, 그
는 왕성한 학문 발표와 저술 활동을 통해서 이 분야에서는 단연 독보
적인 학자로 손꼽힌다.[23] 그는 호메로스가 신약성서 시대뿐만 아니라
로마 시대 전체를 통해서 마치 사상과 문화의 공기 같은 역할을 했다
고 한다. 초기 그리스도교인들도 예외가 아니었기 때문에 호메로스

HarperSanFrancisco, 2003).

22. 미메시스 비평에 대해서는 2012년 신약논단 봄 호에 기고한 문우일의 글을
참조하라. 문우일, "상호텍스트성에서 미메시스 비평까지," 「신약논단」 19/1
(2012), 313-51.

23. 맥도날드 교수의 다음의 책들을 참조하라. Dennis R. MacDonald,
Christianizing Homer: The Odyssey, Plato, and the Acts of Andrew (New York/
Oxford: Oxford University Press, 1994); *The Homeric Epics and the Gospel of
Mark* (New Haven & London: Yale University Press, 2000); *Does the New
Testament imitate Homer?: four cases from the Acts of the Apostles* (New Haven:
Yale University Press, 2003).

의 작품들은 신약성서 기자들에게 중요한 문학적 본보기가 되었다
고 한다. 문우일은 맥도날드의 방법론을 소개하면서 다음과 같이 평
가한다. "버질이 호머를 사용함으로써 독자들이 그리스 신화로 알고
있던 이야기를 로마 신화의 배경쯤으로 이해하도록 한 것처럼, 초대
그리스도교 저자들도 당대 영향력 있는 그리스-로마 및 유대 고전들
을 인용, 해체하고 재해석하며 기독교를 전파했다."[24] 그리스-로마 배
경 속에서의 신약성서 읽기에 대한 더 자세하고 구체적인 해석의 예
들은 이 책 제2부에서 심도 있게 다룰 것이다. 그리스-로마 배경하에
서 신약성서를 읽는다면 다음과 같은 질문들에 더욱 그럴듯한 대답
을 내놓을 수 있다. 즉, 예수는 왜 포도주를 마셔야만 했는지, 사도 바
울은 왜 고기를 먹지 않으려고 했는지, 요한복음 6장에서 예수는 왜
자신의 살을 먹으라고 했는지, 예수가 자신을 포도나무라고 한 말이
무슨 의미인지, 그리고 예수가 자신을 "하나님의 아들"이라고 했을
때 그 배경이 무엇인지를 알게 된다. 이로써 우리는 성서를 더욱 입
체적으로 이해할 수 있게 될 것이다.[25]

---

24. 문우일, "상호텍스트성에서 미메시스 비평까지," 341.
25. 요한복음 6장에 대한 그리스-로마 종교 배경에서의 해석은 필자의 박사학
     위 논문을 참조하라. Jae Hyung Cho, "The Johannine Eucharist in the Light
     of Greco-Roman Religion" (Unpublished Ph. D. Dissertation, Claremont
     Graduate University, 2010).

5. 소결론

유대교에서 시작해 새로운 공동체를 만든 초기 그리스도교인들의 삶의 세계를 이해하기 위해서는 그 시대의 문화적 기호(또는 코드[code])를 읽어 내는 것이 중요하다. 그들의 생각의 기저에 흐르는 그리스-로마의 문화와 종교를 이해할 때 성서는 새로운 모습으로 우리에게 다가온다. 유대교적 전통 속에서 이해되지 않거나 분명하지 않았던 성서의 이야기나 사건들이 그리스-로마의 빛 속에서 드러날 수 있다면, 새로운 접근법이 학자의 전유물이 되어서는 안 된다. 그러므로 그리스-로마 배경 속에서 신약성서를 읽는 것은 모든 그리스도인들의 성서이해에 있어서 참신한 시도와 도전이 될 것이다. 또한 이러한 접근법은 그리스도교의 기원을 연구하는 데 있어서도 유용하다. 우리가 믿는 신앙이 어디로부터 왔으며 어떠한 방식을 통해서 오늘 우리에게 전달되었는지, 초기 그리스도교 공동체가 신약성서 속에서 담아내려 했던 신앙의 정수가 무엇인지 알기 위해서는 당시의 사회, 문화, 정치, 역사적 상황에 대한 이해가 필수적이다. 이런 의미에서 그리스-로마적 성서 읽기는 그리스도교 신앙의 정수를 발견하기 위한 첫 걸음이 될 수 있다. 그러므로 신약성서에 나오는 "유대인"은 (심지어 예수조차도) "헬라화된 유대인"임을 늘 기억할 필요가 있으며, 그리스-로마의 종교 및 신화들과 호메로스의 저작들도 신약성서를 이해하는 데 중요한 도구가 될 수 있음을 염두에 두어야 한다.

제3장
그리스-로마 종교 개론

1. 그리스 종교의 특징

그리스 종교의 특징은 다신론이다. 그리스인들은 제우스라는 최고신과 동시에 여러 종류의 신들을 섬겼다. 이 신들은 인간들처럼 사랑을 하고, 질투도 하고, 증오도 하고, 싸우기도 한다. 심지어 결혼도 한다. 이러한 그리스 신들의 인간적인 모습은 호메로스의 『일리아스』와 『오뒷세이아』에 잘 나타난다. 제우스를 비롯한 다른 신들은 종종 인간의 여자들과 사랑을 나누고 아이들을 낳는다. 이 자녀들이 곧 고대의 영웅들로 성장한다. 우리가 잘 아는 헤라클레스, 아킬레우스, 오뒷세우스, 디오뉘소스 등이 그들인데, 이들이 공유하고 있는 특징은 부모 중 한 명이 평범한 인간이라는 것이다. 이 영웅들은 아버지(또는 어머니)로부터 물려받은 신적인 특성과 어머니(또는 아버지)로부터 물려받은 인간적인 특성을 모두 지니고 있었다.[1] 그리고 대부분

---

1. Gregory Riley, *I Was Thought to Be What I Am Not: Docetic Jesus and the*

은 제우스의 아내 헤라의 박해를 받는다. 우리가 잘 아는 헤라클레스의 열두 가지 고난이나 디오뉘소스의 박해 등은 바로 이 고난당하는 하나님의 아들들의 모습을 잘 그려 놓았다.[2] 월터 버커트(Walter Burkert)는 그리스의 종교란 영웅들의 종교라고 말한 바 있다. 그리스인들은 이 세상에 있는 것들 중 인간을 가장 완벽한 존재라고 생각했기에 신이 가장 완벽한 인간의 모습으로 나타나는 것은 당연하다고 믿었다. 인간은 만물의 척도라는 주장도 이러한 관점에서 생겨났다. 신들이 인간의 모습으로 나타난다는 것은 그리스 종교가 현세 세계에 대하여 갖고 있는 관심의 정도를 보여준다. 이집트 등의 신비 종교의 영향을 받은 제의들을 제외하면 대부분의 그리스 종교들은 인간들의 현세적인 관심을 반영한다. 당시 대부분의 인간의 수명은 현대인과 비교할 수 없을 만큼 짧았고, 일상은 매우 힘든 노동으로 이루어져 있어서 죽음 이후의 삶을 숙고할 만한 여유가 없었다. 그들에게는 현재의 삶의 안정이 더 중요한 관심사였다. 그래서 당시 그리스 종교들의 대부분은 전문적인 사제 계급이 없었고 잘 짜인 조직과 교리도 마련되어 있지 않았다.[3] 이러한 그리스 종교의 특징에 비추어 볼 때 그리스도교가 가지고 있었던 장점들이 더욱 부각되는 면이 있다.

Johannine Tradition (Claremont: IAC, 1994), 11.

2.   Gunnel Ekroth, "Heroes and Hero-Cults," in *A Companion to Greek Religion*, ed. Daniel Ogden (Malden: Blackwell Publishing, 2007), 105.

3.   Ehrman, *New Testament*, 22-26.

[사진 3-1: 요정(Nymph), 기원전 2세기경, 프랑스 루브르 박물관]

[사진 3-2: 제우스상, 기원전 480~450년, 프랑스 루브르 박물관]

고대 그리스 종교는 기원전 8세기에서 4세기에 형성되었다. 다른 다신교 제의와 비슷하게 그리스 종교에는 "예언자"나 "메시아" 등의 개념이 없었다. 전문화된 성직자 계급도 없었고 종교 조직이나 경전도 가지고 있지 않았다. 그 대신 그리스 종교 안에는 헬라 문명의 요소들이 상당 부분 녹아 있었다.[4] 그리스 종교는 내세나 미래보다는 현세의 삶에 관심이 많았다. 그래서 그리스 신화에는 신들이 등장하여 인간들의 삶을 그려낸다. 신약성서학자인 루돌프 불트만(Rudolf Bultmann)이 그리스도교의 "신학은 곧 인간학이다"라고 말했지만, 그리스 신화야말로 진정한 의미에서 인간에 대한 이야기였다.

그리스도교와 비교했을 때 그리스 종교는 두 가지 측면에서 큰 차이가 있다. 첫째, 그리스 종교는 하나님에 대항하는 속성으로서의 "죄"에 대한 인식이 없었다. 그리스도교가 정의하는 '죄' 개념 대신 '미아지마'(오염) 개념을 통해 신과 인간, 인간과 모든 사물과의 관계를 설명했다. 둘째, 철학자들의 종교는 단일신론(Monotheism)으로 가는 경향이 있었지만 대중적인 종교는 다신론에 기반했다.[5] (호메로스의 『일리아스』와 『오뒷세이아』에 나오는 신들은 대중종교와 철학자들의 종교 사이에 위치해 있다.)[6] 그리스 대중종교의 신들은 크게 올림포스 신들과 지하의 신들(Chthonic Gods)로 구분된다. 올림포스 신들은 제우스, 헤스티아,

4.　Lindsay Jones, ed., "Greek Religion," in *Encyclopedia of Religion* (Detroit: Macmillan Reference, 2005), 3659.

5.　É Des Places, "Greek Religion," in *New Catholic Encyclopedia* (Detroit: Gale, 2003), 450.

6.　Places, "Greek Religion," 450.

헤라, 데메테르, 아프로디테, 아르테미스, 아테나, 아폴론, 헤르메스, 아레스, 헤파이스토스, 디오뉘소스다. 지하의 신들은 하데스, 페르세포네가 대표적이지만, 죽은 영웅들도 지하의 신들에 속한다. 특히 헤라클레스와 디오스쿠로이와 아스클레피오스는 지하의 신들에 속해 있으면서도 올림피아의 신들의 영역을 넘나들었다.[7] 앞서 밝힌 바와 같이 철학자들의 종교는 단일신론으로 나아가는 경향이 있었지만 신들에 대한 전통적인 신앙을 완전히 배제하지는 않았다. 대표적인 철학자들은 아이스퀼로스(기원전 525-456년), 크세노파네스(기원전 560-478년), 파르메니데스(기원전 515-460년), 플라톤(기원전 427-347년) 등이 있다.

[사진 3-3: 창을 던지는 포세이돈(또는 제우스)상, 기원전 480년경, 그리스 국립 고고학 박물관]

---

7.   Burkert, *Greek Religion*, 199-215.

[사진 3-4: 아테나(미네르바) 여신상, 기원전 450-330년, 프랑스 루브르 박물관]

2. 로마 종교의 특징

로마 종교의 역사는 기원전 6세기까지 거슬러 올라가는데 주로 농경문화와 아주 밀접하게 연관되어 있었다. 이때부터 기원전 218년 까지를 초기 로마 종교시대로 본다. 라틴어 '렐리기오'(religio)는 '경외의 느낌' 또는 초자연적인 힘(numina)에 대한 '불안'(anxiety)이라는 의미로 가장 잘 설명된다."[8] 이런 관점에서 초자연적인 힘은 거주지와 어떤 특정한 장소와 연결된 것으로 이해되었으며 어떤 인격화된 신보다 하나의 '영'으로 인식되었다. 이러한 정령숭배적인 특성은 로마인들이 자신들의 신화를 만들지 않았다는 놀라운 사실을 설명해준다. 확실히 그리스 종교와 비교해볼 때 로마 종교는 신화(mythology)가 빈약했다. "로마 종교의 주요 관심은 기도와 희생제의와 꼼꼼한 의식 준수를 통해서 다양한 인간 삶의 영역들을 통제하는 초월적인 힘 (numina)과 우호적인 관계를 확립하여 삶의 보호와 도움을 받는 것이다."[9] 이 시기에는 농경사회 절기와 관련해서 가족 종교(family religion)가 널리 준수되었고, 왕은 최고 제사장의 역할을 맡았다. 로마에 공화정이 시작된 이후(기원전 509년) '국가 종교'(State Religion)가 더욱 제도화되었다. 한편 로마의 주요 신들은 이탈리아 또는 에투르스칸(Etrus-can) 지역에 기원을 두는데, 이 두 지역 모두 그리스 남부 지역 종교의 영향을 받았다. 제2차 포에니 전쟁(Punic War) 전에 많은 그리스의 신들이 로마에 소개된 것이다. 그래서 제2차 포에니 전쟁부터 공화정

---

8.   M. R. P. Mcguire, ed., "Roman Religion," in *New Catholic Encyclopedia* (Detroit: Gale, 2003), 323.

9.   Mcguire, "Roman Religion," 323-24.

이 끝나는 기간 동안 로마 종교는 열두 올림포스 신들을 받아들였고 말 그대로 그리스-로마 종교가 되었다.[10] 또한 기원전 205년경 소아시아 지방의 '위대한 어머니'로 불리는 퀴벨레 제의가 로마에 소개된 이후로 다양한 동양의 종교들이 로마로 들어오게 되었고, 상대적으로 로마의 '국가종교'는 약화되었다. 기원전 1세기를 전후로 해서 그리스의 기원을 가지는 신비종교들이 융성하기 시작하여 제정 시대까지 이어졌으며, 이는 황제 숭배 제의로 발전되어 로마 종교의 가장 독특한 특징이 되었다.[11]

[사진 3-5: 아폴론 신전, 그리스 델피]

10.　Mcguire, "Roman Religion," 325.

11.　Mcguire, "Roman Religion," 326; S. G. F. Brandon, "Roman Religion," in *Dictionary of Comparative Religion*, ed. S. G. F. Brandon (New York: Charles Scribner's Sons, 1970), 541.

3. 그리스-로마 종교의 성립

앞에서 언급한 대로, 그리스-로마 종교라는 말은 그리스와 로마의 종교를 합해서 만든 용어다. '그리스와 로마'의 종교라는 말 대신 '그리스-로마'라는 말을 쓰는 이유는 그리스와 로마 종교의 밀접한 연관성 때문이다. 그리스도교가 시작될 무렵 팔레스타인 지역은 그리스의 유산을 물려받은 로마가 지배하고 있었다. 로마는 기원전 6세기부터 그리스의 문학, 철학, 종교 등 다양한 측면에서 영향을 받았다. 3세기에는 공식적인 라틴 문학이 그리스 문학의 직접적인 영향 아래서 창조되었다.[12] 로마 제국은 라틴어와 함께 그리스 언어인 헬라어를 가장 중요한 제국의 공식 언어로 지정했고 그리스의 문화와 종교를 받아들여 로마식으로 변용시켰다. 로마의 종교는 그리스 종교의 영향으로 의인화된 그리스의 신들을 모방하여 마침내 의인화된 로마의 신들을 창조했다. 그리스의 신들은 라틴 식으로 이름만 바뀌어서 그대로 로마 종교에 등장했다. 예를 들면, 제우스는 유피테르로, 크로노스는 사투르누스로, 레아는 퀴벨레로, 헤라는 유노로, 포세이돈은 넵투누스로, 하데스는 플루톤으로, 데메테르는 케레스로, 헤르메스는 메르쿠리우스로, 헤스티아는 베스타로, 헤파이스토스는 불카누스로, 아폴론은 포에부스로, 아프로디테는 베누스로, 아르테미스는 디아나로, 아레스는 마르스로, 네메시스는 포르투나로, 디오뉘소스는 바쿠스로, 에로스는 쿠피드로, 아테나는 미네르바로, 페르

---

12.   Mcguire, "Roman Religion," 326.

세포네는 프로세르피네로, 프쉬케(Psyche)는 프쉬케(Psykhe)로, 이오스
는 아우로라로, 헬리오스는 솔/솔라로, 셀레네는 루나로, 레토는 라
토나로 이름이 바뀌었다.

[사진 3-6: 목욕하는 아프로디테, 원본은 기원전 2세기경, 사본은 기원후 1-2세기, 대영박물관][13]

　　로마가 그리스의 신화를 자국의 신화로 받아들인 이유는 로마
자체의 신화가 많지 않은 이유도 있었지만, 로마 문화의 토대인 융합
의 정신에 있었다. 이것은 로마가 이집트의 이시스 제의나 미트라 제

13.　나체의 아프로디테는 그리스 조각에서 아주 널리 알려진 주제였다.

의, 태양신 숭배 등을 받아들인 데서도 찾아 볼 수 있다. 그리스-로마 종교라는 용어는 그리스의 종교를 중심으로 하며 로마의 테오도시우스 황제가 392년 6월 그리스도교를 국교로 정하기 전까지 로마에 존재했던 모든 종교들을 포함한다.[14]

[사진 3-7: 파르테논 신전, 기원전 447년 건축 시작, 그리스 아테네][15]

---

14.   W. H. C. Frend, *The Rise of Christianity* (Philadelphia: Fortress Press, 1984), 640을 참조하라.

15.   그리스도교가 공인되면서 심하게 파손되기 시작했다.

[사진 3-8: 대리석으로 만들어진 데메테르 여신상, 크니도스(Knidos)의 데메테르 신전에서 발견,
기원전 350-330년, 대영박물관][16]

4. 연구방법과 범위, 자료

월터 버커트(Walter Burkert)는 서구의 학자들이 그리스 종교에 대한

16.　아름다운 여인의 모습으로 조각되어 있다.

정보를 수집하는 경위를 설명하면서 "고대의 문학작품들과 교회 교부들의 논쟁적인 글들과 신플라톤주의 철학과의 동화로 생겨난 상징적인 관습들을 통해서 알게 되었다"고 말한다.[17] 이 중에서도 그리스 종교의 사상이나 직접적인 정보들은 문학작품들에 반영된 신화들을 통해서 알려졌다. 이와 함께 민간전승이나 인종학(ethnology), 고고학 등은 그리스 종교 연구의 새로운 방법론으로 이용되고 있다.[18] 특히 케임브리지 학파의 '신화와 의식'(Myth and Ritual)을 중심으로 한 그리스 종교 연구는 지금까지 지대한 영향력을 미치고 있다.[19]

[사진 3-9: 아크로폴리스 광장에서 내려다 본 디오뉘소스 극장, 기원전 6세기, 그리스 아테네]

17.   Burkert, *Greek Religion*, 1.

18.   Burkert, *Greek Religion*, 2.

19.   Burkert, *Greek Religion*, 3.

앞에서도 언급했지만 그리스 종교에 대한 자료 가운데 가장 중요한 것은 그리스 문학작품들이다. 다른 종교들과 비교해볼 때 종교적인 성(聖)문서들은 그리스 종교에서 찾아보기 힘들다. 그리스 신화의 단편적인 해설집으로는 아폴로도로스의 이름으로 저술된 『도서관』(Library)이 있지만 다른 종교들에서 발견되는 기도문이나 제의를 위한 문서들은 거의 없다. 그렇기에 호메로스의 『일리아스』와 『오뒷세이아』, 그리고 호메로스의 이름으로 기록된 여러 시들이 그리스 종교를 연구하는 중요한 자료로 쓰인다. 기원전 7세기까지 헤시오도스가[20] 『신통기』(Theogony)를 통해서 그리스 신화와 신들의 기원을 잘 소개했고 또 다른 저작인 『노동과 나날』(Works and Days)에서는 프로메테우스, 판도라 신화, 네 시대 설화를 설명했다. 그 후에는 고전 비극 작가들이 개인의 비극을 신의 신비 속에서 묘사했다.[21] 기원전 5세기경부터는 역사 기술 안에 신들에 대한 이야기가 등장하는데, 헤로도토스(Herodotus)가 이 분야의 가장 대표적인 선구자였다. 기원전 4세기경에는 지역의 역사가들이 역사 저술로 그리스 종교의 모습들을 묘사했고, 뒤이어 그리스 시인들이 그들의 작품 속에서 중요한 자료들을 다루었다. 예를 들면, 당시의 다양한 관습들과 지역 정보로서 스트라본과 파우사니아스의 여행 자료들, 플루타르크의 다양한 글들에 그리스 종교의 의식들과 정보들이 포함되어 있다.[22]

두 번째로 중요한 자료들은 종교 활동들의 직접적인 문서로 제

---

20. 또는 영어식 표현으로 헤시오드(Hesiod)라고도 부른다.

21. Burkert, *Greek Religion*, 4.

22. Burkert, *Greek Religion*, 5.

공되는 비문들에 담긴 거룩한 법률(Sacred laws)들이다. 이것들은 공개 법령 또는 교령으로 희생제의의 달력들과 조직과 재정에 대한 정보들을 담고 있을 뿐만 아니라 "제사장들," "제의 용어," "신들의 명칭," "특별한 의식"에 대해서 알려준다.

세 번째로 중요한 자료들은 그리스와 로마의 예술 작품들과 성전들과 조각상들, 그리고 다양한 병이나 항아리에 그려진 그림들이다. 아크로폴리스, 올림피아, 델피, 델로스 등을 비롯한 주요한 신전들이 집중적으로 발굴되어서 그곳에서 신들의 조각상들과 병에 그려진 미술품들이 고대 그리스 종교의 생생함을 보여준다.[23] 특별히 그리스와 로마 시대에 꽃병과 접시에 그려진 다양한 그림 및 벽화 등은 그리스-로마 신들의 모습과 제의 등을 잘 보여주기 때문에 중요하다.

[사진 3-10: 아폴론과 헤라클레스의 싸움, 포도주 잔에 그려진 그림. 기원전 500-490년, 대영박물관]

---

23.   Burkert, *Greek Religion*, 5.

그러므로 필자는 위의 세 가지 형태의 중요한 자료들을 검토하고 다른 학자들의 연구결과를 반영하여 그리스-로마 종교에 대해서 기술하고자 한다.

5. 소결론

그리스-로마 종교는 그리스와 로마의 종교를 비롯하여 서남아시아 지역의 종교들이 융합된 결과다. 이 종교는 타종교에 배타적이지 않았으며, 이러한 전통에 따라 로마 제국 시대에 다른 동양 종교들과 점성술을 받아들였고 이는 더 나아가 황제 숭배까지 이어졌다. 그리스도교가 로마 제국에 빠르게 전파될 수 있었던 이유도 바로 이러한 배경 때문이었다. 특히 그리스의 대중종교는 로마 종교에 신화를 제공했고, 정령 숭배에 머물러 있었던 고대 로마 종교의 신들을 의인화시켰다. 그뿐만 아니라 그리스 철학자들의 종교는 그리스도교가 로마 제국으로 전파되어 나갔던 2세기에 신플라톤주의로 등장하여 모든 이방 종교의 신념과 제도를 흡수하여 종교로 기능했다.[24] 그리스 종교가 가지고 있었던 현실 세계와 인간에 대한 관심은 로마 종교에도 공통적으로 나타나므로, 자연스럽게 그리스-로마 종교는 현실 세계의 (신들과 인간 사이를 포함한) 안녕과 평화를 강조한다.

필자는 이와 같은 그리스-로마 종교에 대한 기본적인 이해를 바

---

24. Mcguire, "Roman Religion," 326.

탕으로 다음과 같은 주제들을 소개하려고 한다. 먼저 호메로스의 『일리아스』와 『오뒷세이아』 그리고 다른 호메로스의 시 속에 등장하는 신들과 인간의 이야기는 그리스-로마 종교를 이해하는 데 가장 중요한 자료이므로 두 차례에 걸쳐서 호메로스의 작품들에 나타난 신들에 대해 논할 것이다. 문학적 구조로서 호메로스의 작품들을 읽을 뿐만 아니라 그 속에 나타나는 종교적 제의와 철학적이고 신학적인 주제들(신론, 인간론, 신정론, 영웅론 등)에 대해서도 간단히 살펴봄으로써 호메로스가 그리스-로마 종교에 준 영향을 검토할 것이다. 월터 버커트가 그리스의 종교를 영웅들의 종교라고 소개했던 것은 그리스-로마 종교에 신과 인간 사이에서 태어난 영웅들과 고귀한 죽음을 맞은 사람들을 숭배하는 이야기들이 많이 등장하기 때문이다. 그레고리 라일리(Gregory Riley)는 예수를 '영웅 기독론'으로 설명하는데, 그 이론의 근거는 바로 그리스-로마의 영웅 숭배 개념에서 나왔다.

황제 숭배는 로마 종교가 발명한 독특한 제의지만, 이 또한 영웅 숭배의 범주에서 설명할 수 있다. 또한 로마 군대 내에서 주로 남성들이 참여했던 미트라 제의와 달리 주로 여성들이 참여했던 디오뉘소스 제의는 그리스-로마 종교의 신비주의 영향을 살펴볼 수 있는 좋은 예들이 된다. 이 신비주의 종교가 죽음과 부활 등에 대한 개념을 어떻게 발전시켰고, 이것이 동시대의 그리스도교 신학에 어떠한 영향을 주었는지를 살펴보는 것도 흥미로울 것이다. 그리고 이집트 이시스 제의의 영향을 받은 그리스-로마 종교의 포용성과 독특성을 살펴본 후, 마지막으로 그리스의 철학자들의 종교 전통이 로마시대에는 어떻게 계승-발전되었는가를 살펴볼 것이다.

[사진 3-11: 아크로폴리스 광장 북쪽에 있는 에릭테리온 신전에 있는 여신상들, 그리스 아테네]

제4장
호메로스의 신들:
『일리아스』와 『오뒷세이아』를 중심으로

현대 서양 문화의 기원을 추적해 올라가 보면 그리스 문화와 이를 계승한 로마의 문화를 만나게 된다. 소위 '그리스-로마'라는 수식어가 붙는 이 문화의 핵심에는 "시대적으로 가장 앞서고 가장 크게 영향을 끼친 서사시"가 자리 잡고 있다.[1] 트로이 전쟁을 배경으로 한 『일리아스』와 『오뒷세이아』는 당대의 대표적인 서사시로 꼽히며, 저자 호메로스는 대표적인 서사 시인으로 잘 알려져 있다. 호메로스는 기원전 8세기경 현재의 터키 지역에서 활동했으나 호메로스에 대한 역사적 정보는 그리 많지 않다. 그래서 이 두 작품에 대한 호메로스의 저작권 문제를 비롯하여 이것들이 한 사람의 작품인지 아니면 여러 사람의 작품인지 논쟁이 끊이지 않았다. 최근에는 호메로스가 구전으로 내려온 이야기를 서사시로서 남겼다는 주장이 힘을 얻고 있

1. 　강대진, "호메로스의 서사시," 「안과밖」 26 (2009.5), 207.

다.[2] 이 두 작품 외에도 호메로스의 저작으로 전해 내려오는 많은 신들에 대한 시들이 유명하다. '호메로스의 시'라는 수식어가 붙는 이 시들은 디오뉘소스, 데메테르, 아폴론, 헤르메스, 아프로디테 등의 탄생과 현현 등을 노래하고 있다.[3]

그리스-로마 문학과 종교를 논함에 있어서 (특히 그리스에서) 호메로스의 영향력은 지대하다. 필자는 특히 호메로스가 종교에 끼친 영향에 초점을 맞추고자 한다. 호메로스는 헤시오도스와 더불어 그리스 신들의 계보와 그들의 이름과 특징들을 창조했다고 해도 과언이 아니다.[4] 호메로스의 유명한 두 작품은 신들, 영웅들, 인간들의 이야기를 담고 있는데, 이는 다른 어떤 자료들보다 그리스-로마 신들에 대해 많은 정보를 제공한다. 그러므로 먼저 호메로스의 『일리아스』와 『오뒷세이아』를 중심으로 호메로스의 신들의 특징들을 고찰한 후 이것들과 호메로스의 문학이 그리스-로마 사회와 신약성서 기자들에게 끼친 영향에 대해서 중점적으로 살펴보려고 한다.

---

2. 이러한 것들을 "호메로스 문제"라고 한다. 1928년에 제시된 패리(M. Parry)의 '구송시 이론'(Oral Poetry)은 구전으로 내려오던 자료들(공식구)을 사용하여 호메로스라는 큰 시인이 문자 없이 창작했다는 것이다. 패리의 이론을 더욱 발전시켜서 현대의 학자들은 호메로스가 서사시를 문자 없이 창작했든 또는 문자를 가지고 창작했든지 이야기의 특징을 가진다는 문학적 접근을 선호한다. 강대진, "호메로스의 서사시," 210-211, 227을 참조하라.

3. Walter Burkert, *Greek Religion* (Cambridge: Harvard University Press, 1985), 123.

4. Burkert, *Greek Religion*, 123.

1. 호메로스 신들의 특징

호메로스의 작품 속에 나타나는 그리스 신들의 주목할 만한 첫 번째 특징은 이들이 인간의 모습을 하고 있다는 것이다. 인간처럼 분노하고, 사랑을 하고, 화를 내고, 질투하고, 자만하고, 긍휼히 여기고, 또한 미워하기도 한다. 그래서 이들의 모습은 신약성서에 나타나는 하나님이나 성령님처럼 추상적이지 않고 구체적이며 인간적 개성이 넘쳐흐른다. 둘째로 그들은 다신론의 특징을 보여준다.[5] 제우스가 최고신으로 등장하지만 다른 신들과의 관계 속에서 이 세상을 주요한 무대로 삼아 활동한다. 유대교나 이슬람교 또는 그리스도교가 보여주는 유일신의 모습은 찾아 볼 수 없고, 호메로스 이후의 철학자들의 관심 대상이었던 세상을 움직이는 단일자(플라톤 등)의 개념도 없다.[6] 호메로스의 『일리아스』와 『오뒷세이아』에 나오는 신들은 철학자들이 선호하는 종교보다는 일반대중들의 대중종교에 더 가깝다고 볼 수 있다.[7]

---

5.   Burkert, *Greek Religion*, 119.
6.   조재형, "그리스-로마 배경 속에서 신약성경 읽기," 「성서마당」 102 (2012.6), 65-78을 참조.
7.   É Des Places, "Greek Religion," in *New Catholic Encyclopedia* (Detroit: Gale, 2003), 450.

[사진 4-1: 전쟁의 신 아레스(마르스)가 벌거벗고 서 있는 모습, 기원전 430-370년, 프랑스 루브르 박물관][8]

---

8. 그리스와 로마인들은 신도 인간의 모습으로 묘사했다.

호메로스의 시는 서사시(epic)인데 이 서사시는 인간 내면의 서정적 감정을 다루기보다는 주로 영웅들과 신들의 이상적 모습을 주제로 한다. 호메로스의 서사시는 신들의 이야기를 통해 당시 인간들이 가졌던 영웅주의적 윤리관을 보여준다. 더불어 호메로스 신들의 특징들은 인간들과의 관계 속에서 잘 드러난다. 이런 관계를 보여주는 첫 번째 개념은 "친근과 소원"이다.[9] 신들은 항상 여러 가지 방법으로 인간들에게 다가가고 자신을 드러내고 또 감춘다. 사자와 전조 등을 보내고 때로는 인간의 모습으로 접근하기도 한다. 천병희는 이것을 『일리아스』 해설 지면에서 다음과 같이 소개한다.

> 예컨대 『일리아스』 5권에서 디오메데스가 용전분투하다가 부상당하고 지쳐 앉아 있자 그를 총애하는 아테나 여신이 다가가 먼저 그를 나무란 다음 도움을 약속하면서 분발케 한다. … 그런가하면 … 디오메데스가 아이네이아스에게 덤벼들자 아이네이아스를 보호하고 있던 아폴론이 이렇게 꾸짖는다. "조심하고 물러가라! 불사신들과 인간들은 결코 같은 종족이 아니니라."[10]

또한 『오뒷세이아』에 나타나는 아테나는 매우 주도적으로 인간에게 접근하는 신이다. 그녀는 오뒷세우스의 아들 텔레마코스와 동

9.　호메로스, 『일리아스』, 천병희 옮김 (파주: 도서출판 숲, 2015), 769.
10.　호메로스, 『일리아스』, 769.

행하고, 오뒷세우스에게 조언하면서 고향 이타카로 돌아가 복수를 할 수 있도록 도와준다.[11] 반대로 그녀는 자신이 싫어하는 자들과는 소원한 관계를 유지한다. 신들이 인간을 편애하는 모습을 보게 되지만, 편애의 기준이 합리적이거나 이성적이지는 않다. 왜냐하면 "비이성적이고 충돌적인 행동은 호메로스의 신들의 성격 안에 본래적으로" 나타나기 때문이다.[12]

이런 관점에서 호메로스의 신들을 설명하는 두 번째 개념은 "총애와 무자비"다.[13] 신들은 자신들이 좋아하는 인간과 싫어하는 인간을 분명하게 구분 지으면서 자신들이 좋아하는 인간들에게는 한없는 총애를 보이지만 싫어하는 인간들에게는 무자비한 모습을 보인다. 한쪽의 총애는 다른 한쪽에게는 무자비가 되는데, 이러한 모습은 『오뒷세이아』보다는 『일리아스』에서 더욱 두드러진다. 예를 들면, "4권에서 아테나 여신은 … 판다로스의 화살이 빗나가게 하여 메넬라오스가 큰 부상을 입지 않게 한다. 그런가 하면 아테나 여신은 헥토르를 싸우도록 유인해 아킬레우스의 창에 죽게 만든다."[14]

호메로스의 신들을 설명하는 세 번째 개념은 "자의(恣意)와 정의"이다.[15] 자의적이고 편애가 심한 호메로스의 신들에게는 필연적으로 도덕성의 문제가 제기된다. 호메로스의 신들이 추구하는 궁극의 목

---

11.   Burkert, *Greek Religion,* 122.

12.   B. C. Dietrich, "Views of Homeric Gods and Religion," *Numen* 26 (1979): 140.

13.   호메로스, 『일리아스』, 769.

14.   호메로스, 『일리아스』, 770.

15.   호메로스, 『일리아스』, 770.

적은 무엇인가? 이들에게서 보편적 정의를 기대할 수 있는가? 만약 있다면 인간이 가진 자만(hubris)을 범함에 있어서 일관된 도덕적 기준을 말할 수 있다. 하지만 서로 싸우고 죽이고 시기하고 또한 인간들의 문제에 개입해서 인간의 운명을 자신의 충동적 취향대로 몰아가는 모습 속에서 정의를 기대하기는 어렵다. 특히 『일리아스』에는 이러한 부도덕한 모습이 자주 등장한다. 즉 "『일리아스』에는 신들의 정의감이 거의 발달되어 있지 않지만, 『오뒷세이아』에서는 [신들의 정의감이] 자신들의 관심 속에서 더욱 잘 나타난다."[16]

　　호메로스의 신들의 부도덕에 대해서 천병희는 사회학적 측면에서 설명한다. 즉, 서사시는 원래 귀족들을 위한 문학이었기 때문에 귀족들의 도덕 수준과 세계관을 반영하는 것이 당연하다. 즉, 호메로스의 신들의 모습은 바로 그러한 귀족 계급의 모습을 반영할 수밖에 없는 것이다. 왜냐하면 "서사시의 신들은 윤리적인 신들이 아니라 아무런 도덕적 제약도 받지 않는 자유롭게 충만한 삶을 누리는 '좀 더 위대한 인간들'에 지나지 않기 때문이다."[17] 호메로스의 신들의 모습이 처음부터 끝까지 부도덕한 것은 아니다. 나름대로 그들은 인간의 교만을 응징하며 신들을 두려워하지 않는 인간들에게 일관된 기준을 제시한다. 호메로스 문학에는 죄를 범한 인간에게 인과응보의 결과에 대한 암시가 있다. 특히 이러한 정의로운 신의 모습은 『오뒷세이아』에서 아테나의 청을 들어 오뒷세우스를 기억하는 제우스의

16.　Dietrich, "Views of Homeric Gods and Religion," 141.

17.　호메로스, 『일리아스』, 770.

모습과 오뒷세우스를 직접적으로 도와서 악한 이타카의 구애자들을
징벌하는 아테나의 모습 속에서 구체적으로 나타난다.

[사진 4-2: 아테네 신전, 그리스 델피]

2. 호메로스와 그리스-로마 세계

앞에서 언급했듯 그리스-로마 사회에서 호메로스는 "교육 체계
의 핵심"이었으며 중요한 문화 코드(code)였다.[18] 호메로스의 『일리아

---

18.   MarGalit Finkelberg, "Introduction: Before the Western Cannon," in *Homer,
      the Bible, and Beyond: Literary and Religious Canons in the Ancient World*, ed.
      MarGalit Finkelberg and Guy G. Stroumsa, Jerusalem Studies in Religion and
      Culture (Leiden and Boston: Brill, 2003), 4.

스』와 『오뒷세이아』는 초등교육 기관에서 사용되는 중요한 교과서
였고, 학생들은 호메로스의 서사시들을 외웠으며 그것을 모방하여
시를 지었다. 오늘날처럼 종이로 된 교과서들과 편리한 필기도구들
이 발달하지 않았던 고대 사회에서 낭송과 암송은 아주 중요한 교육
방법이었다. 학생들은 호메로스의 시를 낭송하면서 거기에 나오는
인물들을 분석하고 문학적 구성과 사상까지도 공부했다. 그렇기에
호메로스의 시들에 나오는 신들과 영웅들은 마치 오늘날 학생들에
게 아이돌과 같은 존재로 숭앙의 대상이었다.

실제로 호메로스의 신들은 그리스-로마 사회에서 종교적으로 중
요한 예배의 대상이었다. 학생들은 호메로스의 시들 속에 있는 신들
과 영웅들을 찾아서 그들을 동경하며 자신들의 삶의 모범으로 삼았
다. 헬라시대를 본격적으로 열었던 알렉산드로스 대왕도 원정 때
『일리아스』를 늘 가지고 다니며 읽으면서 자신을 아킬레우스와 동
일시하기도 했다. 교육에서 호메로스의 영향력이 중요한 이유는 공
식적인 그리스-로마 종교의 예배가 4세기 말에 중단되기 시작한 것
과는 달리, 이러한 교육 체계는 15세기 비잔틴 제국이 멸망하기 전까
지 계속되었기 때문이다. 그리스도교인들은 로마가 그리스도교화가
된 이후에도 그리스도교식 학교를 만들지 않고 그들의 자녀들을 이
방인들이 운영하는 학교에 보냈다. 이렇듯 호메로스가 중심이 된 교
육 체계는 유럽 문화를 형성하는 데 크게 기여했다.[19]

호메로스는 그 시대에 공기처럼 스며들어 그리스-로마 문화를

---

19. Finkelberg, "Introduction: Before the Western Cannon," 4.

형성했을 뿐만 아니라 유럽 문학의 중요한 주제들을 제공하여 후대의 작가들이 호메로스를 모방한 작품들을 만들게 했다. 예를 들면, 『일리아스』의 주요 주제는 "아킬레우스의 분노가 어떻게 시작되고 어떻게 방향을 틀어서 어떤 식으로 해소되는지"를 다루고 있다.[20] 그의 분노는 트로이 전쟁이라는 '일반 주제' 속에서 '특수 주제'로 나타나는데, 서양 문학에서는 전쟁이라는 상황 속에서 영웅(주인공)의 분노가 "중심 플롯"(main plot)으로 널리 활용되었다.[21] 또한 『오뒷세이아』에 나오는 "젊은이의 성장담, 뱃사람의 모험담, 집 떠난 이의 귀향담"[22] 등은 서양문학의 중심적인 주제를 제공해 주었다.

호메로스 문학의 영향을 받은 대표적인 작품들은 그리스 시대의 아폴로니오스 로디오스(Apollonius Rhodius)의 『아르고호 이야기』(Argonautica)와 로마 시대의 베르길리우스의 『아이네이스』(Aeneid)가 있다.[23] 이 외에도 "1세기의 발레라우스 플락쿠스의 『아르고호 이야기』(Argonautica)와 스타티우스의 『테바이스』(Thebais), 『아킬레이스』(Achilleis), 3-4세기경 스미르나의 퀸투스의 『포스트호메리카』(Posthomerica), 5세기 논노스의 『디오뉘시아카』(Dionysiaca) 등이다."[24] 또한 16세기 이후 스펜서(Spenser)의 『페어리 퀸』(Faerie Queene), 단테(Dante)의 『신곡』(Divine Comedy), 밀턴(Milton)의 『실낙원』(Paradise Lost)과 『복낙원』(Paradise Re-

---

20. 강대진, "호메로스의 서사시," 211.
21. 강대진, "호메로스의 서사시," 212.
22. 강대진, "호메로스의 서사시," 217.
23. 강대진, "호메로스의 서사시," 209.
24. 강대진, "호메로스의 서사시," 209.

gained) 등도 호메로스 서사시의 많은 영향을 받았다.[25]

3. 호메로스와 신약성서

호메로스의 신들은 로마 시대를 여는 주요한 종교였으며 그리스도교가 4세기 말에 로마의 국가 종교로 공인되기 전까지 광범위한 예배자들이 있었다. 그리스도교가 공인된 후에 그들의 성전은 파괴되고 조각상들과 성상들도 큰 손상을 입었다. 그러나 다수의 성전은 그리스도교의 예배당(바실리카 등)으로 쓰였고, 조각상들과 아이콘들은 예수와 사도들의 모습으로 개조되었다. 예를 들면, 로마의 판테온 신전에 있었던 그리스와 로마의 신들은 예수의 제자들의 모습으로 변형되었고, 7세기부터는 성당으로 사용되었다.

신약성서의 저자들은 바로 이러한 그리스-로마 문화, 특히 문학적으로 호메로스의 영향력 아래에서 생활하며 저술 활동을 했다. 그들의 최대 관심은 '유대교의 소수 종파 중의 하나로 인식되었던 그리스도교를 어떻게 하면 효과적으로 알릴 수 있는가'였다. 이러한 이유로 그들은 현실 체제로서의 로마의 정치 권력과 문화를 인정했다. 요한계시록과 몇몇 신약성서를 제외하고는 복음서들(특히 누가와 요한)은 가능한 그리스도교가 로마와의 우호 관계에 있다는 사실을 강조하려고 했다. 예컨대, 예수의 수난 이야기 속에서 명백하게 예수가 로

---

25. 강대진, "호메로스의 서사시," 226.

마의 빌라도에 의해서 정치적 사형 방법인 십자가형으로 죽었음에
도 불구하고 그 죽음의 원인을 유대인들에게 돌리고 있는 것에 이러
한 태도가 암시되어 있다.

신약성서 기자들은 저술의 대상이 이방인들 또는 헬라화된 유대
인들일 경우에 더욱 진중하게 그리스-로마 문학의 방법론을 차용하
여 가능한 자신들의 저술들이 효과적으로 널리 전파되기를 원했다.
그렇기에 그들은 그 당시 사람들에게는 너무나 당연하고 자연스러
운 호메로스의 신들과 영웅들을 이용해서 그리스도교의 영웅들(특히
예수와 사도들)을 묘사했고, 호메로스의 문학적 주제들을 신약성서에
적용했다.

이러한 호메로스 종교와 문학이 신약성서에 미친 영향에 대해서
가장 광범위하고 집중적으로 연구한 학자는 바로 데니스 맥도날드
(Dennis MacDonald)다. 그는 『호머의 서사시들과 마가복음』이라는 책에
서 호메로스의 『일리아스』와 비교해서 마가복음이 얼마나 호메로스
의 문학적 영향을 받았는가를 도전적으로 제시한다.[26] 그는 우선 예
수와 오뒷세우스의 유사점(둘 다 지혜로운 목수였고 많은 고난을 당함)과 예
수의 제자들과 오뒷세우스의 선원들의 유사점(바보스러우면서 나중에는
배신을 함), 유대 지도자들과 페넬로페의 구애자들의 유사점(악함) 등을
비교한다. 특별히 맥도날드는 마가가 『오뒷세이아』의 마지막 세 권
을 아주 중요하게 문학적으로 모방하여 예수의 생애를 기록했다고

---

26. Dennis R. MacDonald, *The Homeric Epics and the Gospel of Mark* (New Haven
     & London: Yale University Press, 2000).

주장한다. 그의 논리를 따라서 마가복음을 호메로스 문학의 관점에
서 읽을 때 다음과 같은 이점들이 있다.

첫째, 마가복음에 나타나는 난제들을 해결할 수 있다. 예들 들면,
메시아 비밀 가설은 빌리암 브레데(William Wrede)가 제안한 이후 다양
한 각도에서 논의되어 왔지만 만족할 만한 답변에 이르지 못했다. 그
렇지만 마가복음을 『오뒷세이아』와 비교해서 분석하면 놀랍도록 유
사한 문학적 평형을 찾게 된다. 곧, 마가복음과 『오뒷세이아』에는 비
밀스러운 분위기가 많이 나타난다. 예수와 오뒷세우스는 자신들의
정체를 어느 시점까지 그들의 반대자들 및 추종자들에게 숨겨야만
했고, 특별한 변모를 통해서 자신들의 추종자들에게 드러낸다.[27] 둘
째, 이러한 읽기는 마가복음서의 우선성을 더 잘 확보할 수 있다. 최
근에 그리스바흐(Griesbach) 가설(마태복음 우선설)이 다시 되살아나고 몇
몇 학자들(파머[Farmer] 등)에 의해 점진적으로 지지받고 있는 실정에
서, 호메로스의 영향력에서 복음서 문제를 살펴보면 요한복음까지도
공관복음(마가복음)에 의존하고 있다는 증거들을 찾아낼 수 있다. 왜
냐하면 마가가 호메로스의 시들에서 영향을 받은 본문들이 요한복
음에도 나타나기 때문이다(예수가 물위를 걷고, 여자에 의해서 기름 부음 받은
이야기, 성전 숙정 사건, 겟세마네에서의 기도, 예수의 십자가 처형과 매장 등). 셋째,
이러한 읽기는 마가복음을 비롯하여 복음서에 대한 보다 창의적이
고 심미적 해석을 할 수 있도록 열어준다.

---

27.   이 부분에 대한 더 자세한 연구는 필자의 다음 논문을 참조하라. 조재형, "오
      디세우스의 변모(16.166-224, 299-303)가 예수의 변모(눅 9:28-36)에 끼친
      영향에 관한 문학적 연구,"「한국기독교신학논총」 83 (2012), 101-122.

　　맥도날드는 복음서에 나타난 호메로스의 영향력을 사도행전에서도 찾아나간다. 그의 책『신약성서는 호메로스를 모방하는가?: 사도행전에 나타난 네 가지 사례들』이라는 책에서 고넬료와 베드로의 환상을『일리아스』2권에 나오는 '속이는 꿈과 참된 징조'와 비교하며, 밀레투스에서의 바울의 마지막 송별 설교를『일리아스』6권에 나오는 헥토르의 송별과 비교하며, 마띠아스의 선택을『일리아스』7권에 나오는 아이잭의 선택과 비교하며, 베드로의 감옥 탈출이야기를『일리아스』24권의 프리암의 탈출과 비교한다.[28]

4. 소결론

　　호메로스의『일리아스』와『오뒷세이아』는 서양문학의 기원으로 자리 잡았을 뿐만 아니라 유대교의 구약성서와 더불어 지중해 지역을 비롯한 유럽 종교의 정경과 같은 역할을 해왔기 때문에 거기에 등장하는 신들과 영웅들은 그리스-로마 종교와 문학에 지대한 영향을 끼쳤다. 신약성서 기자들도 이 거대한 문화적 파도를 피해갈 수 없었다. 그 영향은 긍정적이든 부정적이든 그들의 저작들 속에 상당하게 반영되었다. 신약성서 저자들(특히 마가와 누가, 사도행전)은 호메로스의 서사시를 모방해서 그리스도교적 서사시를 완성하기를 희망했다. 그

28.　Dennis R. MacDonald, *Does the New Testament Imitate Homer?: Four Cases from the Acts of the Apostles* (New Heaven and London: Yale University Press, 2003).

렇기에 호메로스의 시에 등장하는 신들의 (부도덕하고 충동적인) 부정적
모습들을 반면교사로 삼든지, 아니면 잘못된 모습을 제거한 오뒷세
우스, 제우스, 아테나, 아폴론, 디오뉘소스, 아킬레우스, 헥토르 등을
좀 더 나은 그리스도교적인 주인공으로 모방하고 재창조하여 제시
한다. 그 이유는 그 당시에 널리 알려진 호메로스의 신들과 영웅들의
이야기와 문학적 구도를 통해서 그리스도교의 예수 이야기를 더욱
쉽고 설득력 있게, 널리 알릴 수 있다고 판단했기 때문이다. 즉, 호메
로스의 서사시가 가지고 있는 문학적 영향력을 받아들여서 더욱 도
덕적이고 영적인 그리스도교 문학을 만들어내기 위함이었다.

맥도날드 교수의 신약성서 기자에 미친 호메로스의 영향력에 대
한 연구는 선도적인 연구로 평가할 만하나, 그의 연구는 호메로스의
신들에 대한 분석보다는 호메로스의 영웅들(오뒷세우스, 헥토르, 아가멤논
등)에 치우친 면이 있다. 그래서 부도덕하고 충동적인 호메로스의 신
들을 그리스도교의 하나님과 비교하기보다는 그 신들의 관계 속에
서 씨름하며 고뇌하는 영웅들의 모습(오뒷세우스, 헥토르 등)을 통해 예
수의 모습을 그려내려고 했다. 그럼에도 불구하고 이미 마카베오 혁
명이 일어나기 전 기원전 168년경에 예루살렘의 유대인 사이에서 야
훼는 제우스와 디오뉘소스로 인식되었다는 모튼 스미스(Morton Smith)
의 주장은 필자의 관심을 끈다. 이것은 호메로스의 신들이 가진 긍정
적 모습과 호메로스의 서사시에 나오는 종교 행위들을 신약성서 기
자들이 인지하고 그것을 자신들의 저작들에 직접적이든 간접적이든
반영했음을 의미하기 때문이다. 그러므로 다음 장에서는 호메로스의
종교에 나타나는 그리스-로마 희생제의를 중심으로 이야기를 이어

나가려고 한다.

제5장
호메로스의 신들과
그리스-로마 희생제의

호메로스 서사시들은 "그리스인의 성서였으며,"[1] 그리스도교 경전인 성경이 나타나기 전까지 히브리 성서(구약)와 더불어 서구 종교의 경전과 같은 역할을 했다. 그리스-로마 종교의 역사 속에서 호메로스의 시들은 현존하는 가장 오래된 자료들로서 중요성을 가지며, 그리스-로마 문화에도 큰 영향을 주었다. 그뿐만 아니라 이는 신들과 영웅들과 인간들의 다양하고 생생한 모습을 통해 "초기 그리스의 신의 개념, 종교의식, 인간의 운명과 본성" 등에 대한 자료를 제공해준다.[2]

디킨스(G. L. Dickinson)에 의하면, "교사는 그의 시에서 자신의 도덕적 사례를 이끌어 냈고, 웅변가는 자신이 암시한 바를, 예술가는 자신의 모형을, 그리고 모든 사람은 자신들이 갖고 있는 신의 관념을

---

1.   G. L. 디킨스, 『그리스인의 이상과 현실: 서양철학의 뿌리』, 박만준·이준호 옮김 (서울: 서광사, 1989), 53.

2.   S. G. F. Brandon, "Homer," in *A Dictionary of Comparative Religion*, ed. S. G. F. Brandon (New York: Charles Scribner's Sons, 1970), 336.

호메로스의 시에서 이끌어 냈다."[3] 호메로스가 묘사하는 신들은 초
인간적 모습, 불멸의 속성, 거대한 능력을 가졌지만 전지전능하지는
않다.[4] 그들은 때때로 인간처럼 행동하며 삼층으로 구성된 우주(주로
올림포스산)에 거주하며 생애의 일정 부분을 인간들에게 의존하기도
한다. 그중 하나가 호메로스 서사시들에서 발견되는 희생제의다. 이
희생제의가 호메로스의 저작 속에 어떻게 나타나는가를 살펴보면
그리스-로마 종교 안에서 희생제의가 갖는 중요성을 이해할 수 있다.

[사진 5-1: 신전 제단, 그리스 델피][5]

---

3.   디킨스, 『그리스인의 이상과 현실』, 53.
4.   Brandon, "Greek Religion," in *A Dictionary of Comparative Religion*, 312.
5.   이곳에서 희생제의가 거행되었을 것이다.

1. 튀시아(Thysia) 희생제의에 대한 정의

희생제의는 고대 세계에서 종교 예식의 "중요한 형태"였다.[6] 또한 종교의 역할과 사회의 기능이 오늘날처럼 구별되지 않는 세계일수록 희생제의는 고대축제의 핵심 요소였다.[7] 그중에서도 동물을 제물로 해서 드리는 희생제의는 곡물이나 과일로 드리는 희생제의보다 더욱 강력한 인상을 주었기에 모든 종교에서 보다 중요하게 여겨졌다. 그리스-로마 종교의 근간이 되는 그리스 종교에서는 동물의 피와 살을 이용한 희생제의를 '튀시아'(θυσία)라고 한다. '튀시아'라는 용어 자체는 "드리는 행위", "희생", "희생제의 식사"라는 뜻을 모두 포함한다.[8]

그러므로 튀시아 희생제의는 희생 동물을 도살하고, 포를 떠서 제단에서 태운 후 제사장들과 예배자들이 희생제물의 나머지 부분을 함께 먹는 것까지 포함한다.[9] 월터 버커트는 이러한 동물 희생제사 의식은 지역마다 조금씩 달랐지만, 제사 드린 동물의 피를 제단이

6. Dennis E Smith, "Meal Customs (Sacred Meals)," in *Anchor Bible Dictionary 4*, ed. David Noel Freedman (New York: Doubleday, 1992), 654.
7. Walter Burkert, *Greek Religion*, trans. John Raffan (Cambridge: Harvard University Press, 1985), 13, 34.
8. Walter Bauer, *A Greek-English Lexicon of the New Testament and Other Early Christian Literature*, trans. William F. Arndt and F. Wilbur Gingrich, 3rd and revised ed. (Chicago: University of Chicago Press, 1957; repr., 2000), 462.
9. Dennis E Smith, *From Symposium to Eucharist: The Banquet in the Early Christian World* (Minneapolis: Fortress Press, 2003), 67; Smith, "Meal Customs (Sacred Meals)," in *Anchor Bible Dictionary 4*, 654.

나 땅에 쏟아 붓고 그 고기를 참여자들이 함께 먹는 것이 기본요소라고 주장했다.[10] 신에게 바쳐졌던 고기를 신과 인간, 그리고 참여자들이 함께 나눔으로써 그들은 신과의 연합뿐만 아니라 공동체 구성원 사이의 연합까지 확장시킨다. 튀시아 희생제의의 모습은 다른 고대 문서에도 나오지만 완전한 형태는 호메로스의 서사시에 나타난다. 즉, 기름으로 싼 넓적다리와 다른 선택된 고기 조각들은 제단에서 신에게 드리고, 희생제의의 나머지 부분들은 사제들과 예배자들이 먹는다.[11] 뼈를 기름으로 싸서 신에게 드리는 것에 대하여 헤시오도스는 『신통기』(535-560)에서 프로메테우스가 제우스를 속이기 위해서 흰 뼈에 반짝이는 기름으로 먹기 좋게 싸서 바친 것에서 유래되었다고 한다.[12]

튀시아라는 단어는 칠십인역(LXX)에서도 히브리어 '제바흐'(זבח)의 번역어로서 약 400회 정도 나온다. 구약성서에서 희생제의(sacrifice)는 창세기 4장의 가인과 아벨의 제사부터 나오는데 이것의 기원에 대해서는 알려진 바가 없다.[13] 이 용어는 한글 역본에서 대부분의 경우 '제사', '희생', '번제', 곡식으로 바치는 '소제', '소제물', '화목

10. Burkert, *Greek Religion*, 56-57.

11. David Gill, *Greek Cult Tables, Harvard Dissertations in Classics* (New York & London: Garland Publishing, 1991), 11.

12. Hesiod, "Theogony," in *Hesiod; Homeric Hymns; Epic Cycle; Homerica*, The Loeb Classical Library (Cambridge and London: Harvard University Press, 1936; reprint, 2000), 118-21.

13. Steven Barabas, "Sacrifice," in *The Zondervan Pictorial Bible Dictionary*, ed. Merrill C. Tenney (Grand Rapids: Zondervan, 1967), 737.

제', '제물', '헌물' 등으로 번역되었다.[14] 칠십인역에서는 튀시아란 용어를 동물 희생제의뿐만 아니라 식물이나 곡식의 경우에도 사용했는데, 제의 후 공동식사가 뒤따르지 않는 경우가 많았다. 속죄제의 경우 튀시아라는 용어는 쓰지 않지만 동물의 피는 제단 주위에 뿌리고 개인의 죄를 없애기 위한 경우에는 바친 고기를 제사장과 제사장의 아들들이 회막 뜰 안에서 먹는다(레 6:24-30).[15] 다른 제사는 동물의 기름기 부분을 태우지만 번제는 전체를 태우기 때문에 참여자들이 먹을 수 있는 부분이 없고(시 51:19) 동물의 피 전체는 회막 문 앞 제단 사방에 뿌린다(레 1:5). 반면에 화목제는 피 전체를 제단 위에다 쏟아붓고, 기름기 있는 부분을 태워서 하나님께 드리고, 가슴과 다리는 제사장들의 몫이 되고, 나머지 부분은 성소에서 제사 참여자들이 함께 먹는다.[16] 그러므로 구약성서 자체는 희생제의의 기원에 대하여 정확한 언급을 하지 않지만, 이는 칠십인역에서는 다양한 의미로 쓰이는 튀시아라는 용어(희생, 바침, 희생제의 식사 등) 속에서 찾아볼 수 있다.

---

14. '제사'(출 12:27; 수 22:29; 삼상 9:12; 29; 왕하 10:19; 스 9:5; 시 50:14, 23; 141:2; 단 8:11, 12, 13; 9:27; 12:11); '희생'(사 34:6; 렘 46:10); '번제'(레 1:9, 13, 17; 14:31 등); 곡식으로 바치는 '소제'(레 2:1, 5, 6, 7, 15; 23:13; 민 5:15; 28:20, 28; 29:3, 9, 11, 18; 욜 1:9, 13 등); '소제물'(레 5:13; 6:15; 7:9, 10; 민 4:16; 6:15); '화목제'(레 3:1; 7:15; 잠 7:14); '제물'(말 1:11); '헌물'(말 3:4); '매년제'(삼상 20:6).
15. Barabas, "Sacrifice," 739.
16. Barabas, "Sacrifice," 739-40.

2. 호메로스의 서사시에 반영된 튀시아 희생제의의 특징

구약성서와는 달리, 호메로스의 서사시는 일관되게 튀시아 희생제의의 형식과 내용을 기술한다. 『일리아스』1권 458-474에서 사제 크뤼세스는 아폴론 신에게 다음과 같이 튀시아 희생제의를 바친다.

> 기도하고 보리를 뿌린 뒤, 그들은 먼저 제물들의 머리를 뒤로 젖히고는 제물들을 잡아 껍질을 벗기고 넓적다리들에서 살코기를 발라낸 다음 넓적다리뼈들을 두 겹의 기름조각으로 싸고 그 위에 날고기를 얹었다. 이것들을 노인이 장작불 위에서 태워 올리며 그 위에 반짝이는 포도주를 부었다. 드디어 넓적다리뼈들이 다 타자 그들은 내장을 맛보고 나서 나머지는 잘게 잘라 꼬챙이에 꿰어서는 정성 들여 구운 뒤 모두 불에서 내렸다. 그리하여 일이 끝나자 그들은 음식을 차려 먹었는데, 공평한 식사에 마음에 부족한 것이 하나도 없었다 …. 그리하여 아카이오이족의 젊은이들이 온종일 아름다운 찬가를 부르며 멀리 쏘는 신의 마음을 노래로 달래니, 신이 듣고 마음속으로 기뻐했다.[17]

한글로는 "신의 마음을 … 달래니"(472)로 되어 있는 부분에서 한글은 "달래니"로 번역했지만 이것의 원어는 '튀시아'의 동사형인 '튀오'(θύω)가 사용된다. 희생제의 때 사용되는 가장 좋은 제물은 소이지만 양과 염소, 돼지들도 많이 사용되었다. 사육 조류도 사용되었지만

17.　호메로스, 『일리아스』, 천병희 옮김 (파주: 도서출판 숲, 2015), 48.

새나 물고기는 제외되었다.[18] 먼저 이 제의에서는 기름으로 싼 넓적
다리 뼈들을 신들에게 태워서 바친 후 나머지 부분들을 구워서 참여
자들이 공평하게 나눠서 먹고 포도주를 마시면서 신을 찬미한다.
『일리아스』 2권(420-431)에서도 위의 것과 거의 비슷한 튀시아 희생제
의의 모습이 나타난다.

> 기도를 올리고 보리를 뿌리고 나서 먼저 제물의 머리를 뒤로 젖히고
> 는 제물을 잡아 껍질을 벗기고 넓적다리들에서 살코기를 발라낸 다
> 음 넓적다리뼈들을 두 겹의 기름 조각으로 싸고 그 위에 날고기를 얹
> 었다. 그들은 이것들을 잎 없는 장작 위에 올려 태웠고, 내장은 꼬챙
> 이에 꿰어 헤파이스토스의 불 위에 얹었다. 이윽고 넓적다리뼈들이
> 다 타자 내장을 맛보고 나서 나머지는 잘게 잘라 꼬챙이에 꿰어서는
> 정성 들어 구운 뒤 모두 불에서 내렸다. 드디어 일이 끝나자 그들은
> 음식을 차려 먹었는데, 공평한 식사에 마음에 부족한 것이 하나도 없
> 었다.[19]

1권(458-474)에서 아폴론은 그들의 기도를 들어주지만, 2권(420-
431)에서 제우스는 아가멤논의 기도와 제물만 받고 그의 청을 들어주
지 않는다. 신들은 인간들이 드리는 희생제의 속에서 같이 그 제물을
먹지만 인간들의 모든 기도와 청을 들어주지는 않는다. 1권과 2권의

18.　호메로스, 『일리아스』, 49쪽의 각주 57번의 해설을 참조하라.
19.　호메로스, 『일리아스』, 75.

희생제의의 단축된 모습이 7권(317-320)에 나온다. 위의 예들에서는 공통적으로 예배자들이 먼저 신에게 제물을 태워 드리고 나서 나머지를 공평하게 나눠서 먹는다. 여기에서 중요한 부분은 "공평한 식사"다.[20] 이것을 헬라어로 '데이토스 아이세스'(*daitos eises*)라고 하는데, 이러한 의식은 이미 구석기시대부터 사냥꾼들이 동물들을 죽이는 것에 대한 책임을 공평하게 나누기를 원하는 데서 시작되었다.[21] 이 '공평한 식사'는 예배자들 사이의 존경과 책임의 "상징적 가치"를 나타내기 때문에 공동체 내에서 강한 연대성을 제공한다.[22]

『오뒷세이아』 14권(418-438)에서도 또 다른 튀시아 희생제의의 모습이 나타난다. 여기에서 오뒷세우스의 충실한 종인 돼지치기 에우마이오스는 거지로 변장하고 온 사람이 옛 주인 오뒷세우스임을 알아보지 못하지만 그를 대접하기 위해서 돼지를 잡는다. 이 과정에서 에우마이오스는 희생제의를 신에게 바친다.

> 그[에우마이오스]는 무자비한 청동으로 장작을 팼고 다른 사람들은 살진 다섯 살배기 수퇘지 한 마리를 가져왔다. 그들이 수퇘지를 화롯가에 갖다 놓자 마음씨 착한 돼지치기는 불사신들을 잊지 않았다. 그는 먼저 흰 엄니의 수퇘지의 머리털을 불 속에 던져 넣고 매우 현명한 오뒷세우스가 자기 집에 돌아오게 해달라고 모든 신들께 기도했

---

20. Sion M. Honea, "Homer's Daitos Eises, the Greek Sacrificial Meal," *Journal of Ritual Studies* 7, no. 2 (Fall 1993): 53-58.

21. Honea, "Homer's Daitos Eises, the Greek Sacrificial Meal," 66.

22. Honea, "Homer's Daitos Eises, the Greek Sacrificial Meal," 67.

다. 그리고 그가 일어서서 패지 않고 남겨둔 참나무 토막으로 수퇘지를 후려치자 목숨이 수퇘지를 떠났다. 이어서 다른 사람들이 멱을 따고 그슬린 다음 지체 없이 부위별로 나누자, 돼지치기가 모든 사지에서 살코기를 길고 가늘게 잘라내어 넓적다리뼈들에 얹고 그것들을 기름 조각으로 싼 다음 그 위에 빻은 보릿가루를 뿌리더니 그것들을 불 속에 던져 넣었다. 그들은 나머지를 잘게 썰어 꼬챙이에 꿰어 가지고 조심스럽게 구운 다음 모두 꼬챙이에서 빼내어 나무 접시 위에 수북이 쌓았다. 돼지치기는 그것을 나누기 위해 일어섰다. 그는 사리에 밝은지라 전체를 일곱 몫으로 나누었다. 그리고 그중 한 몫은 기도한 뒤 요정들과 마이아의 아들 헤르메스를 위해 따로 떼어놓고 나머지 몫들은 각자에게 나눠주었다. … 이렇게 말하고 그는 신들을 위해 떼어놓았던 몫을 영생하는 신들께 태워드리며 반짝이는 포도주를 헌주하고 나서 도시의 파괴자 오뒷세우스의 손에 잔을 쥐어주고는 자신의 몫 옆에 가 앉았다…. 그들은 앞에 차려진 음식에 손을 내밀었다. … 빵과 고기를 배불리 먹고 서둘러 자러 갔다.[23]

일반적으로 희생제의에서 신들에게 바쳐지는 부분은 인간들이 먹는 부분에 비해서 적다. 그런데 『오뒷세이아』 14권에 묘사된 에우마이오스의 튀시아 희생제의에서는 모든 신들에게 기도와 제물을 드린 후에, 나머지 고기를 일곱 등분으로 나눠서 한 등분은 요정들과 헤르메스를 위해서, 나머지 여섯 등분은 에우마이오스 자신과 오뒷

---

23. 호메로스, 『오뒷세이아』, 천병희 옮김 (파주: 도서출판 숲, 2014), 319-20.

세우스와 일꾼들을 위해서 따로 떼어 놓는다. 희생제의 후에 '공평한 식사'가 인간들 사이에서뿐만 아니라 인간과 신들 사이에서도 일어 난다. 그래서 학자들은 인간들이 먹는 맛있는 부위들 중에서 특별히 따로 떼어 개별 신이나 영웅을 위해 남겨 놓은 몫을 '트라페조마 타'(trapezomata)라고 부른다.[24] 주신(제우스나 아폴론)들에게는 제물을 불 살라 바치지만 좀 더 인간에게 친근감이 있는 하위 신이나 요정 또는 영웅들에게는 이렇게 따로 바침으로써 그들과 교제하고 신들의 현 존을 경험한다.

　사실 이 용어 자체는 호메로스 서사시에는 나오지 않지만 그 온 전한 형태가 에우마이오스의 제의 속에서 나타난다.[25] 튀시아 희생제 의에서 개별 신이나 영웅에게 따로 떼어서 드리는 몫인 '트라페조마 타'가 첨가됨으로써, 희생제의를 받는 신 또는 영웅은 보이지 않더라 도, 그 예배자들과 함께 앉아서 식사를 하게 되는 것이다. 희생제의 중에 '공평한 식사'와 '트라페조마타'를 통해 인간 참여자들은 신들 의 현존 및 신들과의 강한 연합을 경험할 뿐만 아니라 참여하는 예배 자들 사이에서 공동체 구성원으로서 연대를 형성하게 된다.[26]

24.　David Gill, "Trapezomata: A Neglected Aspect of Greek Sacrifice," *Harvard Theological Review* 67 (1974): 126.

25.　Gill, "Trapezomata," 134.

26.　Jae Hyung Cho, "Johannine Eucharist in the Light of Greco-Roman Religion" (Unpublished Ph. D. Dissertation, Claremont Graduate University, 2010), 39.

3. 신약성서에서의 튀시아 희생제의

신약성서에서 '튀시아'라는 용어는 약 20번 정도 사용된다(마 9:13; 12:7; 막 12:33; 눅 2:24; 행 7:41f; 고전 10:18, 20; 엡 5:2; 히 9:9; 10:1, 5, 8, 12, 26; 11:4; 13:15; 롬 12:1; 빌 2:17; 4:18). 그리고 '튀시아'의 동사형인 '튀오'(θύω) 는 약 14번 사용되는데, 비종교적인 '도살'로도 사용되며(마 22:4; 눅 15:23; 행 10:13; 11:7), 유월절 양을 도살하는 것(막 14:12; 눅 22:7; 고전 5:7), 또 는 '살인'(요 10:10)의 의미로도 사용된다. 사도행전 14:13, 18과 고전 10:20에서 '튀오'(θύω)는 이방 제의에서 희생제의를 바치는 모습을 묘사한다.[27] 바울은 고린도전서 10:16-21에서 성찬을 설명할 때 그리 스-로마 튀시아 희생제의의 개념을 사용한다. 특별히 헬라어로 살펴 보면 고린도전서 10:18, 20-21에 분명하게 나타난다.

> 18 βλέπετε τὸν Ἰσραὴλ κατὰ σάρκα· οὐχ οἱ ἐσθίοντες τὰς **θυσίας κοινωνοὶ** τοῦ θυσιαστηρίου εἰσίν; 19 Τί οὖν φημι; ὅτι εἰδωλόθυτόν τί ἐστιν ἢ ὅτι εἴδωλόν τί ἐστιν; 20 ἀλλ᾽ ὅτι ἃ **θύουσιν, δαιμονίοις** καὶ οὐ **θεῷ** [**θύουσιν**]· οὐ θέλω δὲ ὑμᾶς κοινωνοὺς τῶν δαιμονίων γίνεσθαι. 21 οὐ δύνασθε **ποτήριον κυρίου** πίνειν καὶ **ποτήριον δαιμονίων**, οὐ δύνασθε **τραπέζης κυρίου** μετ᾽ ἔχειν καὶ τραπέζης δαιμονίων. (볼드는 필자의 강조)

---

27. Horst Balz and Gerhard Schneider, ed., *Exegetical Dictionary of the New Testament, vol. 2* (Grand Rapids: W. B. Eerdmans, 1993), 162.

바울은 고린도 교인들이 참여하는 축복의 잔(ποτήριον τῆς εὐλογίας)
과 빵(ἄρτον)이 그리스도의 피(αἵματος τοῦ Χριστοῦ)와 몸(σώματος τοῦ
Χριστοῦ, 10:16)이라고 말한 후에, 튀시아 희생제의 속에서 고기를 먹었
던 이스라엘 사람들(οἱ ἐσθίοντες τὰς θυσίας κοινωνοί)과 같이 그리스도교인
들은 하나님의 튀시아(θεῷ [θύουσιν])에 참여할 때 빵과 포도주를 먹는
다고 주장한다. 바울은 또한 귀신에게 바친 튀시아(θύουσιν, δαιμονίοις)
를 하나님의 튀시아(θεῷ [θύουσιν])와 대조시키고, "주의 잔"(ποτήριον
κυρίου)과 "귀신의 잔"(ποτήριον δαιμονίων)을 대조시키고, "주의 식
탁"(τραπέζης κυρίου)과 "귀신의 식탁"(τραπέζης δαιμονίων)과 대조시킨다
(10:18-21). 이 부분에서 바울은 튀시아를 성찬과 밀접하게 연관시킨다.
이것은 바울이 그리스-로마 튀시아 희생제의에서 나타나는 동물 희
생제의의 구조와 거룩한 식사의 기능 속에서 성찬을 이해하고 있음
을 보여준다.[28]

그리스도교인들이 성찬을 통하여 예수의 고난과 죽음을 기념하
는 이유는 예수가 희생제의의 희생동물처럼 제단 위에서 많은 사람
들을 위해서 자신의 목숨을 바쳤기 때문이다(히 9:23, 26; 10:12). 공관복
음서에 등장하는 예수의 성찬 제정(마 26:26-30; 막 14:22-25; 눅 22:15-20)
과 바울의 성찬(고전 11:23-25)에서 우리는 예수가 기꺼이 자신을 희생
제물로 바치려고 했음을 알 수 있다. 더 나아가 1세기 그리스-로마
세계의 사람들이 튀시아 희생제의 후에 그 희생제물을 공평하게 나
누어 먹은 것과 같이, 예수는 희생제물이 된 자신의 몸과 피를 먹고

---

28.   Cho, "Johannine Eucharist in the Light of Greco-Roman Religion," 41-42.

마시라고 가르친다. 특히 요한은 예수의 살과 피를 먹지 않으면 생명이 없다고 단언한다(요 6:53).[29] 그리스-로마 튀시아 희생제의에서 중요한 '데이토스 아이세스'의 개념은 성찬의 공개성과 평등성을 강조하는 데에 영향을 주었을 것이다(고전 11:19-22참조).[30] '트라페조마타'의 개념은 그리스도교 성찬에서 하나님의 임재와는 다른, 좀 더 친숙한 구세주(영웅 기독론에 입각해서)로서의 예수의 현존을 강조하는 방향에 영향을 주었다(다음 장에서 이런 관점으로 영웅 숭배가 그리스도교 기독론에 미친 영향을 살펴볼 것이다). 살펴본 바와 같이 튀시아 희생제의와 그리스도교 성찬은 근원적으로 많은 공통점을 공유한다.[31]

5. 소결론

호메로스의 서사시에는 독특한 튀시아 희생제의가 나타난다. 원래 '튀시아'란 용어 자체는 '희생', '봉납', '희생제의 식사' 등의 뜻을 가지고 있지만 호메로스의 서사시에는 '공평한 식사'가 함께 따라 나오는 희생제의를 보여주고 있다. 그렇기에 이러한 튀시아의 개념을

---

29. 요한복음의 성찬의 독특성과 이것에 반영된 그리스-로마 디오뉘소스 제의의 특징들에 대해서는 필자의 글을 참조하라. 조재형, "디오니소스의 제의를 통해서 본 요한복음서의 성찬(요 6:51-59)," 「기독교신학논총」 88 (2013): 33-58. 또한 이 논문은 이 책 2부에 실었다.

30. Cho, "Johannine Eucharist in the Light of Greco-Roman Religion," 39.

31. John St. John, "The Sacred Meal: The Roots of Christian Ritual," *Dialogue & Alliance* 6, no. 3 (1992): 60.

차용해서 칠십인역에서도 튀시아라는 용어를 많이 사용하고 있음을 확인했다. 앞에서 살펴보았듯이 구약의 희생제사 또한 튀시아 희생 제의와 비슷한 점들이 많이 있다. 동물을 도살하여 기름을 태우고 남은 고기들을 나눠먹는 풍습은 구약의 제사(화목제)에서도 발견될 수 있다.

그러나 중요한 차이점은 구약에서는 동물 희생제사일 경우 동물의 피는 제단에 쏟아 붓거나 뿌리지만 그것을 먹지는 않는다. 왜냐하면 구약에서 피는 모든 생명의 근원이기 때문에 피 또는 피와 함께한 고기를 절대 먹지 않는다. 레위기 17:14에서 "모든 생물은 그 피가 생명과 일체라 그러므로 내가 이스라엘 자손에게 이르기를 너희는 어떤 육체의 피든지 먹지 말라 했나니 모든 육체의 생명은 그것의 피인즉 그 피를 먹는 모든 자는 끊어지리라"라고 명령했듯이 말이다.

그러나 그리스-로마 튀시아 희생제의에서는 피를 마시거나 피가 들어 있는 고기를 (익히거나 날 것으로) 먹는 것에 대한 거부감이 없다. 호메로스의 서사시에 등장하는 튀시아 희생제의에는 구약에서처럼 피를 제하고 먹으라는 언급이 없다. 주목할 것은 유대교의 공식 희생제의가 70년에 로마의 티투스 장군에 의해 예루살렘 성전이 파괴될 때 공식적으로 중단되었으나 그리스-로마 튀시아 희생제의는 그리스도교가 로마의 국교로 공인되기 전까지 그리스-로마 세계에서 4세기 말까지 거행되었다는 것이다.

(마가를 제외하고) 복음서가 기록되던 당시에 복음서 저자들이 (비록 그들이 희생제의에 공식적으로 참여하거나 동의하지 않더라도) 경험할 수 있었던 희생제의는 유대교의 희생제의가 아니라 그리스-로마 종교의 튀

시아 희생제의였을 것이다. 그렇기에 우리는 이들이 성찬 제정 이야기를 기술할 때 유대교의 희생제의뿐만 아니라 튀시아 희생제의의 개념까지 사용하여 성찬의 의미를 보다 풍성하게 제시하려는 것을 볼 수 있다. 다음 장에서는 헤시오도스가 묘사하는 그리스 종교의 모습과 그리스의 영웅 숭배를 중심으로 그리스-로마 종교에 대한 더 많은 이야기를 이어나가려고 한다.

제6장
헤시오도스와 영웅 숭배

앞에서 기술했듯 그리스-로마 종교를 연구할 때 중요하게 사용되는 자료는 ⑴ 그리스 문학 작품, ⑵ 비문 등에 담겨있는 '거룩한 법률', ⑶ 그리스와 로마의 예술 작품(그림, 조각상, 벽화, 도자기와 항아리 등)이다. 이 중에서도 그리스의 문학 작품은 그리스-로마 종교의 전체 모습을 살피는 데 있어 골격으로 역할 한다. 특히 호메로스와 헤시오도스의 작품들은 늘 그 중심에 있었다. 이미 두 번에 거쳐서 호메로스의 문학을 살펴보았기에 이번에는 헤시오도스의 작품을 통해서 호메로스가 설명해주지 않는 그리스-로마 종교의 다른 측면을 독자들과 공유해보려 한다.

기원전 5세기의 그리스 역사가 "헤로도토스는 그리스인들에게 신들을 만들어준 것은 호메로스와 헤시오도스라고 주장한다(『역사』

2.53.2 참조).”[1] 둘은 그리스의 방언으로 서사시에 사용되는 독특한 운율을 사용한 서사 시인이라는 공통점도 있지만, 내용과 형식 주제 선택에 있어서 차이점들이 더 많다. 호메로스의 시가 다소 귀족적 관점에서 영웅들과 신들의 이야기를 가지고 접근했다면, 헤시오도스는 신들과 세상의 기원을 기술하면서(『신들의 계보』) 보다 서민적이고 일상적 삶을 많이 다루었다(『일과 날』).[2] 무엇보다 헤시오도스의 『신들의 계보』는 호메로스의 시들이 알려주지 않는 그리스의 천지창조와 신들과 영웅들에 대한 추가 정보도 알려준다. 반면 호메로스의 시의 내용과는 다른 관점도 종종 보여준다. 예를 들면, 헤시오도스는 제우스가 아테나를 혼자서 낳자 제우스의 아내인 헤라는 그와 동침하지 않고 혼자서 불과 야금술과 화산의 신인 헤파이토스를 낳았다고 기술하지만, 호메로스는 헤파이토스를 헤라와 제우스의 아들로 기술한다 (『일리아스』 1.577-579, 14. 296, 338; 『오뒷세이아』 8.312).

　　헤시오도스의 활동 연대를 비롯한 시의 기원과 정확한 연대에 대해서는 학자들마다 의견이 다르지만 대체적으로 기원전 7-8세기 경으로 본다. 기원전 8세기는 그리스의 번영기에 해당되며, 인구의 증가와 이동이 활발했던 시기였다. 이 시기에 그리스는 페니키아인들로부터 알파벳을 받아들였을 것이다.[3] 호메로스의 시들에 나오는

---

1. 천병희, “헤시오도스 작품의 이해,” 『신들의 계보』, 천병희 편역 (고양: 도서출판 숲, 2012), 274.
2. 천병희, “헤시오도스 작품의 이해,” 274.
3. Hesiod, *Theogony: And, Works and Days*, trans. M. L. West (Oxford: Oxford University Press, 1999), vii-viii.

어구들이 헤시오도스의 시에 종종 나타나서 헤시오도스가 호메로스의 영향을 받았을 것이라는 추측도 있지만, 적어도 헤시오도스의 시들은 『오뒷세이아』보다는 먼저 쓰여졌을 것이다. 하지만 두 시인의 그리스 종교와 문화에 끼친 영향력에 비하면 이 둘의 관계에 대해서는 통일된 입장이 없다.[4] 호메로스와는 달리 헤시오도스는 자신과 자신의 삶에 대해서 기록을 남기고 있다. 그의 아버지는 아이올리스의 퀴메 출신으로 사업에 실패한 후 아스크라라는 조용한 땅에 정착하여 농사를 지었다. 헤시오도스는 폐쇄적이고 도시 물이 들지 않는 이곳에서 태어나서 그의 형제 페르세스와 함께 성장했을 것이다.[5] 『신들의 계보』에 따르면 헤시오도스는 헬라콘 산에서 양을 칠 때 무사 여신들에 의해서 시인으로 부름을 받는다.

> 위대하신 제우스의 말 잘하는 따님들은 싹이 트는 월계수의 보기 좋은 가지 하나를 내게 주시며 그것을 지팡이로 꺾어 쓰게 하셨고, 신적인 목소리를 내게 불어넣어 내가 미래사와 과거사를 찬양할 수 있도록 하셨다. 그리고 그분들은 나에게 영생하는 축복받은 신들의 종족을 찬양하되, 처음과 마지막에는 언제나 그분들 자신을 노래하라고 하셨다(29-34행).[6]

헤시오도스는 "우주와 신들의 탄생에 관한 한 가장 체계적이고

---

4.   천병희, "헤시오도스 작품의 이해," 275.

5.   Hesiod, *Theogony: And, Works and Days*, ix.

6.   헤시오도스, 『신들의 계보』, 천병희 옮김 (고양: 도서출판 숲, 2012), 34-35.

가장 신뢰할 수 있는 문헌"인 『신들의 계보』와, "'황금시대'(黃金時代)에 관한 가장 오래된 문헌일 뿐 아니라 그가 자신의 경험에서 얻은 여러 가지 도덕적·실천적 교훈을 담고 있는 교훈시"인 『일과 날』을 썼다.[7] 신과 인간들 사이에서 태어나서 고난을 이겨낸 영웅들에 관해서 가장 많은 지면을 할애하고 있는 헤시오도스의 작품은 『헤라클레스의 방패』이다. 비슷하게 그의 『여인들 목록』은 영웅들의 계보를 영웅들을 탄생시킨 여인들을 중심으로 기술한다. 이것은 "다른 작가들에 의한 인용(引用)이나 단편(斷片)의 형태로 남아 있어 뜻이 잘 통하지 않는 곳이 많기는 하지만 이미 잘 알려진 인물에 관해 새로운 또는 다른 이야기를 들려"준다는 점에서 흥미롭다.[8]

1. 헤시오도스가 전하는 그리스인의 창세기

대부분의 고등종교에서는 우주와 우리가 살고 있는 이 세상이 어떻게 시작되었으며, 인간이 처음 어떻게 태어났는지에 대한 이야기를 가지고 있다. 구약성서의 창세기는 이러한 우주와 인류의 기원에 대한 가장 널리 알려진 이야기를 전해준다. 그리스인들도 이러한 기원에 대한 관심을 표명했는데, 그것을 기록한 사람은 그리스인들에게 『오뒷세이아』와 『일리아스』로 유명한 호메로스가 아니라 헤시

---

7.   천병희, "옮김이 서문: 우주와 신들의 탄생에 관한 가장 권위 있는 문헌," 헤시오도스, 『신들의 계보』, (고양: 도서출판 숲, 2012), 20.

8.   천병희, "옮김이 서문: 우주와 신들의 탄생에 관한 가장 권위 있는 문헌," 20.

오도스가 『신들의 계보』에서 그리스인들이 생각하는 창세기를 기록
했다. 헤시오도스는 아주 유려한 목소리로 이렇게 노래한다.

> 편안하소서, 제우스의 따님들이여. 내게 그리움을 일깨우는
> 노래를 주시고, 영생 불사하는 신들의 신성한 종족을,
> 가이아와 별 많은 우라노스와 어두운 밤에서 태어난 신들과
> 짜디짠 폰토스가 기른 신들을 찬미하소서.
> 그리고 말씀해주소서, 처음에 신들, 가이아, 강(江)들,
> 거칠게 파도치는 끝없는 바다, 빛나는 별들,
> 그리고 저 위 넓은 우라노스가 어떻게 태어났는지!
> [그리고 복을 가져다주는 신들이 그들에게 어떻게 태어났는지!]
> 그리고 그들이 어떻게 부(富)를 분배하고 명예를 나누어 가졌으며,
> 처음에 어떻게 주름 많은 올림포스를 차지하게 되었는지!⁹

구약성서는 천지의 창조를 "태초에 하나님이 천지를 창조하셨
다. 땅이 혼돈하고 공허하며, 어둠이 깊음 위에 있고, 하나님의 영은
물 위에 움직이고 계셨다"(창 1:1-2)라고 선언한다. 천지창조의 기본조
건은 혼돈(카오스)이다. 비슷하게도 헤시오도스도 『신들의 계보』에서
태초에 카오스가 존재했다고 선언한다. 카오스는 최초의 세 가지 힘
(카오스, 가이아, 에로스)들 중에서 가장 먼저 있었다. 카오스가 생겨난 후
가이아(대지)가 생겨났고, 우주의 원초적 생식력인 에로스가 나왔다.

---

9.   헤시오도스, 『신들의 계보』, 39.

"에로스는 모든 신들과 인간들의 가슴속에서 이성과 의도를 제압"했다(121-122행).[10] 그리고 카오스는 에레보스(암흑)와 어두운 밤을 낳았고, 밤에게서 다시 아이테르(빛 또는 영기)와 낮을 낳았다. 그래서 영기는 위로 올라가고 빛은 우주를 비추기 시작했다. 가이아는 계속하여 사랑으로 교접하지도 않고 '하늘'이라고 불리는 우라노스와 우레아(산)와 폰토스(바다)를 낳았다. 그리하여 이 지구는 가이아를 모체로 하여 가이아를 위로 덮은 우라노스(하늘)와 가이아의 옆구리에 자리 잡은 우레아(산)와 가이아의 몸 위로 퍼진 폰토스(바다)가 생겨났다. 그 후에 가이아는 우라노스와 관계를 하여 열두 명의 티탄(그들의 이름은 오케아노스, 코이오스, 크레이오스, 희페리온, 테이아, 이아페토스, 레아, 테미스, 므네모쉬네, 포이베, 테튀스, 크로노스였다.)과 세 명의 퀴클롭스(브론테스, 스테로페스, 아르게스)와 백 개의 팔과 쉰 개의 머리를 가진 헤카톤케이레스(콧토스, 프리아레오스, 귀게스)를 낳았다. 그런데 "가이아와 우라노스에게서 태어난 자들은 가장 무서운 아이들"이었기 때문에 우라노스는 그들을 경계하며 싫어하여, 지하세계인 타르타로스에 가두어 버렸다. 빛도 보지 못하고 아버지 우라노스의 폭정에 시달리는 자식들을 보면서 가이아는 신음하며 괴로워하다가 하나의 거대한 반역의 음모를 꾸몄다. 즉 큰 낫을 만들어 자식들에게 보여주면서 아버지에게 대항하라고 지시했다. 다른 자식들은 주저할 때, 막내인 크로노스는 아버지의 남근을 잘라서 제거함으로써 세상의 지배자가 되었다.[11]

---

10. 헤시오도스, 『신들의 계보』, 40.
11. 헤시오도스, 『신들의 계보』, 40-46.

그 후 티탄들은 서로가 결합하여 여러 신들을 낳았는데, 크로노스는 자기의 누이인 레아와 결혼하여 헤스티아, 데메테르, 헤라, 하데스, 포세이돈을 낳았다. 그렇지만 크로노스는 자기 역시 자식에 의해서 쫓겨날 것이라는 우라노스의 저주를 두려워해서 자식들이 태어날 때마다 집어삼켰다. 가이아가 그러했듯이 레아도 자식들이 당하는 고통에 괴로워했다. 그래서 막내인 제우스를 임신하게 되었을 때, 그를 크레타 섬에 숨기고 그 대신에 돌덩이를 천에 싸서 크로노스에게 주어서 삼키게 했다. 제우스는 성장하자마자 크로노스를 속여서 그로 하여금 구토제를 먹게 해서 삼켰던 자녀들을 모두 토하게 했다. 크로노스는 자신을 속인 제우스와 한편이 된 자식들에게 복수하기 위해서 티탄들과 연합했다. 티탄 연합군들과 제우스 연합군들 사이의 전쟁 초기에는 노련한 티탄들이 우세했는데, 제우스가 외눈박이 키클롭스들과 헤카톤케이레스를 동맹군으로 삼으면서 승세는 제우스에게 기울여졌다. 티탄들은 타르타로스에 갇히고 이 세상은 제우스를 중심으로 한 올림포스 신들의 차지가 되었다.[12] 이러한 신들의 계보에 대한 전이해를 가질 때야 비로소 우리는 호메로스의 『일리아스』와 『오뒷세이아』에 나오는 신과 영웅들의 이야기와 자연스럽게 연결시켜 이해 할 수 있다.

헤시오도스가 전해주는 그리스인의 창세기의 특징 중 하나는 여성 신(神)의 역할에 대한 강조이다. 가이아는 남성 신인 우라노스의 도움 없이 자녀들을 낳기도 하며, 포악한 남신인 우라노스에 대항하

---

12. 헤시오도스, 『신들의 계보』, 46-86.

여 자식들로 하여금 싸우도록 부추기고, 크로노스의 아내인 레아도 가이아가 겪었던 비슷한 경험을 남편에게 당하자 가이아가 택한 투쟁의 길로 간다. 크로노스에 대한 레아의 반역과 투쟁은 모계중심의 사회상을 반영하지만, 결국에는 제우스 중심의 부계 중심의 사회가 모계중심의 사회의 가치관과 타협했음을 보여준다. 구약성서에서 보여주는 남성의 모습으로 나타나는 하나님 상은 도덕적으로 문제가 없는 모습을 보여주는 반면에 헤시오도스의 신들은 윤리적으로 덜 발달된 모습을 보여준다. 이것은 그리스인들이 신들을 다신론의 관점에서 바라보면서 동시에 인간적 모습을 더 강조하기 때문이다. 헤시오도스는 『신들의 계보』에서 주요한 신들의 기원뿐만 아니라 기타 신들의 기원과 자녀들에 대해서도 많은 지면을 할애한다. 그리고 결국에는 이어지는 그의 후속 작품들 속에서 그리스의 신들이 인간들과 결합하여 많은 그리스인 영웅들을 탄생시켰다는 목록까지도 설명함으로써 그리스-로마 신화의 풍부한 이야기를 우리에게 전해준다.

2. 영웅 숭배(Hero Cult)

헤시오도스는 "신들과 필멸의 인간들은 한곳에서" 생겨났다고 말한다(『일과 날』 108행).[13] 불멸의 신들이 맨 처음 만든 인간은 신들처

---

13. 헤시오도스, 『신들의 계보』, 106; 천병희는 헤시오도스의 네 개의 작품들

럼 아무런 걱정과 곤궁 없이 축제 속에서 즐겁게 살았던 황금종족에
속했다. 나중에 황금종족의 인간들은 제우스의 뜻에 의해서 "지상에
서 착한 정령이 되어 필멸의 인간들"을 지켜주는 존재가 되었다. 그
다음에 신들은 황금족속보다 열등한 은(銀)의 종족을 만들었다. 이들
은 행복한 어린 시절을 보내지만 성인이 되면 점차적으로 도덕적으
로 타락하고 신들을 섬기지도 않고 공경하지도 않았기 때문에 제우
스는 이들을 없애버렸다. 그렇지만 지하세계에서는 축복받는 자라고
여겨지는 명예가 부여되었다. 그 다음에 신들은 청동(靑銅)족속을 창
조하는데, 이들은 은의 종족을 전혀 닮지 않았다. 이들은 폭행을 일
삼으며 신과 인간을 향해서 마음이 완악했기 때문에 제우스는 이들
을 또한 이 땅에서 없애버렸다.[14] 그러고 나서 제우스는 "반신(半神)들
이라고 불리는 영웅들"의 종족을 만들었다. 이들 중의 대다수는 많
은 전투에서 사멸되기도 했지만 일부는 대지의 끝인 축복받은 섬에
서 아무런 근심 없이 살고 있다. 영웅들은 신들에게서 떨어져 살지만
제우스가 그들이 왕이 되어서 그들을 모든 속박에서 풀어주었다(『일
과 날』 158-173행). 마지막으로 제우스는 현재 인간들의 종족인 철(鐵)의
종족을 만들었다. 이들은 다섯 종족 가운데서 가장 비참한 상태에서
온갖 근심과 걱정을 안고서 서로에 대해서 악을 행하면서 살아간
다.[15] 금의 종족이 신과 가까운 속성을 지녔다면, 영웅족속은 바로 신

(『신들의 계보』, 『일과 날』, 『헤라클레스의 방패』, 『여인들 목록』)을 『신들의
계보』라는 한 권의 책 제목으로 편집하여 출판했다.
14.　헤시오도스, 『신들의 계보』, 106-108.
15.　헤시오도스, 『신들의 계보』, 108-13.

과 인간의 중간의 속성을 가지고 인간과 신 사이를 중재하는 역할을
한다.

[사진 6-1: 헤라클레스 동상, 이탈리아 피렌체의 시뇨리아 광장, 화랑 로자데이 란치][16]

호메로스와 헤시오도스의 지대한 영향력 아래에서 영웅들에 대
한 숭배는 오래된 전통을 가지고 있다.[17] 심지어는 어떤 지역의 국한
된 영웅들에 대한 숭배는 호메로스와 헤시오도스의 서사시들 이전
부터 미케네(Mycenaean) 지역에 널리 퍼져있었다.[18] 이미 기원전 8세기
부터 영웅들의 무덤은 이 제의의 중심에 있었기 때문에 일반적으로
영웅 숭배 제의는 영웅들이 죽고 난 후 그들의 무덤에 마련된 제단에

---

16.   헤라클레스는 그리스의 영웅들 중에서 가장 유명하다.

17.   J. N. Coldstream, "Hero Cults in the Age of Homer," *Journal of the Hellenic
       Society* 96 (1976): 8.

18.   Coldstream, "Hero Cults in the Age of Homer," 17.

서 희생제의와 서원제물을 바치는 형태를 취했다.[19] 이러한 의식을
준비하기 위한 목욕 장소와 곡을 하는 장소와 공동식사를 하는 장소
들이 함께 있는 경우가 많았다. 무엇보다 그리스의 도시국가들과 유
명한 가문들은 자신들의 전통이 서사시에 등장하는 영웅들과 연결
되어 있다는 사실을 매우 자랑스럽게 강조했다. "영웅 숭배는 지역
공동체의 정체성 형성의 중심"에 있었다."[20] 헤시오도스가 언급했던
반신(半神, demigod)들은 호메로스의 『일리아스』에도 나타나는데(12.23),
이들은 신들의 자녀들로서 다양한 민족들과 가문들의 족보에서 시
조로 등장한다. 특히 이 영웅들에 대한 제의는 혈통의 중요성을 강조
하는 조상들에 대한 제의와는 달리 그리스 도시국가 공동체의 연대
를 강화하는 데 중요한 기능을 담당했다.[21] 영웅들은 그들이 속한 부
족, 도시, 국가가 전쟁을 할 때 돕는 존재들로 인식되었기 때문이다.[22]
월터 버커트가, "모든 신들이 영웅들은 아니었고, 또한 모든 영웅들
이 신들이 되지는 않았다. 오직 디오뉘소스와 헤라클레스만이 이 원
칙에 도전할 수 있었다"고 언급했듯 몇몇 영웅들은 그리스-로마 역
사를 통해 다른 영웅들보다 널리 숭배되었다.[23] 보편적으로 영웅들은
늙고 못생긴 모습이 아니라 아주 충만한 젊음과 힘을 가진 모습으로

---

19. Walter Burkert, *Greek Religion* (Cambridge: Harvard University Press, 1985), 203.
20. Burkert, *Greek Religion*, 206.
21. Burkert, *Greek Religion*, 204.
22. Burkert, *Greek Religion*, 207.
23. Burkert, *Greek Religion*, 205.

그려지며 삶의 가장 전성기에 죽임을 당한다.[24] 못생기고 머리가 하얗게 늙어서 죽는 영웅들의 모습은 그리스 종교에서 상상하기 힘들다.

3. 신약성서와 영웅 숭배

신약성서에서 영웅 숭배 제의는 먼저 예수와 관련되어 연구되다가 예수가 삼위일체 신조 속에서 견고한 신의 자리를 차지하고 난 이후에는 성인 숭배(cult of saints)와 비교되었다. 마리아 숭배는 성인 숭배의 가장 보편적 현상이다. 즉, 한때 직접적으로 접근할 수 있었던 예수가 이제 더 이상 친근한 존재가 아닌 엄격한 하나님이 된 상태에서, 마리아는 인간이 예수에게 가까이 다가갈 수 있는 통로의 역할을 했다.[25] 사람들은 위대하고 전능한 신들을 가까이하는 것을 어렵게 생각했지만 인간적 요소를 많이 가진 영웅들은 바로 그들 가까이에 있다고 느꼈다.[26] 신의 많은 아들들(sons of god), 특히 제우스의 아들들은 일반적으로 영웅들로 간주되었기에, 그리스-로마 문화와 종교가 광범위하게 영향력을 행사하는 1세기 팔레스타인에서 예수가 자신을 "하나님의 아들"로 규정했을 때, 당시 독자들은 예수에게서 영웅

24. Burkert, *Greek Religion*, 208; Gregory J. Riley, *One Jesus Many Christs: How Jesus Inspired Not One True Christianity but Many* (Minneapolis: Fortress Press, 1997), 54.
25. Riley, *One Jesus Many Christs*, 206.
26. Burkert, *Greek Religion*, 207.

들에게 느꼈던 친밀감을 느꼈을 것이다. 실제적으로 신약성서 기자
들이 사용한 "하나님의 아들"을 나타내는 '호 휘오스 투 테우'(ὁ υἱός
τοῦ θεοῦ)는 그리스-로마 문학에서 말하는 "신의 아들"을 가리키는 헬
라어와 동일하다(어떤 경우에는 '테우' 자리에 '제우스'가 나타나기도 한다). 마
태복음 1:18-25과 누가복음 2:1-7의 예수 탄생 기사에서는 마리아가
성령의 힘으로 예수를 잉태했다고 보도하지만, 실제로 당시 사람들
에게는 예수가 많은 그리스의 영웅들처럼 신과 인간인 어머니 마리
아 사이에서 태어난 것으로 각인되어 있었다. 예수는 의로웠지만 불
의한 적대자들로부터 박해를 받고 삶의 절정인 30대의 나이에 십자
가에 못박혀 죽었다. 최고신 제우스의 아들인 디오뉘소스가 헤라와
펜테우스의 박해를 받고 죽임을 당한 것처럼, 헤라클레스가 헤라의
박해를 받고 열두 가지의 어려운 과업을 감당하고 자살로 삶을 마감
했지만 제우스가 그를 다시 살려내어 불멸의 신으로 만들었던 것처
럼, 예수도 죽임을 당한 후 하나님에 의해 다시 부활되어 하나님 보
좌 우편에 앉는, 삼위일체 중 한 신이 되었다.

신약성서에는 창조적인 로고스의 철학이 나타나지만(요 1:1-18; 눅
1:2; 요일 1:1), 구세주가 하늘에서 땅으로 내려와서 인간을 구원하는 식
의 매우 다른 기독론도 존재한다. 인간 예수는 죽음과 부활을 통해
완전하게 되었을 뿐만 아니라 우주를 지배하는 모든 능력을 받는 신
이 된다.[27] 이런 관점에서 그리스도의 인성은 이방 종교, 특히 "헬라

27. Wilfred Lawrence Knox, "The 'Divine Hero' Christology in the New Testament," *Harvard Theological Review* 41, no. 4 (1948): 230.

세계의 가장 유명한 제의에 등장하는 인물들인 영웅들"의 관점에서
서술된다.[28] 이미 1948년에 낙스(Knox)는 이 인물들이 "부분적으로는
인간이고 부분적으로는 신"(partly human and partly divine)으로 제우스의
아들들 내지 위대한 올림피아 신들의 아들들이었다고 말한다. 그에
따르면 가장 이름난 영웅들은 헤라클레스, 아스클레피우스, 디오뉘
소스였다.[29] 유스티누스도 예수와 디오뉘소스, 페르세우스, 헤라클레
스 사이의 유사성을 지적했다.[30] 또한 데니스 맥도날드는 『호머의 서
사시와 마가복음』에서 예수를 현명한 오뒷세우스와 죽음을 피하지
않는 헥토르와 비교하면서, 마가복음 기자가 그 당시에 널리 알려진
호메로스의 문학적 구조와 내용을 모방하여 예수를 보다 나은 영웅
의 모습으로 효과적으로 기술했다고 주장한다.[31] 영웅 기독론을 가장
설득력 있게 제시한 학자는 그레고리 라일리(Gregory Riley)이다. 그는
『하나의 예수, 많은 그리스도들』에서 초기 그리스도교인들이 영웅들
의 감동스런 이야기에서 삶의 모범들을 발견했고 그리스도교의 순
교자들은 사실 그리스 영웅들의 발자취를 따라간 것이라고 주장한
다.[32] 영웅들의 삶은 고귀하고 이상적이며 귀감이 되면서도 실제적으

---

28. Knox, "The 'Divine Hero' Christology in the New Testament," 231.

29. Knox, "The 'Divine Hero' Christology in the New Testament," 231-32.

30. Knox, "The 'Divine Hero' Christology in the New Testament," 247; 요한복
     음서에서 예수와 디오니소스의 유사성에 대해서는 필자의 논문을 참조하라.
     조재형, "디오니소스의 제의를 통해서 본 요한복음서의 성찬(요 6:51-59),"
     「기독교신학논총」 88 (2013).

31. Dennis R. MacDonald, *The Homeric Epics and the Gospel of Mark* (New Haven
     & London: Yale University Press, 2000).

32. Riley, *One Jesus Many Christs*, 206.

로 접근하기 용이했기에 신약성서 (특히 복음서) 저자들은 예수를 영웅의 초상으로 그릴 수밖에 없었다. 이러한 시도는 상당히 성공적이어서 많은 사람들이 예수를 따르게 되었고 초기 그리스도교 운동은 박해와 소외 가운데서도 발전할 수 있었다.[33] 2세기로 접어들면서 예수에 대한 신격화가 공고하게 진행되면서, 신약성서 기자들은 예수의 인간적인 모습 대신 신적인 모습을 강조하게 되었다(요한문서들, 사도행전 등). 그리고 예수 대신 그를 따랐던 핵심적인 제자들이 그의 능력을 부여받았다. 예들 들면, 사도행전에서 베드로와 바울을 중심으로 한 사도들은 예수가 행했던 기적들을 거의 비슷하게 행하는 그리스도교 영웅의 모습으로 나타난다.

4. 소결론

헤시오도스가 기록한 그리스의 종교의 기원은 호메로스가 알려주지 않는 부분을 보충하여 설명해주기 때문에 그리스-로마 종교를 연구할 때 반드시 살펴봐야 한다. 왜냐하면 헤시오도스의 신들의 계보는 신들의 탄생과 우주의 기원뿐 아니라 제우스와 다른 신들의 아내들과 거기에서 태어난 자녀들과 여신들과 인간 남자들 사이에서 태어난 자녀들에 대해서도 보도하고, "신들과 여인들의 수많은 교합과 거기서 태어난 고대 그리스 귀족 가문의 신화적 조상들의 목록"

---

33. Riley, *One Jesus Many Christs*, 203-204.

들을 제공하기 때문이다(1019행 이하 참조).[34] 사람들은 신적 기원을 가지는 영웅들을 숭배함으로써 자신이 속한 공동체의 정체성을 강화했으며, 그들을 통해서 보다 쉽게 절대자인 신에게 가까이 다가갈 수 있다고 생각했다. 한 명의 역사적 예수가 있었지만, 그 예수를 주와 그리스도로 고백하는 기독론은 신약성서 기자들 사이에서도 상당한 온도차를 보여주고 있다. 그 많은 기독론 중 '영웅 기독론'은 초기 그리스도교인들이 그리스-로마 문화와 종교의 영향력 아래에서 가장 선호하고 쉽게 이해할 수 있었던 기독론이 되었을 것이다.

신적 속성과 인간적 속성을 동시에 가진 영웅을 숭배했던 그리스-로마 종교는 예수의 신성이 점점 더 중요해진 후기 로마 시대에 대중들 사이에 인기를 구가했던 그리스도교의 성인숭배(특히 마리아 숭배)를 이해하는 데 도움을 준다. 예수를 우리의 주와 그리스도로 고백할 때 우리에게 감동을 주는 것은 바로 그가 하나님의 지고한 아들이었음에도 불구하고 이 땅에서 인간인 우리들이 겪었던 삶을 살고 우리를 위해서 자신의 목숨까지 희생하여 죽었다는 사실이다. 이러한 감동과 감정은 고대 그리스 사회에서부터 예수 당시의 사람들 역시 그 당시의 영웅들의 삶을 통해 동일하게 느꼈던 것들이다. 영웅 숭배 제의에 대한 고찰은 예수의 신성과 인성을 동시에 볼 수 있게 할 뿐만 아니라 그리스-로마 종교의 신비주의 제의와 로마의 황제 숭배를 심층적으로 이해하는 데 초석이 되기 때문에 이에 대한 연구는 더욱 장려되어야 한다.

---

34. 천병희, "헤시오도스 작품의 이해," 303.

[사진 6-2: 마리아와 아기 예수상, 로마의 만신전(펜테온)][35]

---

35. 이 신전은 2세기 초에 로마의 모든 신들을 모신 곳이었으나 7세기에 교회로 바뀌었다.

제7장
로마의 미트라 제의와 로마 황제 숭배

4세기 말 테오도시우스 황제는 로마 제국 내에서 그리스도교를 제외한 모든 이방제의를 금지함으로써 표면적으로는 그리스-로마 종교에 대한 그리스도교의 승리를 확정지었다. 3세기 중엽의 다양한 자료들에 따르면 로마의 그리스도교인들이 약 5만 명 정도였을 때 미트라(Mithras) 예배자들은 약 4만 명 정도였고, 4세기 말에 미트라 제의가 중단되기 전까지 미트라 제의는 그리스도교와 비슷한 규모의 추종자들을 거느렸다고 한다.[1]

미트라 제의는 기본적으로 "충성심의 종교"(religion of loyalty)를 표방하는 이유로 다른 그리스-로마 종교와 동방의 신비주의 종교들보다 로마 제국 내에 더 쉽게 뿌리를 내릴 수 있었다. 미트라 제의와 황

---

1. Luther H. Martin, "Roman Mithraism and Christianity," *Numen* 36, no. 1 (1989): 4.

제 제의(또는 지배자 제의)는 어느 정도 연관되어 있었던 것으로 보인다. 말하자면, 미트라 제의는 제국과 제국의 지배자들에 대한 충성을 강조했기에 로마 제국이 확장되면서 자연스럽게 함께 성장할 수 있었다. 무엇보다도 이는 제국 내 주요 도시들을 형성하는 데 큰 영향을 미친 로마의 군인들과 그 가족들이 가졌던, 로마 제국의 지배자들 대한 제의(특히 황제 숭배)와 맞물리면서 크게 확장되었다.

그렇다면 먼저 미트라주의(Mithraism)의 신학적 기초는 무엇이며, 이것이 그 추종자들에게 어떤 이익을 가져다주었는지 탐구할 필요가 있다. 또한 미트라 제의가 그리스도교와 어떠한 영향을 주고받았는지도 중요한 문제다. 미트라 제의가 지배자들에 대한 제의(황제 숭배)와 밀접하게 연관되면서, 황제 숭배의 사회적 영향력과 정치적 관점이 무엇인가를 알아보는 것도 그리스도교의 성장을 이해하는 데 흥미롭다. 황제 숭배의 신학적 배경이 되는 신들이 황제로 성육화되었다는 관점, 어떤 특정한 황제가 특정한 신과 동일시되는 이유, 그리고 황제 숭배가 신약성서에 반영된 방식을 추적해보면 4세기 말까지 이르는 그리스-로마 종교에 대한 그리스도교의 대응을 이해할 수 있다.

1. 미트라 제의

디오뉘소스 제의가 주로 여성 신도들을 중심으로 제의와 모임이 이루어졌다면 미트라 제의는 남성들만이 참여할 수 있었다. 더불어

이 모임에서 중요한 역할을 했던 것은 '희생제의 식사'(sacrificial meals)
였다.[2] 최근에 발견된 다수의 미트라 신전에 대한 고고학적 발견물과
교부들의 언급을 제외하면, 사실상 미트라 제의에 대한 자료는 거의
없다. 많은 학자들은 미트라 제의가 신비주의 종교의 기원을 가진다
고 주장하지만, 사실 미트라 신은 "빛과 진리와 통합의 신"을 나타내
는 아주 오래된 인도-이란(Indo-Iranian)의 기원을 가지고 있다.[3] '미트
라'에는 "중재자"(mediator)라는 의미가 있다.[4] 앞에서 언급했듯이 미
트라 제의는 로마 군대와 로마의 행정 조직과 밀접하게 연관되어 있
었기에, 그 추종자들은 주로 로마 군인들과 선원들, 상인들, 로마의
관리들로 구성되어 있었다.[5] 미트라 제의의 신학적 기초는 이 세상의
삶에서의 "안전한 정박"이다.[6] 미트라 제의가 영생 및 '동굴'에서 하
늘로의 승천 같은 초월적 구원을 보장하기도 하지만, 추종자들에게
가장 매력적이었던 것은 이 세상 삶에서의 '성공'이었다.[7] 미트라 신
이 황소를 붙잡고 칼로 찔러서 죽이는 그 유명한 그림은 농업에서 풍
요한 생산성을 상징하는 태양으로서의 역할을 보여준다.

---

2. Richard Gordon, "Mithraism," in *Encyclopedia of Religion*, ed. Lindsay Jones (Detroit: Macmillan Reference USA, 2005), 6088.

3. Marvin W. Meyer, ed. *The Ancient Mysteries: A Sourcebook of Sacred Texts* (Philadelphia: University of Pennsylvania Press, 1987), 199.

4. Walter Burkert, *Ancient Mystery Cults*, Carl Newell Jackson Lectures (Cambridge: Harvard University Press, 1987), 6.

5. Burkert, *Ancient Mystery Cults*, 7.

6. Burkert, *Ancient Mystery Cults*, 28.

7. Burkert, *Ancient Mystery Cults*, 27.

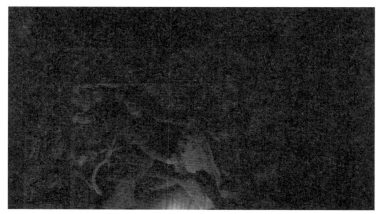

[사진 7-1: 황소를 죽이는 미트라 신, 독일 하이델베르크의 쿠르프팔지세스 박물관]

2세기에 유스티누스는 미트라 제의가 그리스도교를 모방하면서 악마적 계교로 그리스도교인들을 현혹한다고 비난했다.[8] 게다가 1882년에 에른스트 르낭(Ernst Renan)은, "만약에 그리스도교가 어떤 치명적 질병에 의해 성장이 중단되었다면, 전 세계는 미트라 종교의 세계가 되었을 것"이라고 말했다.[9] 미트라 추종자들의 관점에서 "그리스도교는 극단적으로 죽음과 부패에 관심을 가지는 무덤의 종교"처럼 보였다.[10] 그러나 그리스도교와 비교해 볼 때 미트라 신비주의는 더욱 인간적이면서도 신학적 체계와 조직적 기반은 허술해 보인다.[11]

---

8. Martin, "Roman Mithraism and Christianity," 1.

9. Ernst Renan, *Marc-Auvele* (Paris: 1882), 579 quoted by Martin, "Roman Mithraism and Christianity," 2.

10. Burkert, *Ancient Mystery Cults*, 28.

11. Burkert, *Ancient Mystery Cults*, 28.

3세기의 신플라톤주의자인 포르퓌리는 미트라 제의의 신성한 공간과 그 공간 안에서 이뤄지는 제의의 기능에 대해 알려주었다. 그에 따르면 미트라가 거하는 신성한 공간인 '동굴'(cave)은 세상의 창조자이자 모든 것의 아버지인 미트라 신이 창조한 우주의 형상을 담아내고 있다. 사실 이 동굴은 영혼의 귀환과 하강의 신비를 실현하기 위한 우주의 이미지 자체가 된다.[12] 그래서 미트라 추종자들은 동굴과 같이 생긴 신전 안에서 여러 가지 의식을 행했는데, 이때 서약을 하고, 빵과 포도주 위주의 만찬을 나누고, 입교자들에게 물과 피를 사용한 세례를 베푸는 일이 중요했다.[13]

성찬과 세례는 그리스도교를 대표하는 중요한 의식인데, 이를 연상시키는 미트라 제의의 공동식사와 세례 의식은 그리스도교인들뿐만 아니라 비그리스도교인들에게까지도 두 종교를 비슷한 것으로 느끼게 했다. 그리스도교가 로마에 의해 공인종교로 받아들여지기 전까지 동굴로 된 카타콤이라는 지하공동묘지에서 자주 모였다는 것은 이러한 의혹을 더욱 증폭시켰다. 게다가 어린 미트라 신의 탄생일은 동짓날 바로 직후인 12월 25일이었는데, 나중에 서방의 그리스도교는 이 날을 예수의 탄생일로 정해서 미트라 신의 영향력을 제한

---

12. Roger Beck, *The Religion of the Mithras Cult in the Roman Empire: Mysteries of the Unconquered Sun* (Oxford: Oxford University Press, 2006), 16-17.

13. J. Duchesne-Guillemin, "Mithras and Mithraism," in *New Catholic Encyclopedia* (Detroit: Gale, 2003), 745; Beck, *Short The Religion of the Mithras Cult in the Roman Empire: Mysteries of the Unconquered Sun*, 22을 참조하라.

했다.[14] 당연히 두 종교의 추종자들은 서로를 경쟁의 대상으로 보았을 것이고, 유스티누스가 그러했듯이 그리스도교 신학자들은 격렬하게 미트라 제의를 비난하면서 그리스도교의 우월성을 강조했다.

한편으로 미트라 제의의 기원은 로마의 계층적인 사회 구조와의 통합을 강조한다는 점에서 황제 제의와 연관되어 있다.[15] 루터 마틴 (Luther H. Martin)은 이러한 부분을 다음과 같이 지적한다.

> 미트라 사상은 로마 이방종교의 두 가지 우주적 차원을 포함한다. 하나는 천체 구조 안에서 미트라가 무적의 태양신(Sol Invictus)이라는 인식과, 동방신비주의에서 주장된 지하세계의 신이라는 차원이다. 미트라 제의의 이 두 속성은 아우구스투스 이래로 알렉산드로스 대왕이 추구했던 실현되지 않았던 제국주의의 모델을 지지하는 보편적인 담론을 지지하는 우주적 제의로 인식되었다. … 에우세비오스 (Eusebius)가, 콘스탄티누스 황제가 태양에 대항하여 본 십자가 환상을 설명했듯이, 보편적인 태양신에 대한 숭배는 이제 그리스도교의 보편적인 십자가 신학으로 바뀌었다.[16]

미트라 신은 시대가 변함에 따라 다른 신들이나 영웅들이 가졌

---

14. Duchesne-Guillemin, "Mithras and Mithraism," in *New Catholic Encyclopedia*, 745.

15. Gordon, "Mithraism," 6088.

16. Martin, "Roman Mithraism and Christianity," 8-9.

던 역할을 떠안았다.[17] 특별히 태양과 재판관의 특징을 가진 아폴론, 태양신 헬리오스, 신과 인간들 사이의 중재자 역할을 했던 헤르메스와 동일시되었다.[18] 미트라가 황소를 잡아서 동굴로 끌어들이는 모습은 헤라클레스와 불의 신의 아들인 카쿠스의 모습을 연상시킨다. 혼합주의(syncretism)는 그리스-로마 종교의 특징 중의 하나인데, 미트라제의에서도 이것이 강하게 나타난다.[19] 황제 숭배에서도 로마의 황제들은 종종 그리스-로마의 신들과 영웅들의 성육화된 모습으로 그려졌다. 대표적인 신들과 영웅들은 제우스, 디오뉘소스, 아폴론, 헤라클레스, 포세이돈이었다.[20]

2. 황제 숭배

황제 숭배는 황제의 모든 말이 절대적 힘을 가진다는 전제하에 황제가 신의 아들로서 경제와 정치를 주관한다는 것을 인정하는 행위였다. 사회 전반에 대한 황제와 황제의 가족이 가진 우위성으로 인해 살아있는 지배자와 그 조상들에 대한 공식적인 숭배가 제도화되었다. 황제 숭배에서 황제는 신들의 화신으로 간주되거나 "땅을 관

---

17.   Duchesne-Guillemin, "Mithras and Mithraism," 745.
18.   Duchesne-Guillemin, "Mithras and Mithraism," 744.
19.   Duchesne-Guillemin, "Mithras and Mithraism," 745.
20.   김선정,『요한복음서와 로마 황제 숭배』(서울: 한들출판사, 2003), 47-54.

장하는 신들"로 인정된다.[21] 이는 황제나 지배자의 절대 권력을 정당
화시키는 데 유용했다. 대부분의 신하들은 지배자 제의에 참여하는
것을 자신들의 애국심, 충성심, 감사를 표현하는 수단으로 생각했
다.[22] 말하자면, "정치적인 충성심을 종교적인 외투로 치장하여 표현
한 것이다."[23] 성공한 황제나 지배자들은 일반 백성에게 "번영과 평
화 그리고 법의 통치"를 제공하면서[24] 백성들은 지배자들에 대한 제
의를 거부감 없이 받아들이게 되었다. 황제가 세상의 구세주 역할을
한다는 사상은 로마를 공화정에서 원수정으로 바꾸는 데 결정적 역
할을 한 율리우스 카이사르와 로마의 초대 황제가 된 그의 양자인 아
우구스투스 카이사르에 대한 호칭에서 잘 나타난다. 놀랍게도 이 둘
을 '구세주'로 표현한 것은 그리스도교가 예수에 대해서 했던 표현과
비슷했다. 그리스 카르테이아의 비문에는 "카르테이아 시민들이 가
이우스 율리우스 캐사르[카이사르]를 신으로, 절대 군주로, 또 세상
의 구세주로 높인다"라고 기록되어 있으며, "보스포루스의 파나고리
아의 여왕 뒤나미스는 '절대 군주 캐사르[카이사르], 신의 아들, 아우
구스투스, 온 땅과 바다의 지배자요 구세주'라는 비문"을 아우구스
투스 카이사르에게 바쳤다.[25]

---

21. M. P. Charlesworth, "Some Observations on Ruler-Cult Especially in Rome," *Harvard Theological Review* 28, no. 1 (1935): 42.

22. Charlesworth, "Some Observations on Ruler-Cult Especially in Rome," 42.

23. H. W. Pleket, "An Aspect of the Emperor Cult: Imperial Mysteries," *Harvard Theological Review* 58, no. 4 (1965): 331.

24. 그레고리 라일리, 『하느님의 강: 그리스도교 신앙의 원류를 찾아서』, 박원일 옮김, 21세기 기독교 총서 (고양: 한국기독교연구소, 2005), 281.

25. 라일리, 『하느님의 강』, 281.

[사진 7-2: 로마 황제 아우구스투스의 신전(또는 베스파시아누스의 신전), 1817년 발굴, 이탈리아 폼페이]

　　로마의 황제 숭배와 그리스도교와의 관계는 '신의 아들'과 '신'이라는 용어 속에서 규정되었다. 프라이스(S. R. F. Price)는 "그리스인들이 살아있는 황제를 '하나님의 아들'(theou huios) 또는 '신'(theos)으로 불렀다"고 지적한다.[26] 그는 또한 황제 제의에서 황제에게 바치는 기도의 형식과 내용은 그리스도교 기도의 이론과 실천에 영향을 주었다고 주장했다.[27] 황제 제의는 신하나 백성들이 지배자에 대한 감사와 존경을 표현하고 자신들의 요구를 청원하는 것에서 출발하기 때문이다.[28] 백성들은 눈에 보이는 위대한 지배자 앞에서 자신들의 요구를 간청하면서 그것이 실현되는 상황을 체험했다. 마찬가지로 그리스도

26. Simon Price, "Gods and Emperors: The Greek Language of the Roman Imperial Cult," *Journal of Hellenic Studies* 104 (1984): 79.

27. Price, "Gods and Emperors," 90-92.

28. Pleket, "An Aspect of the Emperor Cult," 334.

교인들은 "개인적인 기도가 진정한 종교의 근본적인 요소"라고[29] 생각하면서 구세주인 예수(예수의 이름으로 하나님께 드리는 기도)를 통해 하나님께 드리는 기도가 세상의 구세주인 황제에게 청원하는 모습과 유사하다고 느꼈을 것이다. 이런 관점에서 황제들의 역할은 그리스도교의 성인들(saints)의 역할과도 유사하다.[30]

[사진 7-3: 아우구스투스 신전 앞에 있는 부조, 이탈리아 폼페이, 기원후 62년 제작]

신약성서에서 예수가 자신을 '하나님의 아들'로 칭했을 때 당시 사람들은 황제의 절대 권력을 상상했을 것이고, 예수를 로마의 황제보다 더 많은 권력을 가진 새로운 왕으로 간주했을 것이다. 예수가 단순히 종교 재판을 통해서 돌에 맞아 죽는 종교적 죽음을 당한 것이 아니라 로마의 총독 빌라도 앞에서 재판을 받고 정치범이 받는 십자

---

29. Price, "Gods and Emperors," 91.
30. Price, "Gods and Emperors," 94.

가형을 받았다는 것은 '하나님의 아들'이라는 예수의 호칭이 로마의 황제에 대항하는 정치적 의미로 해석되었을 가능성을 보여준다. 바로 이러한 로마의 황제 제의에 대한 가장 강력한 저항은 요한계시록에 나타난다. 로마의 황제들 중 칼리굴라, 네로, 도미티아누스, 트라야누스, 하드리아누스, 데키우스, 발레리아누스 등은 그리스도교를 핍박했다. 95년경에 로마를 통치했던 도미티아누스는 대부분의 다른 황제들이 사후에 신격화된 것과는 달리 생전에 스스로를 신격화했고 황제 제의를 그리스도인들에게까지도 강요했다.[31] 요한계시록의 신학적 배경과 역사적 정황 뒤에는 바로 이러한 도미티아누스의 황제 숭배에 대한 거부가 자리 잡고 있다. 즉, 요한계시록은 미래에 일어날 일들에 대한 예언이 아니라 1세기 말 황제 제의를 강요하는 상황 속에서 그리스도교 공동체가 믿음을 지키기 위해 묵시문학이라는 장르를 통해 로마와 황제 제의를 사탄에 대한 투쟁으로 배치한 것이다. "도미티아누스 시대의 황제 제의 가설"이[32] 흔들릴 가능성도 다소 있겠지만, 로마 제국 내에 일어났던 황제 제의에 대한 그리스도교의 저항이 요한계시록에 나타나고 있음을 부인할 수는 없다.

---

31. 유은걸, "요한계시록의 황제제의: 요한계시록 13장과 17장을 중심으로," 「신약논단」 15/2 (2008), 471.
32. 유은걸, "요한계시록의 황제제의," 476.

3. 소결론

그리스-로마 종교에는 혼합주의적 성격이 많다. 이 중에서도 미트라 제의는 조로아스터교의 영향에서 출발했지만 그리스-로마의 신들과 영웅들의 특징들을 그 안에 떠안게 되었고, 그리스도교가 시작되어 로마의 공식 국교가 되어가는 1-4세기에 로마 제국의 행정과 군대 조직에 속해 있었던 남성들을 중심으로 급속하게 퍼져나갔다. 미트라 제의가 가지고 있었던 세상에서의 성공에 대한 강조는 성장하고 발전해 가는 로마 제국의 분위기와도 잘 어울렸다. 무엇보다 미트라 제의에는 그리스도교의 성찬/세례와 흡사한 의식이 있었고, 미트라 신 자체가 최고신으로 나타나는 것이 아니라 신과 인간을 중재하는 중재자로서의 역할을 감당했기 때문에 하나님과 인간 사이를 중재하는 중보자로서의 예수와 겹치는 부분이 많았다. 미트라 제의의 영향력은 그리스도교가 예수의 탄생일을 미트라 신의 탄생일인 12월 25일로 정했다는 사실에서 잘 나타난다. 이런 신과 인간을 중재하는 모습은 로마 황제 숭배에서 황제에게 돌렸던 역할, 즉 세상의 구원자로서 또는 신의 화신으로 신과 인간 사이를 중재하는 것에서도 도드라진다. '충성'을 강조하는 미트라 제의와 황제를 로마 군대의 실제적 지배자로 생각하는 황제 숭배는 당연히 군인들 사이에서 인기가 있었다. 특히 미트라 신이 태양신과 동일시되면서 황제 숭배와 자연스럽게 연결되었다.

그리스도교가 예수와 초기 사도들의 행적에 대해서 많은 기록물을 남긴 것과 비교해 볼 때, 미트라 제의와 황제 숭배와 관련된 기록물들은 많지 않다. 그래서 언제나 그리스도교의 관점에서(특히 교부들의 글 속에서) 이 두 제의를 기록하는 경우가 많다. 그런데 그리스도교의 많은 유산들을 자세히 살펴보면, 그리스-로마 종교들과의 투쟁 속에서 그들의 유산을 그리스도교적인 것으로 변형시키거나 받아들였다는 것을 알 수 있다. 그리스도교가 예수를 '하나님의 아들'이며 중보자로 선포할 때, 그 당시 그리스-로마 문화의 사람들은 미트라 신과 신으로 추앙된 로마 황제들의 긍정적인 이미지와 크게 다르지 않음을 발견했을 것이다. 그리스도인들은 폭력적인 황제의 권력까지도 능가하는 십자가에 달린 예수가 결국에는 세상의 왕이었다고 선포할 수 있었다. 그렇기에 그들은 로마 황제들의 박해 속에서도 결코 굴복하지 않았다. 히브리서 기자는 그들이 당했던 고난을 다음과 같이 묘사한다.

> 36 또 어떤 이들은 조롱을 받고 채찍으로 얻어맞고 심지어는 결박을 당하여 감옥에 갇히기까지 했습니다. 37 또 돌에 맞아 죽고 톱질을 당하고 칼에 맞아 죽기도 했습니다. 그리고 양과 염소의 가죽을 몸에 두르고 돌아다녔으며 가난과 고난과 학대를 겪기도 했습니다. (히 11:36-37, 공동번역개정판)

그리고 요한계시록 기자는 로마의 황제 숭배에 대한 가장 강력한 그리스도교의 투쟁을 묵시문학이라는 문학적 장르를 통해 표출했다.

마지막으로 미트라 제의와 황제 숭배의 신학적 배경에는 그리스의 영웅 숭배가 가장 큰 그림자로 자리 잡고 있다. 결국 신약성서 기자들은 예수를 그리스-로마 세계 속에서 효과적으로 전파하기 위해 그 문화와 종교를 이용해서 그리스-로마 종교의 신과 영웅들보다 더욱 뛰어나고 위대한 그리스도교의 영웅인 예수를 소개하는 데 온 힘을 다했다. 미트라 제의가 남성들 위주의 종교였고, 디오뉘소스 제의가 여성들 위주의 종교였으며, 황제 숭배가 지배자들의 사상을 전파하는 제의였다면, 그리스도교가 피지배자들까지 포함하는 모든 이들을 위한 종교로서 자리매김할 수 있었던 것은 그리스-로마 종교의 영웅 숭배의 긍정적인 측면들을 잘 활용했기 때문이다.

미트라 제의와 로마 황제 숭배는 신비주의 종교의 속성도 강했기에 그리스-로마 종교에서 신비주의 종교의 특성에 대한 이해도 반드시 필요하다. 다음 장에서는 이를 자세히 다루어보고자 한다.

'밀의' 또는 '신비'라는 말은 그리스어 '뮈스테리아'($\mu\nu\sigma\tau\acute{\eta}\rho\iota\alpha$)에서
왔다. 본래 이 단어는 비밀스런 의식과 행사에 오직 선택받은 입교자
만이 참여할 수 있는 엘레우시스 신비주의를 지칭할 때 사용되었다.
그러나 일반적으로 이 용어는 19세기에 종교사학파에 의해서 비밀
스런 제의 또는 입교 의식들을 지칭하는 일반적인 의미를 가지게 되
었다.[1] 그래서 프륌(K. Prümm)은 "'밀의'가 동양풍의 종교가 침투한 고
대 그리스-로마의 비밀스런 제의를 의미한다"라고 정의한다.[2] 대표
적인 밀의 종교는 엘레우시스 제의, 오르페우스 제의, 디오뉘소스 제

---

1.   Kurt Rudolph, "Mystery Religions," in *Encyclopedia of Religion*, ed. Lindsay
      Jones (Detroit: Macmillan Reference USA, 2005), 6326-27.

2.   K. Prümm, "Mystery Religions, Greco-Oriental," in *New Catholic Encyclopedia*
      (Detroit: Gale, 2003), 85.

의, 로마 미트라 제의, 퀴벨레 제의, 이시스 제의 등이 있다.

그리스-로마 종교에서 '밀의 종교'는 호메로스와 헤시오도스의 신과 영웅들 숭배에서 기원한 국가 종교(황제 숭배)와 지역적이고 민족적인 종교(제우스, 아폴로, 아테나 등이 포함된 올림포스의 열두 신들)와 철학적인 종교(신플라톤주의, 스토아주의)와 더불어 4대 종교 범주에 들어간다. 디오뉘소스 제의와 오르페우스교는 다른 어떤 밀의 종교보다도 초기 그리스도교 공동체와 밀접한 관련을 가지기에 먼저 소개하고자 한다. 다른 밀의 종교들은 사상과 의식(ritual)에 대한 자료를 거의 남기지 않았지만, 에우리피데스가 기원전 4세기에 쓴 『박카이』(Bac-chae)에는 디오뉘소스 제의가 잘 나타나 오늘날 독자들에게 밀의 종교에 대한 생생한 정보를 제공해 준다.

[사진 8-1:
디오뉘소스, 로마 바티칸 박물관]

1. 디오뉘소스 제의의 기원과 특징

먼저 디오뉘소스 제의는 포도주의 신으로 널리 알려진 디오뉘소스를 숭배한다. 호메로스의 시들과 다른 고대 문헌들에서 디오뉘소스는 포도주를 만드는 법을 사람들에게 알려주며, 포도주를 통해서 사람들에게 행복과 즐거움을 나눠준다고 묘사된다. '디오뉘소스'라는 이름의 뜻은 "제우스의 아들"이라고 알려지지만 정확한 의미는 단정하기 어렵다. 디오뉘소스 제의가 어디에서 유래했는지에 대해서도 일치된 견해는 없지만 소아시아 지방에서 시작되어 그리스 본토로 들어온 것으로 보인다. 이 제의는 기원전 8세기에 이미 존재했으며 델피에서는 아폴론 제의만큼이나 중요하게 간주되었다.

[사진 8-2: 디오뉘소스 밀의 의식을 표현한 프레스코화, 이탈리아 폼페이]

에우리피데스는 디오뉘소스가 자신의 고향 테베스로 돌아오지만 그의 어머니가 제우스의 아내인 헤라에 의해 불타 죽고 그녀의 집이 폐허가 된 것처럼 디오뉘소스도 자기 고향 사람들로부터 배척을 받는다고 『박카이』 서론에서 묘사한다. 특히 디오뉘소스의 사촌인 펜테우스 왕은 디오뉘소스 제의를 반대하여 디오뉘소스의 숭배자들, 특히 '마이나데스'로 불리는 여성신도들을 잡아서 감옥에 가둔다. 심지어 그는 디오뉘소스도 잡아서 지하 감옥에 가두지만 디오뉘소스는 기적을 통해서 자신뿐만 아니라 그 여성신도들도 감옥에서 풀려나게 한다. 디오뉘소스는 테베스의 여성들을 미치게 만들어서 그들의 집을 떠나 산으로 들로 다니면서 자신을 예배하게 만든다. 그들은 산속에서 포도주를 마시면서 춤을 추고 손으로 동물들을 잡아 찢어 죽이는 등의 기괴한 의식을 한다.[3]

디오뉘소스 제의의 가장 큰 특징은 예배자들이 모여서 포도주를 마시는 술잔치(revels)와 비밀 주신제(orgies)에 있다. 다른 어떤 술보다도 포도주가 디오뉘소스를 대표하는 술이다. 예배자들은 제의에서 포도주를 진창 마시면서 황홀경에 빠져 신이 자신들을 변화시켜 모든 고통을 잊게 해준다고 믿는다. 또한 술에 취함으로써 내성적인 사람은 외향적이 될 뿐 아니라 포도주의 신인 디오뉘소스와 하나가 된다고 믿는다. 포도주는 때로 디오뉘소스의 피로 묘사되기에 포도주를 마시는 행위 자체는 디오뉘소스의 피를 마시는 것을 의미한다. 포도주는 예배자들을 광기의 향연으로 몰아간다. 더욱이 그 광기 가운데서 신과 완전히 하나가 되는 행위, 곧 생살과 피를 먹는 행위가 벌

---

3. 보다 자세한 내용은 다음을 참조하라. 조재형, "요한복음서의 예수의 수난과 유리피데스의 『박카이』의 디오니소스의 수난에 대한 미메시스 비평," 「신약논단」 22/2 (2015): 471-74. 이 논문은 이 책 2부에 실려 있다.

어진다. 이 술잔치의 절정에서 동물의 생살을 조각조각 날 것으로 찢
는데 이 행위는 '스파라그모스'(*sparagmos*)로 불린다. 그리고 그 찢은
생살을 피가 뚝뚝 떨어지는 가운데 먹는 것을 '오모파기아'(*omophagia*)
라고 한다.[4] 알렉산드리아의 클레멘스는 디오뉘소스의 추종자들이
광란의 제의 가운데서 생살을 먹는다고 기록했다.[5] 이때 사용된 동물
은 주로 황소였는데 플루타르크와 에우리피데스에 의하면(『박카이』
1017, 1159) 디오뉘소스는 주로 황소로 현현했다.[6] 말하자면, 신도들은
피가 그대로 배어 있는 성육화된 신의 살을 먹음으로써 신과 직접적
으로 교통했던 것이다.[7] 신을 먹는 행위는 신이 가진 생명과 기운/힘
을 받아들이는 행위였다. 이러한 오모파기아는 모든 이에게 열린 의
식이 아니라 디오뉘소스의 핵심 구성원들에게만 허락되는 일이었다.
미르치아 엘리아데(Mircea Eliade)는 "비의는 신자들이 디오뉘소스의
완전한 현현에 참여함으로써 성립한다"고 지적했다.[8]

---

4.   조재형, "디오니소스의 제의를 통해서 본 요한복음서의 성찬(요 6:51-59),"
     「기독교신학논총」 88 (2013): 40-41; Walter Burkert, *Greek Religion*, trans.
     John Raffan (Cambridge: Harvard University Press, 1985), 291.

5.   Clement, "Exhortation to the Greeks," in *Clement of Alexandria*, Loeb
     Classical Library (Cambridge: Harvard University Press, 1919; reprint, 1982),
     31.

6.   Plutarch, "Isis and Osiris," in *Plutarch's Moralia V*, ed. T. E. Page, The Loeb
     Classical Library (Cambridge and London: Harvard University Press and
     William Heinemann LTD, 1936; reprint, 1957), 85; Euripides, *Euripides V*
     (Chicago: The University of Chicago Press, 1959), 159, 200, 205.

7.   미르치아 엘리아데, 『세계종교사상사 1: 석기시대에서부터 엘레우시스의 비
     의까지』, 이용주 옮김, vol. 1, 2 vols. (서울: 이학사, 2014), 556.

8.   엘리아데, 『세계종교사상사 1』, 556.

사실 고대 사회의 무당이나 사제들은 술이나 특수한 식물의 마약 성분들을 이용해서 황홀경에 들어가 신의 신탁을 받는 경우가 많았다. 고대에는 오늘날의 상식과는 달리 미친다는 것이 신과 접촉할 수 있는 가능성이 더욱 많은 상태라고 생각했다. 디오뉘소스 제의에서의 "광란은 신적인 빙의로밖에 설명할 수 없는 생명력과 우주적 힘의 합일을 드러낸다."[9] 이런 관점에서 디오뉘소스 제의는 광기와 기괴한 식인주의 의식을 통해서 밀의 종교의 가장 극명한 모습을 잘 보여주고 있다.

[사진 8-3: 디오뉘소스 밀의 의식과 관련한 프레스코화, 이탈리아 폼페이의 신비자들의 집][10]

---

9.   엘리아데, 『세계종교사상사 1』, 557.
10. 오른쪽 발가벗고 심벌즈를 들고 서 있는 여자는 디오뉘소스 밀의 의식을 성공적으로 마쳤지만, 왼쪽에 어머니로 보이는 여자의 무릎에 얼굴을 기댄 여자는 밀의 의식을 통과하지 못했다.

2. 오르페우스교의 기원과 특징

　　그리스 종교사에서 오르페우스교(Orphism)는 가장 뜨겁게 논쟁되는 주제다.[11] 회의주의자들은 오르페우스교의 의미를 축소하는 반면에 찬미주의자들은 그리스 종교뿐만 아니라 철학에까지 영향을 주었다고 하면서 큰 의미를 부여한다.[12] 넓은 의미에서 오르페우스교란 전설적인 수금 연주가인 오르페우스, 포도주의 신인 디오뉘소스, 그리고 퓌타고라스의 정리로 유명한 고대 그리스의 철학자 퓌타고라스와 관련이 있지만,[13] 일반적으로는 아폴론과 칼리오페의 아들로서 인간 중에서 가장 뛰어난 음악가로 알려진 오르페우스와 관련된다.[14] 오르페우스는 아폴론 신이 준 일곱 개의 현으로 된 수금('키타라')을 뛰어나게 연주했다. 그가 연주할 때는 사람뿐만 아니라 짐승이나 강물, 바다, 산들까지도 감명을 받았다고 한다. 그의 음악은 마술적 힘과 생명을 소생시키는 힘이 있어서 강물도 흐르기를 그치고, 사나운 짐승들도 그들의 야생성을 잃어버리고, 심지어 산들도 그의 음악을 듣기 위해서 자리를 옮겨왔다고 한다.[15]

11.　Burkert, *Greek Religion*, 296.

12.　미르치아 엘리아데, 『세계종교사상사 2: 고타마 붓다에서부터 기독교의 승리까지』, 최종성·김재현, vol. 2, 2 vols. (서울: 이학사, 2014), 249.

13.　Jack Finegan, *Myth & Mystery: An Introduction to the Pagan Religions of the Biblical World* (Grand Rapids: Baker Book House, 1989), 172.

14.　Bergen Evans, *Dictionary of Mythology, Mainly Classical* (Lincoln: Centennial Press, 1970), 187.

15.　J. E. Zimmerman, *Dictionary of Classical Mythology*, 1st ed. (New York: Harper & Row, 1964), 185-86.

오르페우스는 에우리디케와 결혼해서 행복하게 살았다. 그러나 그들의 행복한 시간은 오래가지 못했다. 어느 날 에우리디케는 그녀에게 연정을 품은 아리스타이우스를 피해서 도망가다가 그만 독뱀에 물려 죽게 된다. 사랑하는 아내를 잃은 남편은 한 손 수금을 들고 죽은 자들이 가는 하데스로 내려갔다. 그곳에서 그는 수금을 연주해서 하데스의 왕인 플루톤과 왕비 페르세포네를 감동시켜서 에우리디케를 다시 지상으로 데려가도 좋다는 허락을 받았다. 이때 지상으로 완전히 나가기 전까지 절대로 뒤를 돌아보지 말아야 한다는 당부를 받았지만 오르페우스는 참지 못하고 뒤를 돌아본다. 결국 그들은 영원히 다시 만나지 못했다. (이 이야기의 초기 판본은 이들이 다시 지상으로 돌아와서 행복하게 살았다고도 기록한다.)

아폴론으로부터 수금을 받은 오르페우스는 아폴론을 더욱 열심히 예배했는데, 이것은 아폴론과 경쟁관계에 있던 디오뉘소스를 화나게 했다. 디오뉘소스 신은 자신의 여신도들을 보내어 그를 갈가리 찢어서 죽이고 머리는 헤브루스 강에 던져버렸다. 오르페우스의 죽음에 대해서는 또 다른 이야기들이 전해진다. 즉, 오르페우스가 죽은 아내에 대한 사랑으로 인해 디오뉘소스의 여신도들을 거부하여 그들에 의해 죽었다는 이야기도 있고 제우스에 대한 예배보다 아폴론에 대해 더 열심을 냈기에 제우스가 죽였다는 이야기도 있다.[16]

---

16. 아폴로도로스, 『원전으로 읽는 그리스 신화』, 천병희 옮김 (고양: 도서출판 숲, 2012), 28-30; Zimmerman, *Dictionary of Classical Mythology*, 186; Evans, *Dictionary of Mythology*, 188.

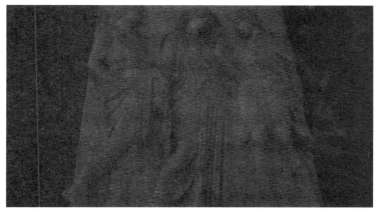

[사진 8-4: 헤르메스, 오르페우스, 에우리디케의 모습이 담겨있는 부조, 기원전 50년,
프랑스 루브르 박물관]

이미 기원전 6세기 문헌에 오르페우스의 이름이 언급되며, 또 다른 자료에 의하면 오르페우스는 "'호메로스보다 한 세대 이전에' 트라키아에서 살았다"고 전해지기도 한다.[17] 오르페우스교와 관련되어 현재까지 전해지는 자료들은 오르페우스에 관한 전승과 이른바 "오르페우스교적"이라는 "관념, 믿음, 관습"을 포함한다.[18] 전승에 따르면 오르페우스가 노래를 하면 그의 제자인 무사이우스가 받아서 적었다고 한다. 이 오르페우스의 노래 내용은 "세상의 창조와 죽음 이후의 영혼, 지상에서의 죄에 대한 그 영혼의 심판과 형벌, 그리고 다른 살아 있는 몸을 통한 영혼의 재생"에 관한 것이다.[19] 오르페우스교

---

17. 엘리아데, 『세계종교사상사 2』, 250-51.
18. 엘리아데, 『세계종교사상사 2』, 250.
19. John Morrison, "Orphism," in *Encyclopedia of Philosophy*, ed. Donald M.
     Borchert (Detroit: Macmillan Reference USA, 2006), 42.

가 다른 밀의 종교보다 난해한 점은 오르페우스교가 인류 발생론적인 디오뉘소스 신화 또는 불멸과 영혼의 윤회와 관련된 사상에 기초하여 통합된 영적 운동에 초점을 맞춘다는 것이다.[20]

디오뉘소스는 두 개의 다른 탄생 이야기를 가지고 있는데, 그중하나에서 어린 디오뉘소스는 헤라가 보낸 타이탄에 의해 죽임을 당한 후 갈기갈기 찢겨져 잡아먹힌다. 제우스는 이 타이탄을 번개로 태워 죽인 후 그 숯덩이에 디오뉘소스의 잔해를 모아서 다시 살린다. 이 죽은 자의 부활 신화는 '디오뉘소스 자그레우스'라는 명칭 속에서오르페우스교와 겹친다.[21] 흥미롭게도 아폴로도로스는 "오르페우스가 또 디오뉘소스의 비의(秘義)를 창안했다"고 기술한다.[22] 이것은 디오뉘소스가 오르페우스를 죽였다는 전승과는 충돌되지만 디오뉘소스 제의와 오르페우스교의 밀접한 관련성을 보여주는 한 예가 된다.

존 모리슨(John Morrison)은 철학자들에 대한 오르페우스 문학의 영향이 먼저 퓌타고라스와 엠페도클레스에서 시작되어 플라톤에게서정점을 이룬다고 주장한다.[23] 하지만 미르치아 엘리아데(Mircea Eliade)는 오르페우스교와 퓌타고라스 종교 운동이 동일한 시대정신의 표현으로서 나란히 발전했다고 본다. 그는 두 집단의 유사성("불사와 윤회, 하데스에서의 영혼의 처벌, 천상으로의 최종 귀환 등에 대한 믿음과 채식주의, 정화 의례의 중시, 금욕주의")은 "다수의 '오르페우스교'의 문헌들이 퓌타고

20. Burkert, *Greek Religion*, 297.
21. Burkert, *Greek Religion*, 297, 300.
22. 아폴로도로스, 『원전으로 읽는 그리스 신화』, 30.
23. Morrison, "Orphism," 43.

라스파의 작품일 수는 있지만, 그러나 '오르페우스교'의 종말론적 신화들, 신앙들, 의례들이 퓌타고라스나 그의 제자들에 의해 만들어졌다고 믿은 것은 어리석은 일이다"라고 지적한다.[24]

플라톤은 자신의 저작들에서 여러 차례 오르페우스의 시들을 인용하고 언급했다. 그 인용에 의하면 오르페우스 시에 나오는 우주의 기원은 헤시오도스의 신들의 계보에 나오는 것과 비슷하다. 또한 인간의 죽음 이후 영혼의 운명과 심판, 그리고 의로운 자들의 영혼이 다른 세계에서 환생한다는 오르페우스교의 사상을 받아들인다. 특히 플라톤의 『크라튈루스』(Cratylus 420B)에서는 몸은 영혼의 무덤이라는 오르페우스교의 영향이 분명하게 드러난다.[25] 오르페우스교와 퓌타고라스 학파의 사상이 서로 어떻게 영향을 주고받았는지는 미결된 문제지만, 이 둘이 "윤회와 재생에 대한 가르침을 대중화한 동시에 체계화했다는 점"과 플라톤에게도 영향을 주었다는 점은 분명하다.[26]

3. 디오뉘소스 제의와 오르페우스교와 그리스도교

그리스도교는 구약성서의 많은 유산을 공유한다. 그리스도교는 모세오경을 읽고 유대교의 유산을 받아들이기는 하지만 이에 대한

24. 엘리아데, 『세계종교사상사 2』, 269-70.
25. Morrison, "Orphism," 43.
26. 엘리아데, 『세계종교사상사 2』, 276-77.

유대교 해석을 따르지 않고 그리스도교 자체의 해석을 취한다. 구약 성서에서 메시아는 다윗의 후손으로 군사적 승리를 보장하는 전사나 해방자의 모습으로 나타나지만 고난받는 모습은 아니다. 예수 당시에 유대인들(심지어 예수의 가까운 제자들조차도)이 예수를 오해한 부분이 바로 이것이다. 그들은 메시아로서의 예수를 왕과 같이 기름 부은 자이자 동시에 큰 권세와 영광을 가진 모습으로 상상했을 것이고 고난당하고 십자가를 지는 모습으로는 생각하지 않았다. 예수가 부활한 후에 사도행전 저자는 이사야 53장의 고난받는 종을 예수에게 적용시켜서 고난당하는 메시아, 십자가의 치욕을 당한 하나님의 아들로 재해석했지만(행 8:32-35), 유대교적 배경과 사상 속에 있었던 유대인들은 결국에는 십자가를 받아들이고 죽으려고 예루살렘으로 올라가는 예수를 거부할 수밖에 없었다.

그러나 그리스-로마 배경 속에서 성장하고 교육을 받았던 유대인들과 이방인들은 '고난받는 하나님의 아들'과 '고난받는 구세주' 개념이 전혀 낯설지 않았다. 이미 그리스의 영웅들이 고난받는 제우스(하나님)의 아들에 대한 사전 정보들을 제공하고 있기 때문이다. 그 중에서도 디오뉘소스는 에우리피데스의 『박카이』로 인해 고난받는 하나님의 아들의 대표 주자로 자리매김하고 있었다. 마가복음이 예수를 『박카이』 전반부에 등장하는 고난받는 하나님의 아들의 모습으로 그렸다면, 요한복음은 『박카이』 후반부를 모방하면서 고난은 받되 의연하고 담대하게 고난을 받는 하나님의 아들의 모습으로 예

수를 그리고 있다.[27]

디오뉘소스와 그 제의의 모습을 가장 많이 보여주는 신약성서는 요한복음이다. 요한복음은 복음서 중에서 유일하게 예수가 가나에서의 포도주를 만든 사건을 보도한다. 이 이야기는 불트만(Rudolf Bult-mann)을 비롯한 많은 학자들이 디오뉘소스 제의의 영향력이 그 배경에 있다고 인정한다. 팔레스타인 지역은 포도주 산지로 유명한데 당시 사람들에게 포도주의 신은 두말할 것 없이 디오뉘소스였다. 한 고고학적 연구는 디오뉘소스 신전에 디오뉘소스 사제가 물을 포도주로 바꾸는 기적을 보여주기 위한 비밀 통로가 있었음을 보여준다.[28] 디오뉘소스가 포도주를 통해서 사람들을 변화시키듯이 요한은 선교적 전략 속에서 예수를 새로운 디오뉘소스로 제시한다. 왜냐하면 1세기 지중해 지역에서 디오뉘소스는 하나님의 아들로서 엄청난 기적 행위자로 유명했지만 예수는 무명의 유대교 랍비에 지나지 않았기 때문이다.

요한복음 6:53에서 예수는 "인자의 살을 먹지 아니하고 인자의 피를 마시지 아니하면 너희 속에 생명이 없느니라"고 선언한다. 공관복음의 성찬 단락(막 14:22-25; 마 26:26-29; 눅 22:15-20)과 바울의 성찬 단락(고전 11:23-25)은 예수의 "몸"(soma)과 피를 먹고 마심으로써 예수

---

27. 이 부분에 대해서는 필자의 다음의 논문을 참조하라. 조재형, "요한복음서의 예수의 수난과 유리피데스의 『박카이』의 디오니소스의 수난에 대한 미메시스 비평."

28. Campbell Bonner, "A Dionysiac Miracle at Corinth," *American Journal of Archaeology* 33 (1929): 371-73.

의 죽음을 기억하고 기념하라고 했을 뿐, 결코 "살"(sarx)을 먹으라고
가르치지 않는다. 만약 요한복음의 성찬 단락(6:51-58)을 디오뉘소스
의 '오모파기아' 의식 속에서 이해한다면 '살'을 먹으라는 의미가 무
엇을 의미하는지 분명해진다. 디오뉘소스 제의에서 피가 뚝뚝 떨어
지는 생살을 먹음으로써 신과 하나가 되어서 신의 기운과 영을 흡수
하듯이, 요한 기자는 예수의 살과 피를 먹음으로써 예수와 하나가 되
는 성찬을 제공하고 있다.

요한복음에서는 예수는 하나님 안에 거하고 하나님은 예수 안에
거하듯이, 이제는 예수의 살과 피를 먹는 사람들도 예수 안에 거하며
예수와 하나가 된다고 말한다. 요한복음 15장에 나오는 포도나무의
비유도 이렇게 예수와 하나가 되는 것에 대해 포도주와 포도나무의
신인 디오뉘소스의 이미지를 통해서 설명하고 있기 때문에 당시 청
중들에게 신과 하나가 된다는 것이 무엇을 의미하는지 자명하게 들
렸을 것이다. 이 책에서 모든 것을 일일이 설명할 수는 없지만, 요한
복음의 서론(1:1-18)에서부터 가나의 기적(2:1-11), 예수와 사마리아 여
자와의 대화(4:5-30), 예수가 물위를 걸은 기적(6:16-20), 예수의 성찬
제정(6:51-58), 포도나무 비유(15:1-11)를 모두 디오뉘소스 제의의 배경
속에서 해석한다면 이전에 불분명했던 부분들을 좀 더 잘 이해 할 수
있게 된다.[29]

사도행전의 몇몇 부분들은 몇몇 학자들에 의해 디오뉘소스와 관

---

29. 조재형, "디오니소스의 제의를 통해서 본 요한복음서의 성찬(요 6:51-59)," 41-53.

련하여 연구되었다. 사도행전에 나오는 베드로와 바울과 실라의 기
적적인 탈출 이야기(행 12:6-10; 16:25-26)는 출애굽기 12:1-12과 관련해
서 해석해도 되지만 에우리피데스의 『박카이』에 나오는 디오뉘소스
와 여신도들의 탈출과 비교하여 연구될 수 있다.[30] 특별히 문학적으
로 사도행전 12:6-10은 『박카이』 443-450행과 평행한다. "두 경우,
새로운 종교(그리스도교와 디오뉘소스 제의)의 추종자들은 불의하게 체포
당하지만, 그들을 묶었던 쇠사슬은 그들이 믿는 신들의 능력에 의해
기적적으로 풀리고, 풀려난 그들은 종교 활동을 계속하게 된다."[31] 이
와 비슷하게 신의 뜻에 저항하는 바울은 펜테우스와 비교하여 연구
될 수 있다.[32] 즉, 바울의 회심/소명 이야기(행 9:1-19; 22:6-16; 26:12-18)가
『박카이』 본문의 영향을 받았다는 것이다. 『박카이』 794-795행에서,
변장한 디오뉘소스는 펜테우스에게 "신에게 분노하고 가시 채를 차
는 것보다 희생제물을 디오뉘소스에게 바치는 것이 낫다"라고 조언
한다. 비슷하게 예수는 사울에게 "사울아 사울아 네가 어찌하여 나
를 박해하느냐 가시 채를 뒷발질하기가 네게 고생이니라"(행 26:14)라
고 조언한다. "가시 채를 뒷발질하기"라는 표현은 성서 어디에서도

30. 조재형, "미메시스 비평으로 살펴본 사도행전의 기적적인 탈출과 사울의 저
    항: 사도행전 12:6~7, 16:25~26, 22:14를 중심으로," 「신약논단」 21/3 (2014),
    741-43.
31. 조재형, "미메시스 비평으로 살펴본 사도행전의 기적적인 탈출과 사울의 저
    항," 745; 또한 Arthur Evans, *The God of Ecstasy: Sex-Roles and the Madness of
    Dionysos* (New York: St. Martin's Press, 1988), 150을 참조하라.
32. Richard Seaford, *Dionysos*, Gods and Heroes of the Ancient World (London
    and New York: Routledge, 2006), 125.

발견되지 않고 『박카이』를 비롯한 몇몇 그리스 문학에서만 발견된다.[33] 이는 "신의 의지에 대항하여 싸운다"는 의미다.[34]

그리스도교는 영혼의 불멸과 부활을 믿는다. 물론 근본주의 진영에서는 영혼의 부활 대신에 육체의 부활을 이야기하기도 하지만, 죽었다가 다시 살아나는 이야기, 즉 부활은 그리스도교 사상의 핵심에 위치한다. 그런데 우리가 당연하다고 생각하는 부활이 구약성서에는 잘 드러나지 않는다. 에스겔이나 구약의 몇몇 부분에서도 부활에 대한 언급이 없는 것은 아니지만 구약의 주류 사상에서는 죽음 이후의 삶을 없는 것으로 본다. 인간은 흙으로 창조되었기에 죽으면 다시 흙으로 돌아간다. 창세기 3:19은 분명하게 아담을 향해서 "너는 흙이니 흙으로 돌아갈 것이니라"라고 단언한다. 창세기를 포함한 모세 오경에 나타나는 복은 젖과 꿀이 흐르는 땅을 얻는 것과 많은 자손을 가지는 것, 그리고 이 땅에서 장수하는 것이다. 여기에서 죽음 이후의 삶은 큰 관심을 보이지 않는다.

이러한 기류는 그리스의 호메로스가 쓴 『오뒷세이아』나 『일리아스』에서도 비슷하게 나타난다. 그렇기에 영혼의 불멸성을 강조했던 플라톤은 호메로스의 작품들을 비판할 수밖에 없었다. 신약성서에서 예수는 "사람이 온 세상을 얻고도 제 목숨을 잃으면, 무슨 이득이 있겠느냐? 사람이 제 목숨을 되찾는 대가로 무엇을 내놓겠느냐?"라고

---

33. 조재형, "미메시스 비평으로 살펴본 사도행전의 기적적인 탈출과 사울의 저항," 748.

34. George Arthur Buttrick, *The Acts of the Apostles, the Epistle to the Romans*, The Interpreter's Bible (Nashville: Abingdon Press, 1954), 326.

하면서 이 세상에서 가장 중요한 것이 무엇인가를 설파한다. 한글 성
경에서 '목숨'으로 번역된 헬라어 단어는 '프쉬케'로 이는 '영혼'을
의미한다.[35] 그래서 마태복음의 저자는 몸은 죽여도 영혼을 죽이지
못하는 자들을 두려워하지 말라고 권고한다(마 10:28). 믿음의 목표는
인간의 몸의 구원이 아니라 영혼이 심판을 받은 후에 결국에는 구원
을 받는 것이다(벧전 1:9; 히 10:39; 약 5:20).

　신약성서는 영혼의 불멸성과 영혼이 인간의 본질임을 지속적으
로 강조한다. 이런 토대 위에서 그리스도교의 부활 신앙은 굳건하게
자리 잡을 수 있었다. 이러한 그리스도교의 영혼에 대한 개념이 플라
톤의 영육 이원론 사상과 맥이 닿아 있다. 앞에서 살펴본 것처럼 플
라톤조차도 영혼에 대한 이러한 사고를 퓌타고라스 학파와 오르페
우스교에서 가져와서 발전시켰다. 또한 플라톤의 사상은 단일자(모나
드)에 대한 신학과 '영혼의 여행'을 강조하는 고대 영지주의 사상에
영향을 주었는데, 긍정적인 의미에서 고대 영지주의 사상은 요한복
음과 바울서신 속에서 중요한 신학으로 나타난다.[36] 즉, 오르페우스
교는 직접적으로 신약성서에 그 모습을 드러내지 않지만, 긴 사상사
의 역사 가운데서 정교하게 변화되어 그리스도교 신학이 가지고 있
는 영혼의 중요성과 부활 사상의 핵이 무엇인가를 풍성하게 설명해

---

35. 조재형, "알몸으로 빠져나간 청년과 영혼의 여행(막 14:51-52)," 「신학사상」
　　172 (2016), 14-15.

36. 조재형, "영지주의 사상의 관점에서 살펴본 고린도전서 15장 51절의 다양
　　한 이문에 대한 연구," 「신약논단」 21/4 (2014), 1112-20; 조재형, "고대 영지
　　주의 사상의 관점에서 바라본 요한복음 6장의 '살'(Σάρξ)," 「신학연구」 51/1
　　(2014), 12-25.

준다.

물론 그리스도교의 영혼과 부활에 대한 신학이 오르페우스교나 플라톤 사상과는 전혀 교류 없이 독자적 사상으로 발전했을 가능성도 있다. 그렇지만 이 방향으로만 바라보면 구약성서가 적극적으로 제공하지 않는 영혼과 부활에 대한 개념을 신약성서 저자들이 어떻게 창조했는가에 대한 설득력 있는 답변이 필요하다. 이 답변에 대한 그럴듯한 대답은 바로 그리스-로마 종교의 밀의 종교를 통해서 주어질 수 있다. 왜냐하면 전도서 기자가 "해 아래에는 새 것이 없나니"(전 1:9)라고 고백했듯이, 모든 것들은 앞 시대 것들의 토대 위에서 발전하고 창조되기 때문이다.

4. 소결론

디오뉘소스 제의는 그리스도교 신학에 '고난받는 하나님의 아들'에 대한 신학적 배경을 제공하며, 그리스도교 성찬 의식과 부활 개념, 그리고 신과의 연합에 대하여 무시할 수 없을 정도로 영향을 주었다.[37] 오르페우스의 시는 영혼의 불멸성과 영혼의 여행과 환생의 개념을 그리스 종교에 제공해 주었다. 예를 들면, 디오뉘소스 제의는 전통적으로 디오뉘소스가 포도주의 신으로 고난받는 제우스의 아들

---

37. Jennifer Larson, *Ancient Greek Cults: A Guide* (New York: Routledge, 2007), 126-27.

로서 인식되다가, 오르페우스교와 결합하면서 타이탄에 의해 죽임을 당하는 새로운 전승으로 발전된다. 디오뉘소스 제의는 호메로스의 종교와 밀의 종교의 특성을 모두 가지고 있다는 점에서 그리스-로마 종교 연구에서 중요할 뿐만 아니라, 다른 그리스-로마의 신들보다 신약성서에서 그 흔적을 많이 찾을 수 있어서 그리스도교의 기원에 대한 연구에 있어서도 놓쳐서는 안 될 자료가 된다.

주지하다시피 그리스-로마 종교에 등장하는 많은 신들과 영웅들은 주로 호메로스와 헤시오도스의 저술을 통해 우리들에게 알려졌다. 거기에 묘사되는 신들은 우리 인간들처럼 분노하고, 사랑하고, 모략을 세우고, 시기하고, 심지어는 질투하기도 한다. 인간이나 신들 모두 물질적인 것에 관심을 많이 가지고, 죽음 이후의 삶보다는 현세의 삶에 더욱 관심을 가진다. 플라톤은 이러한 대중적인 호메로스의 신들이 부도덕하다고 비판했고 또한 오르페우스교와 퓌타고라스 학파의 사상을 받아들여 영혼의 불멸성과 윤회에 대한 개념을 제시했다. 후에 플라톤의 사상은 철학적인 종교의 중요한 토대를 마련하게 된다. 즉, 그리스의 밀의 종교(신비주의 종교)가 그리스-로마 종교의 방향을 영적인 것으로 새롭게 바꾸었다. 다음 장에서는 밀의 종교에 있어서 중요하지만 이 장에서 다루지 못했던 '엘레우시스'와 '위대한 어머니'에 대해서 살펴볼 것이다.

제9장
밀의 종교 2:
엘레우시스와 위대한 어머니 신

"밀의"(mysteries)라는 말은 "비밀스런 매력과 피가 끓고 가슴이 뛰는 계시"를 의미한다.[1] 사실 밀의 종교라는 낱말 자체는 어떤 신비한 의식과 황홀한 경험을 제공해 줄 것 같은 분위기를 자아낸다. 그래서 버커트(Walter Burkert)는 많은 사람들이 밀의 종교에 대해 가지고 있는 틀에 박힌 사고를 지적했다. 말하자면, 밀의 종교가 아주 고대에 존재했었고, 동양에 그 기원을 가지고 있으며, 매우 영적인 속성을 가지고 있다는 생각에 반대했다는 것이다. 사실 많은 밀의 종교가 기원 후 1-4세기에 전성기를 누리면서 영적인 부분이 추가되었지만 현실의 성공에도 큰 관심이 있었다.[2] 그러면서 버커트는 밀의 종교가 가지는 특징들을 다음과 같이 열거한다. 첫째, 밀의 종교로의 입교는

---

1. Walter Burkert, *Ancient Mystery Cults, Carl Newell Jackson Lectures* (Cambridge: Harvard University Press, 1987), 1.

2. Burkert, *Ancient Mystery Cults*, 2-3.

남녀를 차별하지 않았고, 그리스의 비시민권자들에게도 열려 있었
다. 둘째, 그리스의 밀의 종교는 농업과 밀접하게 관련된다. 셋째, 신
비종교에서 특징적인 것은 성적인 측면이다(생식기에 대한 상징과 그것의
노출 등).[3]

396년에 고트족의 왕인 알라리크가 이끄는 군대가 그리스의 테
르모필레의 험준한 지역으로 검은 옷을 입은 그리스도교 수사들과
함께 몰려왔다. 그들은 아테네에서 북서쪽으로 18㎞ 떨어진 "유럽에
서 가장 오래되고 가장 중요한 종교적 중심지"인 엘레우시스 성전을
철저하게 파괴했다.[4] 이 사건은 이교에 대한 그리스도교의 승리를 상
징적으로 보여주기 때문에 중요하다. 그리스도교는 초기부터 도시를
중심으로 선교를 했기에 그리스도교인들은 시골보다 도시 지역에
더 많았고, 반면 시골 지역에는 주로 밀의 종교를 따르는 이교도들이
많았다.[5]

396년 엘레우시스 성전 파괴가 보여주듯 그리스도교인들은 전
멸시킬 이교의 대표로 엘레우시스 밀의를 지목했다. 엘레우시스 밀
의는 데메테르 여신과 그녀의 딸 코레와 연관되어 발전했기 때문에
여신 숭배를 연구할 때도 빠지지 않는다. 그래서 엘레우시스 밀의는
그리스-로마의 여신 연구에서 '위대한 어머니 신' 또는 '대모지

3.   Walter Burkert, *Greek Religion*, trans. John Raffan (Cambridge: Harvard University Press, 1985), 277.
4.   미르치아 엘리아데, 『세계종교사상사 2: 고타마 붓다에서부터 기독교의 승리까지』, 최종성, 김재현 옮김 (서울: 이학사, 2014), 565.
5.   흔히 말하는 '이교'라는 용어는 영어로 "pagan religion"인데, '페간'(pagan)은 '시골 지역' 또는 '촌사람'이라는 라틴어 '파구스'(*pagus*)에서 왔다.

신'(The Great Mother)의 대표 주자로 언급되는 퀴벨레 밀의와도 연관이 된다. 앞 장에서는 밀의 종교들 중 남성신과 관계되는 디오뉘소스 제의와 오르페우스교를 살펴보았기에 이번 장에서는 여성신과 관계되는 부분들을 다루어 보고자 한다.

1. 엘레우시스 밀의의 기원과 특징

그리스의 다른 어떤 밀의 종교보다도 엘레우시스 제의는 성전에 대한 고고학적 증거, 밀의의 규정에 대한 비문과 제명, 제사장들에 대한 묘사문과 도자기에 그려진 그림들과 시 등에 많은 기록이 남아 있다.[6] 엘레우시스 밀의의 기원에 대해서는 "데메테르에게 바치는 호메로스의 찬가"라는 시에 잘 나타나 있다.[7] 이 시에 따르면, 올림포스 신들 가운데 한 명이며, 크로노스와 레아의 딸인 데메테르는 그녀의 딸 코레(페르세포네)가 들판에서 꽃을 따다가 지하의 신 플루톤(하데스)에게 납치되었다는 소식을 듣는다. 데메테르는 9일 동안 아무것도 먹지 않고 딸을 찾다가 태양신 헬리오스로부터 제우스가 코레를 플루톤에게 결혼시키려고 일을 꾸민 것을 알게 되자 몹시 낙담한다. 그

6.　Burkert, *Greek Religion*, 285.

7.　Homer, "The Homeric Hymns Ⅱ to Demeter," in *Hesiod, Homeric Hymns Epic Cycle Homerica*, ed. Jeffrey Henderson, The Loeb Classical Library (Cambridge and London: Harvard University Press, 1914; reprint, 2000), 286-324.

녀는 신들이 먹는 암브로시아도 마시지 않고 식물, 과일, 곡식을 전혀 돌보지 않고 오직 딸만 찾는다. 데메테르는 늙은 여인의 모습으로 가장하고 엘레우시스라는 도시를 향하여 길을 떠난다. 그 도시의 우물가에서 켈레오스 왕의 딸들을 만난다. 그들의 요구로 그녀는 왕의 아들 데모폰을 키우는 유모가 된다. 데메테르는 데모폰에게 우유를 먹이지 않고 낮에는 아기의 몸에 암브로시아를 바르고, 밤에는 아기를 불에 넣어 영원히 죽지 않는 신으로 만들려고 했다. 그러나 아기의 어머니인 메타네이라 여왕은 어느 날 밤에 그 장면을 발견하고 몹시 슬퍼하며 말한다. "데모폰, 내 아들아, 이 이상한 여자가 너를 깊은 불속에 묻어서 아주 깊은 슬픔을 나에게 주는구나!"(248-249행).

데메테르는 그 소리를 듣고 화가 나서 불속의 아기를 낚아채서 땅에 던지면서 "지혜가 없고 우둔한 인간아! 너에게 닥치는 좋은 것과 악한 것을 구분하지 못하는 구나"(256행)라며 화를 낸다.[8] 여신은 데모폰을 영원히 죽지 않는 신으로 만들려고 했지만 그의 어머니의 방해로 이를 중단하고, 자신을 위한 신전을 만들라며 이렇게 명령한다. "보아라! 나는 신들과 인간들에게 기쁨을 불러일으키고 많은 도움을 주고 영광을 함께 나누는 데메테르다. 그러나 이제 모든 인간들은 나를 위해서 위대한 신전을 만들도록 해라. … 나는 내 제의를 직접 가르칠 것이다. 지금부터는 그 제의를 공경스럽게 행하여, 내 마음을 흡족하게 하거라"(268-274행).[9]

---

8.   Homer, "The Homeric Hymns II to Demeter," 307.

9.   Homer, "The Homeric Hymns II to Demeter," 309.

이 말을 마친 여신의 늙은 모습은 사라지고 번개가 치는 것과 같이 빛나고 아름다운 모습으로 변한 후 그곳을 떠난다. 떠난 자리에는 여신이 남겨놓은 달콤한 향내가 진동한다. 신전이 완성되자 데메테르는 그곳에서 딸을 그리워하면서 온 대지를 황폐하게 만든다. 땅은 곡식이 자라지 않고 엄청난 가뭄으로 모든 것이 시들어간다. 제우스는 그녀에게 올림포스로 돌아오라고 요구하지만, 그녀는 딸을 만나기 전에는 어림도 없다고 대답한다. 제우스는 지하의 신 플루톤에게 코레를 돌려보내라고 명령을 해서, 코레는 일 년 중 3개월을 제외한 나머지 기간에는 데메테르와 함께 살 수 있게 되었다(그래서 코레가 하데스에 머무는 3개월은 식물이 자랄 수 없는 겨울이 된다).[10]

딸을 되찾은 데메테르는 대지를 다시 생기와 풍요가 넘치게 만든다. 올림포스로 돌아가기 전 그녀는 트립톨레모스, 디오클레스, 에우몰포스, 켈레오스 왕에게 그녀의 제의와 밀의에 관한 모든 것을 가르친다. "이 밀의는 아무에게도 알려주거나 말해서는 안 된다. 왜냐하면 신들을 향한 깊은 경외심이 그 목소리를 항상 막아버릴 것이다. 이 땅 위의 인간 중에서 이 밀의를 본 사람은 행복하도다. 그러나 이 밀의에 입교하지 못한 자와 제의에 참여하지 못한 자는 죽은 다음에도 지하 세계에서 이와 같이 좋은 행운을 누리지 못할 것이다"(478-482행).[11] 여기서 "이 땅 위의 인간 중에서 이 밀의를 본 사람은 행복하도다"라는 본문은 죽음 이후의 보다 나은 운명을 약속하는 엘레우시

---

10. 또 다른 문헌에서는 코레가 6개월 동안 지하 세계에 산다고도 나온다.

11. Homer, "The Homeric Hymns Ⅱ to Demeter," 323.

스 밀의의 핵심 사상을 담고 있다.[12]

호메로스의 시는 데메테르 여신에 대해, "두 여신이 재회하고 데모폰이 불사적 존재가 되는 것에 실패했다는 두 가지 원인을 들어 엘레우시스 비의의 기원을 설명한다."[13] 또한 이것은 데메테르 여신이 인간에게 영생을 선물할 수 있기 때문에 그 밀의에 참여하는 자들은 죽은 후에도 죽지 않고 행복한 삶을 누릴 수 있음을 보여준다. 기원전 5세기 그리스의 3대 비극작가 중 하나인 소포클레스는 "이 비의를 본 후에 명계로 내려가는 자는 3배로 행복하도다. 그들만이 참된 생명을 얻을 것이다. 그 외의 사람들에게는 모든 것이 고통이니라"(단편 719)라고 노래했다.

이 밀의에 참가하는 자들의 영혼은 제의의 중심인 두 여신의 현현과 관련된 무언가를 경험했을 것이다.[14] 그러나 밀의에 참여한 최초의 참가자가 트립톨레모스라는 것만 알려져 있고 이 밀의가 어떻게 진행되고 구체적인 내용이 무엇인지에 대해서는 단편적인 정보만이 전해진다. 엘레우시스 지역에 대한 고고학적 발굴의 결과로 이미 기원전 15세기부터 밀의가 시작되어 약 2천 년 정도 지속되었던 것으로 추정된다.

밀의는 작은 밀의, 큰 밀의, 최후의 종교 경험인 '에포프테이

---

12. Fritz Graf, "Eleusinian Mysteries," in *Encyclopedia of Religion*, ed. Lindsay Jones (Detroit: Macmillan Reference USA, 2005), 2751.

13. 미르치아 엘리아데, 『세계종교사상사 1: 석기시대에서부터 엘레우시스의 비의까지』, 이용주 옮김, vol. 1 (서울: 이학사, 2014), 444.

14. 엘리아데, 『세계종교사상사 1』, 445-47.

아'(Epopteia)로 구성되었는데, 작은 밀의만 공개되고 나머지 두 밀의
는 공개되지 않았다. 다만 이 밀의에서는 몇몇 고대 문서들의 근거로
성찬 의식과 바다에서의 세례, 3일간의 금식 등을 행했으며, 이러한
의식들을 통해 참여자들에게는 죽음 이후의 생명이 약속되었다.[15] 또
한 "초자연적인 속도로 자라고 성숙하는 곡물 이삭"을 사용하면서
신들의 현존을 상징하는 의식들이 치러진 것으로 보인다.[16] 처음 엘
레시우스 밀의가 시작될 때는 그리스 시민에게만 참여가 허락되었
지만 나중에 헬레니즘 시대에는 비그리스인들에게도 개방되었다. 로
마 시대에는 술라, 안토니우스, 키케로, 아티쿠스같이 유명 인사들도
이 밀의에 입교했다고 한다.[17]

　　엘리아데(Mircea Eliade)는 엘레우시스 밀의가 종교사와 유럽의 문
화사와 그리스도교에게 미친 중요한 영향을 다음과 같이 기술한다.

　　　　엘레우시스의 비의는 그리스 종교성의 역사 속에서 중심적인 역할
　　　　을 했을 뿐만 아니라, 간접적으로는 유럽의 문화사, 특히 입문 의례
　　　　의 비밀을 해석하는 데 중요한 공헌을 했다. 비의의 독특한 권위는
　　　　엘레우시스를 이교적 종교성의 상징으로 만들어버렸다. 성소에서 발
　　　　견되는 불에 탄 흔적과 비의에 대한 탄압은 이교의 "공식적인" 종말

15.　Sukkil Yoon, "Baptism as Christian Initiation: The Origins and Development
　　　of Being United with Christ" (Ph. D. Dissertation, Claremont School of
　　　Theology, 2004), 62.

16.　엘리아데, 『세계종교사상사 1』, 454.

17.　Yoon, "Baptism as Christian Initiation," 61.

을 의미했다. 물론 그것이 이교의 소멸을 의미하는 것은 아니었고, 단지 이교의 오컬트화[비밀 종교화]를 의미했을 따름이다. 그리고 엘레우시스의 "비밀"은 지금도 변함없이 탐구자의 상상력을 계속 자극하고 있다.[18]

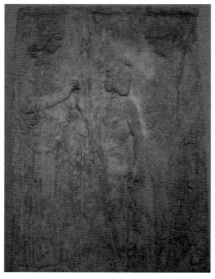

[사진 9-1: 트립톨레모스에게 밀 이삭을 건네고 있는 데메테르 여신, 그리스 아테네 고고학 박물관]

2. 위대한 어머니 신: 퀴벨레 밀의의 기원과 특징

퀴벨레 여신에 대한 제의의 기원에 대해서는 논란이 지속되고 있지만 일반적으로 아나톨리아 중부의 프리기아 지역에서 시작되었

---

18.   엘리아데, 『세계종교사상사 1』, 459.

다고 여겨진다. 퀴벨레 제의는 지중해 전역에서 광범위하게 숭배되었다. 이 여신의 이름의 뜻은 '어머니'(Mater/Mother)이지만[19] 프리기아 지역에서 유래된 별명에 따르면 '산'이라는 뜻도 가지고 있다. 퀴벨레 제의는 기원전 1,000년경 오늘날의 터키 지역에서 그리스의 서부 도시로, 그 다음에는 그리스 본토로 전파되다가, 기원전 3세기에는 로마로 수입되었다. 그리고 4세기 말 그리스도교가 로마의 공식 종교로 될 때까지 영향력 있는 그리스-로마 종교로 자리매김했다.[20] 6세기경에 기록된 것으로 추정되는 "신들의 어머니에게 바치는 호메로스의 찬가"라는 시에서는 퀴벨레를 모든 인간들과 신들의 어머니로 묘사하고 있다. 시의 저자는 다음과 같이 노래한다.

> 위대한 제우스의 딸인, 맑은 목소리를 가진 무사이(뮤즈)인 나는 모든 인간들과 신들의 어머니를 노래한다. 그녀는 탬버린과 방울 소리와 플루트 소리와 늑대들과 밝은 눈의 사자들의 울부짖는 소리와 언덕들과 나무가 우거진 골짜기들의 울려 퍼지는 소리에 즐거워한다. 그러므로 나는 나의 노래 속에서 당신과 모든 여신들을 찬미한다.[21]

이런 측면에서 위대한 어머니 신은 그리스 여신 레아 또는 데메

---

19. 퀴벨레는 '위대한 어머니'라는 명칭으로도 사용되었다.
20. Lynn E. Roller, "Cybele," in *Encyclopedia of Religion*, ed. Lindsay Jones (Detroit: Macmillan Reference USA, 2005), 2108.
21. Homer, "The Homeric Hymns XIV to the Mother of the Gods," in *Hesiod, Homeric Hymns Epic Cycle Homerica*, 439.

테르와 동일시되기도 하고, 특히 크로노스의 아내인 레아와 동일시
되어서 모든 올림포스 신들의 어머니로 간주되기도 한다.[22] 퀴벨레
신전은 그리스의 모든 공동체마다 있었으며, 밤에는 입교자들만을
위한 밀의 의식이 행해졌다. 여기에는 음악과 춤과 감정적 격렬함을
표현하는 것들이 포함되었다.[23]

[사진 9-2: 풍요의 여신상(아르테미스), 바티칸 박물관]

퀴벨레 제의는 알렉산드로스 대왕의 헬라화 정책이 지중해와 페
르시아 지역까지 영향을 미칠 때부터 아티스라는 젊은 남자와 연관
되어 나타난다. 복잡한 신화와 몇몇 자료들에 의하면 퀴벨레 여신은
아주 잘생긴 프리기아의 목동 아티스를 사랑했다. 나중에 아티스가
퀴벨레 대신에 님프를 사랑하게 되자 이 여신은 님프를 죽인다. 여신

---

22.   Bergen Evans, *Dictionary of Mythology*, Mainly Classical (Lincoln: Centennial Press, 1970), 60.

23.   Roller, "Cybele," 2110.

의 질투로 님프를 잃은 아티스는 미쳐서 스스로를 거세하고 자살하기에 이른다. (그러나 아티스를 여전히 사랑한 여신은 그를 애도하여 다시 부활시켰다.) 이에 근거한 것인지 퀴벨레의 사제들과 신도들은 음악에 맞춰서 광란의 춤을 추면서 피가 흐를 때까지 자신들의 팔에 칼로 상처를 내거나 자신들을 매질했다고 한다. 심지어는 "몇몇 신참자들은 자신들의 생식기를 잘라 여신에게 바쳤다."[24]

퀴벨레 밀의는 기원전 204년에 제2차 포에니 전쟁 때 카르타고 군대에 의해 위험에 처했던 로마를 구하기 위해 수입되었다. 퀴벨레의 신전은 기원전 191년 팔레스타인에 세워졌고 이와 동시에 퀴벨레 제의와 밀접하게 연관되어 있었던 아티스 제의도 함께 도입되었다.[25] 아티스 제의에서는 아티스의 죽음을 애도하면서 금식과 고행을 했고 더불어 아티스의 부활을 기념했다.[26] 퀴벨레의 사제들 중 거세된 남자들이 있었다는 것과[27] 희생제물로 바쳐진 동물들의 생식기까지 여신에게 바쳤다는 것은 퀴벨레 여신이 대지의 여신으로서 풍요와 다산을 보증해 주었기에 가능했다. 동시에 제의 참여자들에게 퀴벨레의 신비적인 신랑의 역할을 부여하여 "어떤 특정한 날 이후에 찾아올 '불사성'(不死性)을 입문자에게" 약속했다.[28]

---

24. 엘리아데, 『세계종교사상사 2』, 393.
25. Roller, "Cybele," 2110.
26. Yoon, "Baptism as Christian Initiation," 70.
27. 거세한 퀴벨레의 사제를 '갈리'(Galli)라고 불렀다.
28. 엘리아데, 『세계종교사상사 2』, 394.

3. 엘레우시스와 퀴벨레 제의 그리고 그리스도교

이 밀의 종교들이 그리스도교의 성장과 밀접한 관계가 있기에 오늘날 그리스도교의 기원과 성장을 연구할 때 밀의 종교의 기원과 성장도 함께 다루는 것은 중요하다. 밀의 종교들은 그리스도교와의 경쟁 관계에서 패배한 것처럼 보였지만 역설적으로 그리스도교의 승리는 밀의 종교의 그림자와 잔해를 함께 떠안은 승리였다. 그들의 영향력은 그리스도교의 세례와 성찬, 신학에 용해되어 지속적으로 남아있다.

주로 호메로스의 『일리아스』와 『오뒷세이아』에 등장하는 그리스 신들은 현세적 삶에 관심이 많았다. 그들은 삼층 세계의 우주에 살면서 인간들에게 물질의 복을 제공해 주었다. 곧, 내세보다는 현세의 삶에 초점이 있었다. 그런데 밀의 종교로 인해 그리스 종교 내에 죽음 이후의 삶에 관심을 가지기 시작했다. 엘레우시스 제의와 퀴벨레 제의에서도 디오뉘소스 제의와 오르페우스교에 나타났던 영혼의 부활과 불멸, 영생 개념들이 강조되었고, 밀의 종교의 참여자들은 비밀스런 의식을 통해 죽음 이후에 영혼이 다시 사는 삶을 선물로 받을 수 있다고 믿었다. 그리스도교는 1세기에 팔레스타인에서 시작되어 그리스-로마 세계로 전파되었는데, 이때 현세의 삶뿐 아니라 죽음 이후의 삶에도 관심을 가졌던 사람들 및 이들의 밀의 종교가 그 토양에 존재하고 있었다. 새로 시작된 종교인 그리스도교는 이전 시대의 종교들과 경쟁하면서, 버릴 것들은 버리고 취할 것들은 창의적으로 취하여 경쟁 종교들의 추종자들을 끌어들였다. 예컨대, 테르툴리아누스는 엘레우시스의 제의에서 행하는 세례가 사람들의 죄를 용서하고 삶을 다시 갱생시킨다는 것에 대해 비판했지만, 초기 그리스도교가 세례 전에 회개를 요구했다는 점을 생각한다면 엘레우시스의 세례와 그리스도교 세례의 유사점을 발견할 수도 있을 것이다.[29]

엘레우시스 제의에서 데메테르 여신이 인간에게 신들이 먹는 암브로우시스를 주어서 영생을 주었듯 요한복음 6:27에서 예수도 생명을 주는 양식(브로신)을 제자들에게 준다.[30] 그리스도교의 성찬이 시작되기 훨씬 이전부터 엘레우시스 밀의에서는 보리로 만든 '키케온'을 마신 다음에 큰 비의에 참여했다.[31] 퀴벨레 제의에서는 입문자들이 금식을 하고 고행을 통해서 신을 경배했는데 이러한 모티프는 신약성서에서도 발견된다(골 2:12; 갈 2:20; 롬 8:17). 또한 위대한 어머니 신에 대한 숭배는 가톨릭 교회에서 행하는 마리아 숭배에 지대한 영향을 준 것으로 보인다.[32] 타운슬레이(Jeramy Townsley)는 로마서 1:23-28의 동성애 묘사에 퀴벨레 여신 제의에 대한 반대가 담겨 있다고 주장한다. 그에 따르면 바울은 피할 수 없는 여신 숭배 제의의 정황 속에서 복음을 전했다.[33]

---

29. Yoon, "Baptism as Christian Initiation," 62.
30. 조재형, "고대 영지주의 사상의 관점에서 바라본 요한복음 6장의 '살'($\Sigma \acute{a}\rho \xi$)," 「신학연구」 51/1 (2014), 20. "예수는 썩는 물질적인 양식($\tau \grave{\eta}\nu$ $\beta \rho \tilde{\omega} \sigma \iota \nu$ $\tau \grave{\eta}\nu$ $\mathring{a}\pi o\lambda \lambda \upsilon \mu \acute{e}\nu \eta \nu$)과 생명을 주는 양식($\tau \grave{\eta}\nu$ $\beta \rho \tilde{\omega} \sigma \iota \nu$ $\tau \grave{\eta}\nu$ $\mu \acute{e}\nu o\upsilon \sigma a\nu$ $\varepsilon \mathring{\iota}\varsigma$ $\zeta \omega \grave{\eta}\nu$ $a\mathring{\iota}\acute{\omega}\nu \iota o\nu$)을 대조시킨다(6:27)."
31. 엘리아데, 『세계종교사상사 1』, 452.
32. Yoon, "Baptism as Christian Initiation," 69-70.
33. Jeramy Townsley, "Paul, the Goddess Religions, and Queer Sects: Romans 1:23-28," *Journal of Biblical Literature* 130, no. 4 (2011): 726-27.

4. 소결론

모든 그리스도교인들에게 가장 익숙한 성경 구절 중 하나는 요한복음 3:16이다. 요한복음 기자는 "하나님이 세상을 이처럼 사랑하사 독생자를 주셨으니 이는 그를 믿는 자마다 멸망하지 않고 영생을 얻게 하려 하심이라"라고 선언한다. 영생은 헬라어로는 '아이오니온 조엔'(αἰώνιον ζωήν)인데 영어로는 "everlasting life"로 이해되곤 한다. 이 단어는 구약에는 거의 나오지 않는다. 창세기 3:22에 하나님이 아담과 하와가 생명나무 열매를 먹고 '영생'할까 염려하는 장면이 나타난다. 이때 영생은 영혼이 영원히 사는 것이 아니라 육체의 불사를 의미한다. 시편 133:3의 '영생'도 같은 맥락이다.[34] 그렇기에 복 개념도 이 땅에서의 물질적인 것과 관련된다. 예컨대, 창세기에서부터 여호수아서에 이르기까지 하나님이 복을 주신다고 할 때 꼭 땅에 대한 약속이 나온다. 창세기에서도 하나님은 아담과 하와에게 땅을 정복하고 그 곳에서 생육하고 번성하라고 명령하셨다. 아브라함과 이삭과 야곱에게는 항상 많은 땅을 복으로 주시겠다고 약속하셨다. 구약 시대에 땅은 농사와 목축을 위해서 필수적이었다. 그래서 구약 시대의 사람들이 "복"을 받는다는 것은 하나님께서 그들에게 땅을 주시고 그들의 지경을 넓혀주신다는 의미가 있다.

두 번째 복은 자녀에 대한 복이다. 하나님께서는 아브라함에게

---

34. 다만 기원전 2세기경 안티오커스 4세의 지배하에 있었던 시기에 기록되었던 것으로 여겨지는 다니엘서에서는 영혼의 영생을 암시한다(단 12:2).

자식을 주시고 그 자손들이 모래알처럼 많아지게 한다는 것이 복의 중심에 있다. 많은 자녀는 용사의 화살 통에 가득한 화살과 같다고 구약성서는 말한다. 땅을 얻기 위한 고단한 모든 수고도 사실은 자손들의 번성과 관련되어 있다.

마지막으로 구약에서의 복이 갖는 중요한 의미는 바로 장수다. 구약의 족장들은 오늘날의 우리 인간의 수명을 훨씬 능가하는 수명을 살았다. 모세는 80세에 이스라엘 민족을 이집트에서 이끌어내는 일을 시작했다. 시편이나 잠언의 글들을 읽어보면 장수하는 것이 얼마나 큰 복인가를 알 수 있다.

그러나 신약성서에서의 영생은 주로 영혼의 영생과 관련되어 나타난다. 그렇기에 복도 영적인 것과 관련된다. 특별히 예수는 마태복음 5:1-12에서 복에 대해 말한다. 그런데 팔복을 자세히 읽어보면 구약에서 말하는 복의 내용과는 조금 다르다는 것을 알 수 있다. 5절에서는 온유한 자가 땅을 기업으로 받는다고 하지만 10절에서는 의를 위하여 박해를 받은 자가 천국을 복으로 받게 될 것이라고 한다. 예수는 실제 땅을 준다고 말하지 않았으며, 자신도 머리 둘 곳조차 소유하지 못했다. 그 대신 예수는 줄기차게 하나님의 나라를 선포했다. 구약에서는 땅을 얻는 것이 중요한 복이었지만 예수는 그 복 개념을 바꾸어 그 땅을 '하나님의 나라'로 바꾼다.

두 번째 복인 자녀에 대한 축복도 마찬가지이다. 역사적으로 볼 때 예수는 결혼을 하지 않았고, 자신을 따라오려면 부모와 형제자매와 가족을 버리라고까지 이야기했다. 이와 비슷하게 사도 바울도 결혼하고 자녀를 낳는 것에 대해 그리 강조하지 않았다. 예수는 자녀

개념을 하나님을 믿는 모든 사람들로 확대시켰다. 그래서 그리스도 교인들에게 있어서 자녀는 육신의 자녀를 넘어선다. 곧, 이들에게는 예수와 하나님을 믿는 하나님의 자녀들을 출산하고 양육하는 것이 더 큰 복으로 여겨진다. 그래서 많은 초대 교회의 신자들이 예수와 신앙 공동체를 위해 목숨을 바치고 육신의 자녀와 부모/형제를 버리기까지 했던 것이다. 예수는 자녀와 관련한 구약의 복을 하나님의 자녀에 대한 복으로 그 개념을 바꾸었다.

마지막으로 '장수'는 '영생'에 대한 축복으로 대체되었다. 물론 오늘날에도 장수는 복이다. 그렇지만 예수는 30대 초반의 나이로 단명했다. 요한을 제외한 대부분의 사도들은 노년을 맞이하지 못하고 죽었지만 그들은 하나님 안에서 가장 큰 복을 받은 사람들로 여겨진다. 이처럼 구약의 장수 개념은 신약에 와서 '영생'이라는 보다 높은 차원의 복으로 바뀐다.

이러한 복 개념의 변화 그 기저에는 영혼 개념과 죽음 이후의 삶에 대한 관심이 깔려있다.[35] 그리스도교가 밀의 종교를 따르는 그리스-로마 시대의 사람들에게 효과적으로 다가갈 수 있었던 이유는 그들이 가지고 있었던 사고의 틀에 그리스도교의 사상을 담아 전파했기 때문이다. 마치 유대인들이 구약의 배경과 구약성서 구절을 이용해서 예수의 삶과 사상을 전했던 것처럼, 신약성서 기자들은 구약의 사상뿐만 아니라 그리스-로마의 밀의 종교까지도 이방인들을 향한

---

35. 이러한 변화는 소위 고대 영지주의 사상에도 현저하게 나타난다. 이 영지주의 사상의 발달을 추동한 것은 밀의 종교의 사상이었다.

복음전파를 위해 창의적으로 사용했다.

이러한 차원에서 엘레우시스 밀의는 (그리스도교의 입장에서) 이교를 대표하는 상징성을 가지며, 따라서 엘레우시스 신전의 파괴는 이교에 대한 그리스도교의 승리를 보여준다. 그렇지만 신전이 사라졌다고 해서 이교의 그림자까지 사라진 것은 아니다. 이미 4세기 동안 그리스도교는 이교와 경쟁하면서 그 틀을 활용했기에, 신약성서를 깊이 이해하기 위해서는 밀의 종교를 포함하는 그리스-로마 종교에 대해 알 필요가 있다.[36]

---

36. 예, 엘레우시스와 퀴벨레 제의에서는 여신들이 가지고 있는 다산과 성적인 풍요를 부각시키면서 여성성을 긍정적으로 보여준다. 그런데 여신들에 대한 제의가 그리스도교 내에서 중단된 것은 여성 지도력은 쇠퇴하고 남성 지도력은 부상하게 된 것을 보여준다. 물론 마리아 숭배 내지 성령을 여성적 측면에서 이해하려는 시도는 그리스도교 안에서 지속되고 있지만, 초기 그리스도교 안에서 나타났던 여성의 큰 역할은 점차 남성의 역할 아래 묻히게 되었다.

제10장
이시스와 이집트 밀의 종교들

이탈리아 나폴리에서 남서쪽으로 23㎞ 떨어진 곳에 위치한 폼페이는 그리스-로마 문화와 종교에 관한 많은 유물들이 1세기의 모습 그대로 잘 보존되어 있다. 기원후 79년 8월 24일 정오쯤 베수비우스 화산이 폭발하면서 그 근처에 있던 헤르쿨라네움 및 스타비아이와 함께 고대 도시 폼페이는 엄청난 양의 화산재와 화산 분출물로 파묻혔다. 당시의 화산 폭발로 폼페이에서는 2,000명 이상의 사람들이 목숨을 잃었으며 모든 건축물들이 화산재에 묻혔다. 그리고 이 유적은 18세기부터 발굴되기 시작됐다.[1]

폼페이에는 유피테르, 아스클레피우스, 아폴론, 포르투나, 베누스, 이시스 신전 등이 발굴되었는데, 그중에서도 폼페이 8구역에서

---

1. Lolly Merrell, "Excavations at Pompeii and Herculaneum Mark the First Systematic Study in Archeology," in *Science and Its Times*, ed. Neil Schlager and Josh Lauer, 1700 to 1799 (Detroit: Gale, 2000), 39.

발견된 이시스 신전은 포티코 형식(Portico-style)의 안뜰이 약간 높은 토대에 위치해 있으며, 그 안에는 제단이 있고, 또 제물이 방출되는 구덩이와 작은 건물들로 구성되어 있다. 신전 안에는 나선형으로 된 계단이 물 웅덩이로 연결되어 있는데, 이곳에서 제의를 위한 물을 끌어왔으며, 전해지는 말에 따르면 이 물은 나일강의 수로와 직접 연결되어 있었다고 한다. 그리고 신전 뒤쪽에는 많은 사람들이 모일 수 있는 큰 방이 있다.[2]

1770년에 모차르트(Wolfgang Amadeus Mozart)는 아버지와 함께 이 신전을 방문했다. 모차르트는 이 신전을 보고 무척 감명을 받아서 1791년 비엔나에서 공연되었던 오페라 "마술 피리"의 첫 부분을 작곡했다고 한다.[3] 건축물뿐만 아니라 이시스 제의와 이집트 제의들은 초기 그리스도교가 시작하기 전부터 그리스-로마 시대의 사람들에게 신비로운 매력으로 다가왔다. 이것들은 단순히 이집트 내에서 이집트의 종교로 남아 있기보다 오히려 그리스-로마 세계로 광범위하게 퍼져나갔기 때문에 그리스-로마 종교의 범주 안에서 다루는 것이 적절하다.

---

2. "A Guide to the Pompeii Excavations" (Pompeii: Board of Cultural Heritage of Pompeii, 2015), 117.

3. "A Guide to the Pompeii Excavations," 117.

[사진 10-1: 이집트 여신상(하또르), 대영박물관]

1. 이집트 밀의 종교의 특징

헬라 세계에 이집트 밀의 종교가 본격적으로 퍼지게 된 계기는 기원전 3세기 초 알렉산드로스 대왕이 죽은 후 이집트를 지배했던 프톨레마이오스 소테르가 이집트와 그리스에 동시에 영향을 줄 수 있는 최고신을 통해 자신의 왕국을 지배하고자 했기 때문이다. 그래서 그는 세라피스를 국가 신으로 만들었다. 세라피스는 '오세라피스'에서 파생된 명칭에서 알 수 있듯 오시리스의 또 다른 이름이었다.[4] 이집트 밀의 종교들은 그리스의 신화/철학과 결부된 부활, 죽음 이후의 삶, 마술적인 힘 개념을 가지고 있었기에 그리스-로마 세계 속

---

4.   미르치아 엘리아데, 『세계종교사상사 2: 고타마 붓다에서부터 기독교의 승리까지』, 최종성·김재현, vol. 2 (서울: 이학사, 2014), 397.

에서 광범위하게 퍼져나갔다. 그들 중에서 이시스와 오시리스와 호
루스 제의는 특별한 위치를 차지하고 있었다.[5]

이집트 신화에 의하면 오시리스는 이집트 땅에 나일강의 물을
공급해서 대지를 풍성하게 하는 능력을 가지고 있었다. 이시스는 땅
의 신 겝과 하늘의 신 누트의 딸로 오시리스의 여동생이자 아내였다.
오시리스의 또 다른 형제들인 세트와 네프튀스는 이시스와 오시리
스의 적대자들이었다. 세트는 오시리스를 죽이고 몸을 찢어서 온 세
계에 흩어버렸다. 이시스는 오시리스의 찢겨진 몸을 찾아서 온 이집
트를 돌아다니다가 마침내 그의 성기를 제외한 모든 몸을 되찾았다.
그 후 그의 모조 성기를 만들고 토트의 도움을 받아 오시리스를 짧은
시간 동안 부활시키고 그 기간에 임신하여 호루스를 낳았다. 나중에
호루스는 오시리스를 위해 복수한다.[6] 실상 아들 호루스를 통해 부활
한 오시리스는 삶의 근원으로 간주되었다. 그래서 오시리스 신전에
서 행해졌던 비의들은 주로 내세의 삶과 관련되었다.[7]

그리스인들은 이집트와 기원전 7세기부터 경제 관계를 맺어왔는
데 그때부터 이집트 제의들을 알았을 가능성이 크다. 이시스 제의는
기원전 4세기 이후부터 알렉산드리아에서 시작해서 헬라 세계 전역
으로 본격적으로 퍼져나갔다. 앞에서 언급했듯 초기부터 그리스에서

5.   Marvin W. Meyer, ed. *The Ancient Mysteries: A Sourcebook of Sacred Texts*
     (Philadelphia: University of Pennsylvania Press, 1987), 157.

6.   Sarolta A. Takács, "Isis," in *Encyclopedia of Religion*, ed. Lindsay Jones (Detroit:
     Macmillan Reference USA, 2005), 4557.

7.   엘리아데, 『세계종교사상사 2』, 398.

이시스 제의는 아들 호루스와 남편 오시리스 제의와 연결되어서 나타났다. 이시스는 풍요와 대지의 어머니를 대표하는 이집트의 여신이었기에 초기 추종자들은 이집트와 거래하는 항구의 거주자들이나 노예들이었으나 1세기에는 로마의 상류층들까지 포함됐다. 물론 이 과정에서 일정 기간 원로원의 반대도 있었다.[8] 로마의 칼리굴라 황제는 자신을 오시리스로, 그의 여동생이자 아내인 드루실라를 이시스로 선포하여 이집트의 신과 왕을 하나로 연결하는 전통을 이어가고자 했다.[9] 칼리굴라는 팔레스타인에 이시스를 위한 궁전을 짓고, 이시스 제의를 처음으로 국가적으로 인정했다. 베스파시아누스 황제, 트라야누스 황제, 안토니누스 피우스 황제 등도 이시스 제의와 관련이 있었고 이를 지원하였다.[10]

이시스는 '자연의 여성적 원리'를 상징하기도 한다. 플라톤에 의하면 이시스는 다양한 이름으로 불리기도 했는데[11] 어떤 곳에서는 (곡물과 수확의 여신) 데메테르와 동일시되었다. 또한 이시스 여신은 어린 아이들을 어머니와 같이 잘 돌보고 농업을 풍성하게 하며 항해자들을 보호하기 때문에 사랑의 신으로도 간주되었다.[12] 이시스는 "신은 곧 사랑이라는 것을 인간에게 보여준 여신"이었다.[13]

---

8. Petra M. Creamer, "Isis in Rome: The Popularity of the Isiac Cult in the Roman Empire," *Journal of Theta Alpha Kappa* 39, no. 1 (2015): 23.

9. Creamer, "Isis in Rome," 21.

10. Creamer, "Isis in Rome," 22.

11. Meyer, *The Ancient Mysteries*, 170.

12. Creamer, "Isis in Rome," 27.

13. Gwyn Griffiths, "The Great Egyptian Cults of Oecumenical Spiritual

2. 황금 당나귀에 묘사된 이시스 제의의 특징

다행스럽게도 이시스 제의에 대한 자세한 기록이 2세기의 라틴 작가인 루키우스 아풀레이우스가 쓴 『황금 당나귀』라는 장편소설에 남아있다.[14] 『황금 당나귀』의 본래 제목은 『루키우스의 변형담』으로 서 이 책 제11권에는 이시스 제의에 대한 모든 고대의 기록 중에서 가장 가치 있는 자료가 포함되어 있다.[15] 아풀레이우스는 이시스가 수도 없이 많은 이름을 가지고 있지만 '이시스'가 진정한 이름이라고 주장한다.[16] 이시스는 이 소설의 주인공 루키우스에게, "나는 자연이 고, 우주적 어머니이고, 모든 요소들의 여주인이며, 시간의 처음 아 기이며, 모든 영적인 것의 주권자이며, 죽은 자들의 여왕이며, 불사 하는 신들의 여왕이며, 모든 신들과 여신들의 유일한 화신이다"라고

Significance," in *Classical Mediterranean Spirituality*, ed. A. H. Armstrong (New York: Crossroads, 1986), 49.

14. 우리가 잘 아는 아모르와 프쉬케 이야기는 아풀레이우스의 『황금 당나귀』 라는 작품에 처음으로 등장한다. 비록 그는 그리스 신화와 문학에 나오는 자료들을 사용하기는 했지만 그것들을 자신의 작품 속에서 변형시켜 이 이 야기를 만들었다. 즉, 그는 플라톤의 『파이돈』과 『국가론』에 나오는 내용 들로부터 착안해서, 그것을 이성적인 영혼이 지적인 사랑을 향해서 나아가 는 철학적인 우화로 정교하게 바꾸었다. Robert Graves, "Introduction," in *The Transformation of Lucius: Otherwise Known as the Golden Ass* (New York: Farrar, Straus and Giroux, 1951), xix.

15. 엘리아데, 『세계종교사상사 2』, 399.

16. Lucius Apuleius, *The Transformation of Lucius: Otherwise Known as the Golden Ass*, trans. Robert Graves (New York: Farrar, Straus and Giroux, 1951), 265.

말한다.[17]

아풀레이우스는 이시스 제의를 아주 소상하게 묘사한다. 곧, 루키우스는 이시스 여신이 직접 정한 날에 대사제의 안내를 받아 신전 안으로 들어가 아침 예배를 드린다. 이 신전의 대사제는 세 권의 책을 꺼내어 필요한 모든 것을 읽으면서 설명해준다. 그리고 정해진 시간에 그를 공동 목욕탕(세례탕)으로 데려가서 거룩한 물로 씻으면서 신의 자비를 구하는 기도를 올린다. 그 후에 루키우스를 신전으로 다시 데려와서 10일 동안 고기와 포도주를 먹지 말라고 명령한다. 이 기간이 끝나는 저녁에 많은 사제들이 그와 입교자들에게 축하의 선물을 준다. 이때 대사제는 입교자들에게 새로 만든 아마포로 된 옷을 입게 하고 신전의 가장 깊숙한 곳으로 인도한다.[18]

아풀레이우스는 루키우스의 입을 통해 이시스 제의의 가장 핵심 요소를 다음과 같이 기록한다. "나는 죽음의 문 바로 앞까지 도달했고, 프로세피나 신전의 문지방을 넘었다. 그러나 나는 모든 요소들을 황홀경 속에서 경험한 후 다시 돌아왔다. 나는 한밤중에 태양이 마치 정오에 빛나듯 찬란하게 빛나는 것을 보았다. 나는 지하와 천상의 신들 앞으로 나아갔다. 그리고 그 앞에 가까이 서서 그들을 경배했다."[19] 이 의식을 통해서 루키우스와 입교자들은 죽음과 부활을 경험했을 것이다. 이처럼 비의 참여자들은 오시리스가 겪었던 죽음과 부활에 참여함으로 자신들을 오시리스(또는 호루스)와 하나가 되었다는

---

17. Apuleius, *The Golden Ass*, 264.

18. Apuleius, *The Golden Ass*, 277-79.

19. Apuleius, *The Golden Ass*, 280.

감정을 가지게 된다.[20]

　그 다음에 루키우스와 입교자들은 새벽에 화려하게 장식된 의복과 열두 개의 다른 영대를 거치고 이시스 신전 중앙에 있는 나무 단상에 올라선다. 그때 장막이 걷히면서 이들은 군중들 앞에 드러난다. 루키우스는 이 순간이 입교 의식에서 가장 행복했다고 전한다. 또한 이 날을 자신의 생일처럼 축하했다. 그리고 3일 후 친구들 및 가족들과 축하 연회를 하는 것으로 이 입교 의식은 마무리된다.[21] 그리고 1년 후에 이 신참자들은 이시스 여신의 명령으로 밤에 이루어지는 또 다른 의식에 참여한다. 그리고 나중에 이시스 여신은 세 번째 의례도 안내하고 있지만 아풀레이우스는 그것에 대해서는 아무것도 밝히지 않는다.

　루키우스는 마법을 시험하다가 잘못하여 당나귀로 변하게 된다. 당나귀가 된 그는 수많은 고난을 겪다가 이시스 여신의 도움으로 다시 사람이 된다. 그러고 나서 이시스 제의의 열렬한 신도가 되어 말로 표현할 수 없는 즐거움을 느끼면서 이시스에게 갚을 수 없는 은혜를 빚졌다고 이야기한다.[22] 이러한 모습들은 이시스 여신이 자비와 사랑이 넘치는 모습으로 그려지기에 충분하다.

20.　엘리아데, 『세계종교사상사 2』, 400-401.

21.　Apuleius, *The Golden Ass*, 280-81.

22.　Apuleius, *The Golden Ass*, 281.

3. 이시스 제의와 오시리스 제의와 그리스도교

이집트 제의들은 다른 밀의 종교들처럼 392년 그리스도교가 로마의 국교가 되면서부터 그 세력이 약화되었지만, 그 영향력은 그리스도교 전통 저변에 남아 있었다. 그 예는 다음과 같다.

> 이시스 여신에 대한 숭배는 그리스도교 내에서는 마리아 숭배를 만들어 내는 데 기여했다. 이시스와 마리아는 둘 다 축복받은 어머니로서 하늘의 여왕으로 추앙받았으며, 둘 다 달과 연관되었고, 둘 다 종종 아들들(호루스 또는 어린 예수)을 무릎에 올려서 안고 있는 모습으로 묘사되었다.[23]

예수가 죽은 후 그리스도교는 로마에 의해 점점 제도적인 조직으로 변해가고 동시에 수직적이고 가부장적 질서를 강조하게 되면서 일반 대중들이 쉽게 접근할 수 있는 마리아 숭배에 관심을 가지게 되었다. "동정녀 마리아에 대한 도상이나 신화의 몇몇 특징들이 이시스로부터 빌려 온 것"이라는 사실은 이시스 제의를 그리스도교가 종교적으로 재창조해서 마리아 숭배를 형성했다는 것을 보여준다.[24] 앞에서 언급했듯 이시스는 그리스-로마의 위대한 어머니 신들의 특징들을 흡수하였고, 또 어떤 곳에서는 그리스의 여신들(데메테르, 헤라

---

23. Meyer, *The Ancient Mysteries*, 159.
24. 엘리아데, 『세계종교사상사 2』, 402.

등)과 동일시되었는데, 이제 그리스도교 내에서는 마리아가 그러한
이시스의 역할을 도맡게 된 것으로 그리스도교인들은 해석했다. 무
엇보다 이시스가 가지고 있는 '사랑의 신'이라는 상징성이 다른 어떤
여신들보다 "하나님은 사랑이다"(요일 4:8)는 사상을 설명하는 데 적
합했다.

오시리스 제의는 다른 어떤 측면보다도 그리스도교가 가지고 있
는 죽음 이후의 부활 사상에 영향을 주었는데, 이는 "오시리스의 죽
음과 부활이 희망의 기초 패러다임을 구축하기 때문이다."[25] 아폴레
이우스가 『황금 당나귀』에서 자세하게 기술하였듯 이시스 밀의 자
체는 죽음과 부활을 경험하게 하는 의식을 가지고 있었으며 무엇보
다 참여자들에게 영원한 삶을 약속했다. 또한 유대 그리스도교인들
은 이집트 제의로부터 세례식에 영향을 받았다. 그리피스(Griffiths)는,
"우리가 죄의 고백과 심판과 용서로 이어지는 이집트 제의의 배경을
고려한다면, [그리스도교의] 죽음 이후 심판 개념 속에 이집트 제의
의 영향력이 매우 현저하게 나타난다는 사실을 발견하게 된다"라고
주장함으로써 이집트 제의가 그리스도교 사상에 짙은 그림자로 자
리 잡고 있음을 보여주었다.[26]

반면 맹성렬은 이시스와 오시리스에 얽힌 이야기가 호루스를 잉
태하기 위한 "성적 상징들"로 가득 차 있기 때문에 이 신화에서 가장

---

25. Griffiths, "The Great Egyptian Cults of Oecumenical Spiritual Significance,"
in *Classical Mediterranean Spirituality*, 50.

26. Griffiths, "The Great Egyptian Cults of Oecumenical Spiritual
Significance," 56.

중요한 요소는 '히에로스 가모스'(ἱερός γάμος, "성스러운 결혼")라고 지적했다. 그의 주장에 따르면 그리스도교에는 고대 이집트 종교의 이러한 전통이 없었기 때문에 그리스도교는 이집트 종교와 아무런 연관성이 없다. 그러면서도 그는, "근동지역뿐만 아니라 지중해 연안 국가들까지 오시리스의 시신을 수습하여 부활시키고, 호루스 잉태를 주도하는 이시스 역할이 강조된 이시스 종교가 기형적으로 발달되어 있었으며, 결국 예수 신앙 집단의 일부 교파가 여기에 영향 받는 것은 불가피했을 것이다"라는 절충적 제안을 한다.[27] 그에 의하면 그 일부 집단은 소수였지만 적어도 4세기 말 그리스도교가 로마의 국교로 공인되기 전까지는 양적으로나 질적으로나 그리스도교를 위협하는 집단이었다.

4. 소결론

2017년 봄에 독일에서 박사학위를 받고 귀국한 신학자는 필자와의 만남에서 다음과 같은 이야기를 토로 한 적이 있다. 그 분은 자신이 쓴 박사학위 논문 초고의 한 부분이 당시에 출판된 어느 저명한 교수의 글과 70% 정도 구조와 내용이 비슷해서 그것을 수정하느라 논문 완성 시간이 더 길어졌다는 이야기를 했다. 이 세상에는 일상생

---

27. 맹성렬, 『오시리스의 죽음과 부활: 고대 이집트 왕권 신화의 본질을 찾아서』 (서울: 르네상스, 2009), 267-68.

활에서도 비슷한 생각을 하는 사람들을 종종 발견하게 될 뿐만 아니라 학술 분야에서도 표절이라고 불릴 만큼 비슷한 학설을 동시에 제기하는 경우도 더러 있다. 종교사 속에서도 서로 다른 종파와 종교 간에 유사성이 발견되는 경우가 많아서 그 관계성을 가지고 치열한 논쟁이 이어지기도 한다. 비록 그 신학자는 저명한 교수의 글을 직접 읽어 본적은 없지만, 비슷한 주제를 가지고 다양한 자료를 조사하다가 우연히 그 교수와 비슷한 글을 쓰게 되었다. 이는 그들이 동시대와 앞 시대의 문화와 학술 지형을 공유했기 때문에 가능했을 것이다.

마찬가지로 종교 간의 유사성도 많은 경우에 문화와 역사와 사상을 공유했을 때 일어나는 경우가 많다. 큰 종교사의 흐름 속에서 이런 사상의 연속성은 흔하게 발견된다. 라일리(Gregory J. Riley)는 이러한 '사상의 역사'(history of ideas: 우리말로는 '사상사 비평법')를 '하나님의 강'이라는 용어로 설명한다. 일반적으로 큰 강은 많은 지류들이 모여서 이루어지며, 이 지류들은 또한 보다 작은 개울물, 시냇물, 샘물 등이 모여서 이루어진다. 이것들은 큰 강줄기 안에서 새로운 방향과 다른 흐름의 세기로 흘러갈 뿐이지, 본래 그들이 왔던 그 모습과 세력을 유지하지 않는다.[28] 마찬가지로 그리스도교 사상의 큰 강줄기는 여러 종교의 지류와 개울물의 흐름을 공유하면서 그리스도교의 방향으로 바꾼 것이다.

라일리는 이렇게 이야기한다. "이들 지류는 각각 전체 큰 강에 내

---

28. 그레고리 라일리, 『하느님의 강: 그리스도교 신앙의 원류를 찾아서』, 박원일 옮김, 21세기 기독교 총서 (고양: 한국기독교연구소, 2005), 29.

용물을 제공하는데, 하나님의 강은 이들 없이 존재하지도 않고 존재할 수도 없다. 삼각주의 요지는 예수의 삶과 그리스도교의 발단을 뜻하며, 삼각주의 여러 갈래는 예수가 죽은 직후 일어난 그리스도교 운동의 여러 갈래 갈래들이다."[29] 그리스도교는 흘러들어온 지류들을 이용해서 그리스도교의 강을 창조했다. 이집트 밀의 종교에 나타나는 신들의 고난과 죽음과 부활, 그리고 내세에서의 영원한 삶, 신의 자비와 사랑 등의 개념은 하나님의 강 안에서는 단지 지류 또는 개울물들일 수밖에 없다. 그리스도교는 그것을 다른 방향과 세기 또는 새로운 수질로 바꾸었다. 그리고 그 중심에는 예수 그리스도가 인간을 향해 보여준 사랑과 하나님에 대한 사랑이 자리 잡고 있다.

예를 들면, 구약성서에는 오늘날 그리스도교의 많은 사상들을 담고 있으며(구속사, 하나님의 섭리, 속죄의 개념 등), 예수의 전형이 되는 인물들도 많이 등장한다(모세, 엘리야, 요셉 등). 신약성서 기자들은 구약성서를 이용해서 그리스도교를 변증하고, 새로운 그리스도교의 강의 지류를 만들어 낸 것이다. 그리스도교를 유대교와 같은 종교로 이해하는 사람들은 없으며, 신약을 단순히 구약을 복사한 것으로 보는 이들도 없다. 아무리 비슷해 보인다 하더라도 유사성과 함께 발견되는 차이점에 그리스도교의 독특성이 있다.

이런 관점에서 보면 댄 브라운(Dan Brown)의 『다빈치 코드』는 예수를 중심으로 한 그리스도교의 기원을 예수의 신성한 결혼과 그 자녀들에 대한 상상력으로 세속적 관심을 불러 일으켰지만 그리스도

---

29. 라일리, 『하느님의 강』, 31.

교가 예수를 통해 발휘하는 용광로의 역할을 온전히 이해하지는 못했다. 『다빈치 코드』의 가장 큰 문제점은 근본적으로 예수가 막달라 마리아와 결혼했다는 주장뿐만 아니라 예수는 오시리스의 역할을, 마리아는 이시스의 역할을 전수받아 예수 종교를 만들었다는 주장에 있다. 실상 이시스와 오시리스 제의가 가지고 있는 사상들은 하나님의 강의 큰 흐름에서 보면 하나의 지류에 불과했으며, 그 지류조차도 그 이전부터 흘러내려오던 작은 개울물들 속에서 있던 것이다. 그 지류들이 하나님의 강 안으로 들어왔을 때, 그것은 이미 큰 흐름 속에서 융합되었기 때문에 이제 표면적으로는 이시스와 오시리스 제의의 원래적인 모습은 그리스도교 안에서 찾아보기 어렵다. 이것은 마치 꿀 속에서 벌의 타액이나 꽃의 수액, 그리고 꽃가루들을 찾아보기 어려운 것과 비슷하다.

그럼에도 그리스-로마 종교 전통 속에서 중요한 역할을 했던 것들을 탐구하는 일은 그리스도교 신학의 역동성과 사회 변혁성, 그리고 정체성을 더 잘 이해하도록 도울 수 있을 뿐 아니라, 앞으로 다원화된 사회 속에서 그리스도교 신학이 나아갈 방향을 찾는 출발점이 될 수 있다. 왜냐하면 하나님의 강은 지금도 계속해서 흐르고 있기 때문이다. 우리는 하나님의 강을 형성하는 중요한 지류 중 하나인 그리스-로마 종교를 통해 유대교적 배경에서 설명되지 않는 그리스도교의 모습을 볼 수 있다.

제11장
그리스의 철학적 종교

　이제까지 다룬 그리스-로마 종교는 다신론적 특징이 강했다. 이러한 특징은 호메로스와 헤시오도스의 신들에게서 절정에 달했다. 이 다신론적 속성은 그리스-로마 종교를 설명할 때 빠져서는 안 될 요소다. 그런데 이런 흐름 안에서 그리스-로마 종교는 밀의 종교의 등장과 발전을 통해 영혼, 죽음 이후의 세계, 이 세상을 움직이는 보편적 원리에 관심을 가지게 되었다. 이러한 경향은 그리스 철학자들 가운데서 많이 나타난다. 이들은 호메로스의 신들을 비판하면서 자신들만의 사상을 종교적으로 나타내기 시작하는데, 이를 철학적 종교(philosophical religion)라고 하며, 이들이 주장한 단일신론(유일신론)을 그리스의 철학적 단일신론이라고 한다. 도대체 호메로스와 그리스 비극작가들이 믿었던 다신론에 무슨 일이 일어난 것인가? 그리고 철학자들이 주장한 단일신론과 그리스도교의 단일신론과의 유사점은 무엇이고 또한 차이점은 무엇인가? 마지막으로 이 철학자들의 종교

가 그리스-로마의 태양 숭배에 미친 영향이 무엇인지 살펴봄으로써
철학적 종교의 특징을 살펴보려 한다.

1. 철학적 종교의 등장 배경

철학적 종교에서는 종교를 인간의 합리성에 근거해서 바라본다.
소크라테스, 플라톤, 아리스토텔레스 등과 같은 위대한 철학자들은
고대 과학 영역 안에서 사유했다. 이들은 당대의 철학자이자 동시에
과학자들이었다. 그래서 고대 과학적 실험과 이성적 사고의 결과물
속에서 자신들의 철학적 사상을 발전시켰다.[1]

그리스 철학자들이 가졌던 합리성은 먼저 우주관에 대한 변화에
서부터 시작되었다. 호메로스와 헤시오도스의 저작 속에 등장하는
신들은 인간과 같은 모습을 가지고 인간과 비슷하게 생각하고 행동
했다. 그들은 신체적으로 인간보다 크고 강했으며 무엇보다도 불사
의 몸을 가졌지만, 인간들처럼 사랑하고 기뻐하고 때로는 질투하고
분노하고 근심했다. 제우스를 비롯한 많은 남성 신들은 간음도 서슴
지 않았으며, 자신들의 기분에 따라서 인간들을 상대하기도 했다. 신
들은 인간들과 마찬가지로 삼층 구조의 우주에 살고 있었다. 이들의
우주관에 따르면 우주는 평평한 땅으로서 물 위에 떠있었고 그 땅과

---

1.   조재형, "고대 영지 사상이 초기 기독교 공동체의 '신론'(神論)에 끼친 영향:
     나그함마디 문서와 신약성서의 영지주의적 본문을 중심으로," 「신학연구」
     69 (2016), 92.

물 아래에는 지하 세계가 있었다. 하데스라는 신이 그 지하 세계를 다스렸으며 올림포스의 신들은 올림포스 산을 기점으로 하는 하늘에 살았다. 그렇게 신들은 하늘 높은 곳에서 인간들을 내려다보았다. 중요한 점은 신도 인간처럼 육체를 가지고 물질적인 공간에서 활동했다는 것이다. 지구는 하늘에서 인간이 내려다볼 정도로 측정 가능했고, 우주도 눈으로 측정 가능할 정도의 땅과 바다 그리고 궁창이라는 곳에 해와 달과 별들을 가지고 있을 정도의 작은 크기였다.

그러나 그리스 철학자들과 과학자들은 자연과 천체에 대한 관측을 통해 지구가 더 이상 평평하지 않다는 사실을 발견하게 되었다. 기원전 5세기의 아낙사고라스, 엠페도클레스, 레우킵포스, 데모크리투스 등은 자연과 자연현상을 이성적으로 설명하기 시작했다.[2] 퓌타고라스는 지구가 원반 모양의 평평한 것이 아니라 공 모양으로 되어 있으며 태양과 달과 별들이 지구를 중심으로 돌고 있다고 주장했다.[3] 이러한 우주를 '지구 중심의 우주'(Geo-centric universe)라고 부른다. 기원전 3세기의 에라토스테네스는 지구의 둘레를 약 4만 킬로미터로 측정했는데, 이는 현대 과학이 측정한 지구의 원둘레와 거의 비슷하다.[4] 지구와 지구를 돌고 있다고 생각하는 태양, 달, 별들은 더 이상 작은 존재가 아니라 엄청나게 광대한 것으로 이해되기 시작했으며,

2.   Walter Burkert, *Greek Religion* (Cambridge: Harvard University Press, 1985), 313.

3.   Frank N. Magill, ed. *Dictionary of World Biography: The Ancient World*, *Vol. 1* (Chicago: Fitzroy Dearborn, 1998), 729.

4.   Gregory J. Riley, *The River of God: A New History of Christian Origins* (New York: HarperCollins, 2001), 39.

그것들을 모두 포함하는 우주는 삼층 세계의 우주와는 근본적으로
비교가 되지 않을 정도로 클 수밖에 없었다. 그렇기에 이 큰 우주를
관장하는 신은 더 이상 인간의 모습으로, 육체를 가진 존재로 나타날
수 없었다. 지구 중심의 우주관에서, "거대한 원형의 지구는 여덟 개
의 동심(同心)의 천구(天球)로 둘러싸여 있고, 또한 이들 전체는 영원하
고 비물질적인 '모나드'(Monad)로 둘러싸여 있다."[5]

그리스 철학자들은 과학에 대한 관찰과 사고를 통해 신을 비물
질적인 그 어떤 것이며 "한 절대적인 신은 다른 신들과 인간들보다
위대하다"고 생각했다.[6] 그들은 이 세상에 하나의 궁극적인 실재가
존재한다고 믿었고, 그것을 '우주의 궁극적인 원리' 또는 '운동자'로
불렀다. 예를 들면, 크세노파네스(기원전 5세기)는 신이 자신의 정신
(nous)을 통해 모든 것을 인도한다고 주장했다. 아낙사고라스는 그 사
상을 따라 정신을 이 세상의 운동자로 설명했다.[7]

그리스 사상과 문화에서 이성이 처음부터 자리를 잡은 것은 아
니었다. 예컨대, 기원전 5세기 그리스의 비극 작가 에우리피데스가
쓴 『박카이』(Bacchae)에서 펜테우스(Pentheus)는 이성적인 질서를 수호
하는 자로 나오지만 이성과 계몽에 저항하는 비합리주의와 열광적
인 디오뉘소스에 의해서 파멸된다.[8] 그러나 철학의 부흥과 함께, 인

---

5.   Riley, *The River of God*, 199.

6.   Burkert, *Greek Religion*, 308.

7.   Burkert, *Greek Religion*, 331.

8.   Burkert, *Greek Religion*, 317.

간의 지적인 전통은 그리스 종교의 정적인 구조에 영향을 미친다.[9] 비록 "호메로스와 헤시오도스가 그리스 신들의 성격들을 규정했지만"[10] 처음에 소크라테스에 의해 발전된 신들에 대한 새로운 관점들은 플라톤과 아리스토텔레스와 같은 고전 철학자들에게도 영향을 미쳤다.[11] 소크라테스 이전의 그리스 종교는 호메로스와 헤시오도스의 영향을 받아서 어떤 종교 행위(희생제의)와 시인들의 저술 속에서 그 모습을 드러냈지만 철학자들의 종교는 사상이 담긴 글로 표현되었다.[12]

2. 다신론과 철학적인 단일신론

그리스 종교의 중요한 특징 중의 하나는 다신론(polytheism)인 반면, 철학자들의 종교는 단일신론으로 나아갔다. 그러면서 철학적인 단일신론은 대중들이 가지고 있었던 그리스 신들에 대한 영향력을 감소시킬 수밖에 없었다. 즉, 올림포스 신들의 지위는 단일신론이 등장하기 전에 비해 현저하게 낮아졌다.[13] 그렇지만 "그리스 신들의 신화와 서사시의 권위 붕괴가 그리스 종교의 멸망을 가져온 것은 아니

9. Burkert, *Greek Religion*, 305.
10. Burkert, *Greek Religion*, 305.
11. Burkert, *Greek Religion*, 307.
12. Burkert, *Greek Religion*, 305.
13. Burkert, *Greek Religion*, 328.

다."[14] 호메로스의 신들 또한 보조적인 신적 존재로서 필요했기 때문이다. 호메로스를 비판했던 플라톤조차도 호메로스가 인간의 미덕과 악덕 및 신들에 대한 모든 것을 잘 아는 시인이라고 인정했다 (10.598e).[15] 그리스 비극작가들도 호메로스의 신들에 많이 의존했다. 예를 들면, "에우리피데스의 유실된 작품들 속에서 신들의 존재에 대한 회의가 비극의 주제가 되었다."[16] 따라서 철학적 종교는 호메로스의 신들과 비극작가들 사이의 관계 정도에 따라 (호메로스 신들의 영향력뿐 아니라) 비극작가들의 영향력을 감소시키기도 했다.

힌두교나 이집트 종교 같은 다신교에서도 하나의 신 또는 하나의 신적 힘을 믿고 숭배하는 단일신으로 나아가는 경향들이 있었다. 때로 다신론적인 믿음과 제의는 본질적인 단일신론 신학과 공존하기도 했다. 특히, "제의적인 다신교는 신학에 있어서 단일신론과 결합되었다."[17] 그리스 종교에서 제우스가 최고신의 자리를 차지하고 나머지 신들의 역할은 점점 작아지는 경향도 다신론에서 단일신론으로 나아가는 하나의 징검다리 역할을 했다. 하지만 기본적으로 철학적 종교는 단일신론을 설명하면서 다신교적인 신념들을 부정했기에 다신교의 제의와 계시와 기적들 역시 거부되곤 했다.

---

14. Burkert, *Greek Religion*, 317.

15. Plato, *Republic*, trans. G. M. A. Grube (Indianapolis: Hackett Publishing Company, 1992).

16. Burkert, *Greek Religion*, 316.

17. John Peter Kenney, "Monotheistic and Polytheistic Elements in Classical Mediterranean Spirituality," in *Classical Mediterranean Spirituality*, ed. A. H. Armstrong (New York: Crossroads, 1986), 270.

유대교와 이슬람교는 아주 철저한 단일신론을 믿는 반면, 그리스도교는 삼위일체, 곧 다신교적 양상을 포함하고 있는 신조를 믿었다. 그리스도교의 삼위일체론은 다신론에서 주장하는 (여러 신들 중) 최고 신으로서의 하나님을 삼위일체 신학 속에서 이야기하면서 동시에 그리스의 철학적 종교에서 강조하는 단일자로서의 하나님을 강조한다. 그래서 철저한 단일신론자들은 그리스도교의 삼위일체가 단일신론과 양립할 수 없다고 보기 때문에 삼위일체론을 거부했다. 어떻게 이러한 상반되어 보이는 두 개가 공존할 수 있는가에 대해서는 보다 심도 있는 토론이 필요하다. 필자는 이것을 고대 영지 사상에 대한 이해를 통해서 설명될 수 있다고 본다. 이 책 "나가는 말"에서 이에 대해 설명하고자 한다.

3. 소크라테스와 플라톤의 철학적인 종교

소크라테스는 예수와 마찬가지로 생전에는 자신의 사상이나 행적을 담은 책을 하나도 남기지 않았지만, 그의 제자인 플라톤이 소크라테스의 사상을 대화 형식으로 남겼다. 플라톤의 초기 저작에는 소크라테스의 사상이 나타나기도 하지만, 후기로 갈수록 소크라테스의 입을 빌려서 하는 플라톤의 이야기가 압도적이다. 그렇지만 초기의 작품 속에서도 어떤 부분이 소크라테스의 사상이고 또 어떤 부분이 플라톤의 사상인지는 명확하게 나눠지지 않는데 이는 아직까지도 학자들 사이에서 논쟁되는 주제다. 이렇게 소크라테스의 철학적인 종교는 플라톤의 것과 함께 나타난다.

플라톤의 위치는 철학사에 있어서 타의 추종을 불허한다. 화이트 헤드(A. N. Whitehead)는, 서양철학은 플라톤 사상에 근거하며 서양철학의 전통은 플라톤에 대한 각주에 지나지 않다고 언급했다.[18] 버커트 (Walter Burkert)는 플라톤이 가지는 그리스 종교에서의 역할을 다음과 같이 언급한다.

> 플라톤 이후로, 그리고 플라톤을 통해서, [그리스] 종교는 본질적으로 그 전에 존재했었던 것과 다르게 변했다. 호머 이래로 우리가 알고 있는 그리스인들에게 있어서 종교는 언제나 순수하고도 성숙한 방식으로 현실(reality)을 받아들였다. 즉, 영웅적 반항이나 비극적 통찰력 안에서 물질적 상태와 짧은 시간성, 그리고 파멸을 포함하는 현실을 수용하는 것이었다. [그러나] 플라톤을 통해서, 현실은 비물질적인 것에 대한 선호로 인해, (주요한 것으로 간주되어야만 하는) 불변하고 비현실적인 다른 세계로 만들어진다. 자아는 몸 안에 갇혀 있지만 몸과 구별되는 불멸의 영혼 안에 자리 잡고 있다.[19]

플라톤이 체계화한 이러한 사상은 플라톤 이전 시대의 철학자들이 이미 주장했던 내용들에 근거한다. 플라톤은 소크라테스의 입을 빌려서, 신은 항상 존재하기를 멈추지 않으며 불멸하기에 파멸할 수

---

18. A. H. Johnson, ed. *The Wit and Wisdom of Alfred North Whitehead* (Boston: Beacon Press, 1947), 43.

19. Burkert, *Greek Religion*, 322.

없다고 말한다. 그리고 사람의 영혼도 불멸한다면 파멸될 수 없기에 사람이 죽으면 영혼은 다음 세상에 존재하게 된다고 주장한다(*Phaedo* 106.d-e).[20] 플라톤의 가장 큰 공헌은 신을 궁극적 선(善)으로 규정하면서 그 신을 '모나드'(단일자)와 동일한 존재로 정의한 데에 있다. 그 모나드는 하나이기 때문에 다수가 아니며 전체의 부분도 아니다(*Parmenides* 137.d).[21] 이 모나드는 홀로 존재하며 불멸하며 말해질 수 없는 것으로서 영적인 존재이기에 물질을 창조할 수 없다. 물질적인 세계는 모나드가 가진 도안(pattern)을 따라서 데미우르고스에 의해 창조된다. 데미우르고스는 물질적인 신이기 때문에 필연적으로 불완전하다. 그가 모나드의 설계도를 잘못 이해하여 세상을 만들었기 때문에 창조된 세상은 불완전하다(*Timaeus* 28.a-b).[22] 2-4세기의 그리스도교 영지주의자들은 이 데미우르고스를 물질적 하나님인 야훼 또는 얄다바오트(Yaldabaoth)로 생각했고, 신약에 나오는 영적인 하나님과 구분했다.

---

20. Hdith Hamilton and Huntington Cairns, eds., *The Collected Dialogues of Plato: Including the Letters*, Bollingen Series, vol. LXXI (New York: pantheon books, 1961), 88.

21. Hamilton and Cairns, *The Collected Dialogues of Plato*, 932.

22. Hamilton and Cairns, *The Collected Dialogues of Plato*, 1161.

4. 그리스-로마의 철학적인 종교와 태양 숭배

그리스의 철학적인 종교는 호메로스와 헤시오도스가 제공했던
그리스 종교의 방향을 다신교에서 일신교적으로 갈 수 있는 철학적
토대를 마련해주었다. 그리스-로마 종교에서 단일신론의 특징을 잘
보여주는 것은 태양 숭배다. 실상 세계 종교사에서 태양 숭배는 다른
지역 종교와 연합되어 전세계적으로 광범위하게 나타난다. 그 중에
서도 지중해 연안과 이집트에서는 태양 숭배가 가장 왕성하게 행해
졌다. 태양의 강력한 빛과 생명을 주는 온기는 언제나 신들의 능력을
보여주는 증거로 간주되었다. 지구 중심의 우주에 존재하는 유일한
태양은 유일한 신을 상징했다. 그렇지만 태양빛을 통해 다양한 신적
인 속성들이 표현되는 것처럼 태양신은 또한 많은 능력을 가지고 있
다고 여겨졌다.[23]

고대 그리스에서 태양의 신은 헬리오스였다. 기원전 8세기의 헤
시오도스에 따르면 헬리오스는 달(셀레네)과 새벽(에오스)의 여신들의
오라비였으나 올림포스 신들의 계보에 들어가지는 않았다. "헬리오
스에게 바치는 호메로스의 시"에 의하면, 광환의 얼굴을 가진 헬리
오스는 태양의 마차를 타고 매일 하늘을 가로질러 달리면서 사람들
과 모든 신들에게 빛을 비춘다. 황금 투구를 뚫을 정도의 헬리오스의
눈은 모든 것을 응시했다.[24] 헬리오스에 대한 예배는 그리스 전역으

---

23. Ramsay MacMullen, *Paganism in the Roman Empire* (New Haven: Yale
    University, 1981), 87.
24. Jean Rhys Bram, "Sun," in *Encyclopedia of Religion*, ed. Lindsay Jones (Detroit:

로 퍼져 나갔다. 그 중 로데스 섬은 참된 의미에서 태양 숭배의 본고
지였다. 기원전 284년 로도스 섬에서 건립된 세계 7대 불가사의 중
하나인 커다란 거상은 태양의 신을 기념하기 위한 것이었다. 그리스
인들은 기원전 5세기 무렵부터 아폴론 신을 태양신과 연관시키기 시
작했으나, 로마 시대 때는 미트라 제의와도 연결되었다.[25] 그러는 동
안 인간의 운명과 천체를 연관지어 생각하는 점성술도 발전했다. 반
면 철학자들은, 태양신을 올림피아 신들과 밀의 종교의 계보 안에서
이해하려는 일반 대중들의 시도와는 달리, 지구 중심의 우주관 속에
서 하늘과 별들을 전통적인 신들로 대체했다. 예컨대, 제우스는 하늘
로, 아폴론은 태양으로, 아르테미스는 달로, 데메테르는 지구로 명명
하여 이 모든 것들을 움직이는 그 어떤 절대적인 '정신' 또는 단일자
에 대한 개념을 만들었다.[26] 플라톤은 절대적인 선을 태양과 비교하
여 설명하기도 했다.[27]

로마 시대에 태양신의 이름은 '솔 인빅투스'(Sol Invictus)로 불렸으
며, 밀의 종교의 영향 아래서 태양 숭배는 인간을 가두는 운명의 바
퀴로부터 영혼을 구원하는 최종 종착지로서 이해되기도 했다.[28] 태양
숭배 안에는 다신교적 특징도 있었지만 일신교적 구조가 본질적으
로 강했다. 기원후 3세기의 로마 황제 아우렐리우스(기원후 270-275년)

Macmillan Reference USA, 2005), 8839.

25. Bram, "Sun," 8840.

26. Burkert, *Greek Religion*, 338-39.

27. Paul Thom, *The Logic of the Trinity: Augustine to Ockham* (New York: Fordham University, 2012), 2.

28. Bram, "Sun," 8840.

는 제국을 통합시키기 위해 이러한 일신교적 신학을 가진 태양 숭배가 중요하다고 판단하고 태양 숭배의 "구조와 의례"를 바꾸어서 시리아를 비롯한 로마 동부로부터 받아들였다.[29]

태양 숭배와 태양 신학이 가지고 있는 보편주의와 단일신론적인 특징은 미트라 추종자들과 시리아의 바알 숭배자들뿐만 아니라 그리스도교인에게도 매력적이었다. 콘스탄티누스 황제(기원후 306-337년)는 그리스도교인이 되기 전에 태양 숭배의 추종자였는데 그 태양 신학을 통해서 자신의 제국을 통합하려고 했다.[30] 그래서 어떤 명각에는 "태양과 같이 빛나는 콘스탄티누스에게"라는 헌정사가 나온다.[31] 콘스탄티누스는 태양을 신의 가장 완벽한 상징으로 보았기에, 그리스도교로 개종한 후 태양을 그리스도교의 신에게 복속시켰다. 그가 정적인 막센티우스와 최후의 결전을 앞두고 꿈속에서 태양보다 더 빛나는 십자가를 본 후 이를 군대의 상징으로 만들어 결국 그 전쟁에서 승리했기 때문이다.[32]

---

29. 미르치아 엘리아데, 『세계종교사상사 2: 고타마 붓다에서부터 기독교의 승리까지』, 최종성, 김재현 옮김 (서울: 이학사, 2014), 559.

30. 엘리아데, 『세계종교사상사 2』, 559-60.

31. John Ferguson, *The Religions of the Roman Empire* (New York: Cornell University, 1970), 56.

32. 엘리아데, 『세계종교사상사 2』, 560-61.

5. 소결론

그리스-로마 종교의 다신론적 특징은 호메로스와 헤시오도스의 저작 속에 생생하게 나타난다. 이 다신론은 밀의 종교를 만나면서 보다 풍성한 영혼과 죽음 이후의 세계에 대한 세계관을 발전시켰다. 그리고 인간의 합리성에 근거한 그리스의 철학적인 종교는 호메로스와 헤시오도스의 신들을 비판하면서 등장했다. 철학자들은 우주가 더 이상 삼층 세계에 존재하는 작은 공간이 아니라 태양, 달, 별들을 포함하는 거대한 공간이라는 사실을 인식하게 됨에 따라 그것들을 관장하는 신은 더 이상 인간의 모습을 가진 존재가 아니라는 사실을 알게 되었다. 따라서 사람들은 신이 지구 중심의 우주관에서 모나드로 존재한다고 생각하게 되었다.

모나드는 모든 것을 존재하게 하며 모든 것에 대한 운동자가 될 수 있기에, 모나드 개념은 필연적으로 단일신론을 지향했다. 반면 대중들은 철학자들의 종교보다는 호메로스와 헤시오도스의 다신론을 더 따랐다. 그러나 그들은 다신론 안에서도 최고신(제우스)과 하위 신들 간의 역할을 인정하면서 단일신론과 다신론을 동시에 인정하게 되었다. 그렇기에 호메로스의 신들을 비판한 플라톤조차도 호메로스 신들에 대한 경배를 거부하지는 않았던 것이다. 플라톤은 스승 소크라테스의 사상을 받아들여 자신만의 사상으로 승화시켰다. 곧, 영적으로 존재하는 모나드와 모나드의 도안에 따라서 데미우르고스가 이 세상을 창조했다는 사상을 피력했다.

다신론 안에서의 단일신론 사상은 태양 숭배 사상에서 잘 드러난다. 태양은 강력한 빛과 모든 생명의 근원으로 많은 지역에서 신으로 숭배를 받았다. 로데스 섬은 태양 숭배의 고향이 되었고, 아폴론 신은 태양신으로 간주되기도 했으며, 로마시대에는 미트라 신이 태양신으로 숭배되었다. 로마 제국을 통합하기를 원했던 황제들은 태양 숭배를 적절하게 이용했고, 로마가 그리스도교 국가가 된 이후에는 이를 그리스도에 대한 상징으로 만들었다. 그러므로 철학적인 종교는 그리스-로마 종교의 다신론을 단일신론으로 나아가게 하는 동력이 되었으며, 절대적인 신 관념을 만들었고, 태양 숭배 사상과 결합되어 다신론과 단일신론의 공존 개념을 창출했다. 그리스도교가 삼위일체론을 받아들이게 된 배경에는 그리스-로마 종교의 이러한 변화 과정이 어느 정도 영향을 미쳤다.

제12장
플라톤의 철학적 종교

그리스-로마의 철학은 예수 그리스도와 동시대에 살았던 필론뿐 아니라 바울, 아우구스티누스, 많은 그리스도교 초대 교부들에게도 영향을 주었다. 이는 그리스의 철학자들이 정치와 교육뿐만 아니라 종교 영역까지도 관심 있게 다루었기 때문이다. 앞 장에서 그리스 사회에서 철학적인 종교가 등장한 배경은 우주에 대한 철학자들의 깊은 사유였음을 이야기했다. 즉, 철학자들은 호메로스와 헤시오도스가 이야기하는 삼층 세계의 우주관이 아니라 지구 중심의 우주관에 존재하는 절대 불변의 원리를 찾기 시작했다. 또한 이들은 상대주의에 대해서도 비판했다. 기원전 4-5세기의 궤변가들(sophists)은 도시와 도시를 오가면서 변론술을 직업적으로 가르쳤는데, 이들은 상대주의와 회의주의를 강조하면서 "절대 불변의 원리"가 존재하지 않는다고 주장했다.[1] 소크라테스는 궤변가들의 이러한 주장들 때문에 그리스의 도시 국가들의 종교와 도덕에 위기가 왔다고 생각하여 "자기 자신에 대한 지식과 영혼의 능력에 대한 규범에 도달하는 방법인 산파술"을 사용했다.[2] 그의 제자인 플라톤은 자연세계에 관심을 가지면서 우주의 불변하는 질서와 존재에 대해서 연구했다. 플라톤은 또한 "지식의 논리적 타당성의 근거"를 위해 수학을 공부했으며, "보편적 통일성, 우주의 불변하는 질서, 그리고 행성의 운행과 음계를 다스리는 조화에 대한 퓌타고라스의 생각"을 따랐다.[3]

그리스의 철학적 종교는 사실상 오르페우스교 사상을 받아들인 퓌타고라스를 거쳐서 플라톤이 완성했다고 해도 과언이 아니다. 플라톤은 철학자였지만 동시에 시인이었다. 서양문학사에서 시인으로서의 플라톤의 위치는 호메로스, 아이스퀼로스, 단테와 버금간다. 이러한 시인으로서의 특징으로 인해 플라톤의 저작물들은 오해를 불러일으키면서 광범위한 영역에서 사용되었다. 예를 들면, 필론이나 플로티노스 등은 플라톤의 사상을 종교적 신비주의로서 사용했다.[4] 그럼에도 플라톤의 종교에 대한 관심은 올바른 신정국가를 세우기

---

1. 미르치아 엘리아데, 『세계종교사상사 2: 고타마 붓다에서부터 기독교의 승리까지』, 최종성, 김재현 옮김, vol. 2 (서울: 이학사, 2014), 273.

2. 엘리아데, 『세계종교사상사 2』, 273.

3. 엘리아데, 『세계종교사상사 2』, 273.

4. Hdith Hamilton and Huntington Cairns, "Introduction," in *The Collected Dialogues of Plato: Including the Letters*, ed. Hdith Hamilton and Huntington Cairns, Bollingen Series (New York: pantheon books, 1961), xv

위한 법/교육에 대한 관심만큼 컸다.[5]

　그가 묘사하는 신정국가에서는 매일 신들에게 희생제사를 드리며, 매달 지정된 신들을 위한 축제가 열리고, 신들의 이름을 기념하기 위해 공연과 체육대회 등이 열린다(*Laws* viii 828a-c).[6] 그렇기에 필론을 비롯한 유대교 신학자에서부터 아우구스티누스를 비롯한 그리스도교 교부들은 플라톤의 사상을 적극적으로 받아들였다. 종교사에서 초기 그리스도교신학과 영지주의, 이탈리아의 르네상스도 플라톤의 영향을 많이 받았다.[7] 화이트헤드(A. N. Whitehead)가 서양 철학사는 플라톤 철학의 주석이라고 말하기는 했지만[8] 방법론적으로는 말할 것도 없고 사상적으로도 그리스도교 신학은 플라톤의 철학적 종교 영향을 긍정적으로도, 부정적으로도 모두 받고 있기에 이에 대한 연구는 불탄 다리를 건널 수 없듯 마주하고 씨름해야 될 과제가 되었다.

1. 플라톤의 영혼과 종말론

　플라톤이 세계 종교사와 사상사에 끼친 중요한 영향은 영육 이

5.　진영석, "플라톤의 『법률』: 법과 교육과 종교," 「도덕 교육 연구」 27/2 (2015.8), 9.

6.　Hamilton and Cairns, eds., *The Collected Dialogues of Plato*, 1394-95. 플라톤의 저작에 대한 인용은 하밀톤이 번역하고 편집한 이 책에서 가져온 것이다.

7.　엘리아데, 『세계종교사상사 2』, 273.

8.　A. H. Johnson, ed. *The Wit and Wisdom of Alfred North Whitehead* (Boston: Beacon Press, 1947), 43.

원론에서 발견할 수 있다. 특히 플라톤의 영혼 개념은 퓌타고라스와
오르페우스교 사상에서 발전되었고, 나중에는 신플라톤주의(Neopla-
tonism)와 그리스도교에도 영향을 주었다.[9] 구약성서만 보더라도 영혼
개념은 거의 나타나지 않는다. 인간은 흙으로 만들어졌기 때문에 당
연히 흙으로 돌아가는 것이다. 이러한 경향은 호메로스와 헤시오도
스의 종교관에서도 비슷하게 관찰할 수 있다. 호메로스는 영혼은 연
기와 같이 육체가 사라지면 함께 사라지는 것으로 이해했다. 반면 소
크라테스는 인간이 자신의 영혼을 돌보아야 된다고 말하면서 영혼
과 육체를 서로 다른 것으로 이해했다면, 플라톤은 더 나아가 영혼은
"이상적이고 영원한 세계"에[10] 속해있는 가장 값진 것이기에 육체보
다 당연히 우월하고 인간을 인간 되게 만드는 것으로 이해했다.

플라톤은 영혼이 불변하며, 여러 번 태어난다고 주장한다. 플라
톤에 따르면 영혼은 윤회를 반복하는 과정 속에서 여러 곳에서 덕의
지식(존재의 지식)을 배우게 된다(Meno 81c-d). 그렇지만 윤회 과정 속에
서 레테의 샘물을 마시고 그 지식을 잊어버리게 되지만 이러한 지식
은 육화된 인간 안에 남아 있게 된다. 그러므로 지식을 안다는 것은
영혼이 경험한 그 지식을 기억한다는 것인데, 철학적 사유가 그것을
기억할 수 있도록 도와준다. 즉, "일종의 '회상'에 의해 영혼이 우주
적 상황에서 소유하고 있던 근본적인 지식을 다시금 찾아 회복하게
된다."[11] 이런 의미에서 죽음은 영혼이 원래의 태초의 상태로 되돌아

9.   Hamilton and Cairns, "Introduction," in *The Collected Dialogues of Plato*, xx.
10.   엘리아데, 『세계종교사상사 2』, 274.
11.   엘리아데, 『세계종교사상사 2』, 275.

가서 다시 다른 형태의 육적인 몸으로 태어나는 출발점이 된다.

영혼의 불멸과 윤회와 재생에 대한 가르침은 이미 기원전 6세기 시로스의 페레퀴데스가 주장했지만 이것들을 체계화하고 대중화한 사람들은 오르페우스교와 퓌타고라스를 따르던 사람들이었다.[12] 퓌타고라스는 지구가 더 이상 평평하지 않다는 사실을 본격적으로 제기했으며 우주의 크기가 삼층 세계의 우주관에서 생각했던 것보다 광대하다는 사실을 밝혀냈다. 그렇기에 영혼은 천상에 기원을 둘 수밖에 없었고, 다시 하늘로 돌아갈 수밖에 없다는 종말론이 발생한 것이다. 플라톤은 이러한 종말론을 영혼의 신화를 통해 완성했다. 인간의 몸은 존재의 지식을 아는 영혼의 무덤이 된다(Gorgias 493). 영혼은 불멸하기 때문에 죽음은 오로지 몸에만 영향을 미친다. 존재의 지식을 아는 영혼의 운명은 하늘의 운명과 연결되어 움직인다. 왜냐하면 영혼은 본질상 신적이며, 인간의 육체에 들어오기 전에는 천상의 별들 사이에 있었기 때문이다.[13]

불멸의 영혼 및 그것이 어떻게 신들과 연관되어 있는가는 『파이드로스』(Phaedrus)에서 인상적으로 묘사된다. 여기에서 영혼은 '선'이라는 말과 '악'이라는 말을 함께 모는 마부로 비유된다. 영혼이 이 두 마리의 말을 통제하는 데 어려움을 겪는 것은 이 둘 사이의 본질적 적대감 때문이다(249e). 영혼은 이 세상의 아름다움을 보거나 참된 아름다움을 생각함으로써 존재의 지식을 얻게 된다. 그래서 영혼은 이

---

12.   엘리아데, 『세계종교사상사 2』, 276.

13.   송혜경, 『신약 외경 입문 (상): 신약 외경 총론』 (서울: 바오로딸, 2013), 97-98.

존재의 지식을 기억하고 상기해야만 이데아 세계에 계속 남을 수 있다.[14] 그레고리 라일리(Gregory J. Riley)는, "천상의 영원한 영혼은 지상의 썩을 수밖에 없는 육체와 분리되어 있고, 영혼은 육신의 몸을 입기 전후에 모두 존재하며, 또 영혼은 사후에 어떤 형태든 심판을 통해 장래의 운명—또 달리 환생하든지, 아니면 죄가 씻긴 후 본래의 천상의 집으로 돌아간다—이 결정된다"고 주장한다.[15] 그러므로 플라톤에 있어서 인간의 종말은 육체의 죽음이 아니라, 영혼의 윤회를 멈추게 하는 존재의 지식을 얻음으로써 이뤄진다.

2. 플라톤의 우주와 신

플라톤은 감각으로 인식할 수 있는 가시적 물질세계와 이성으로만 인식할 수 있는 이데아(관념)로 이 세계가 구성된다고 주장한다. 물질세계가 변화하고 유한한 허상의 세계라면 관념 세계는 영원하며 순수하고 참된 세계다. 물질세계는 관념 세계의 그림자에 지나지 않는다. 그렇기에 관념(이데아)은 참된 존재의 영역에 속하고 물질세계는 질료에 속한다.[16] 이 이데아 세계의 궁극적 선으로서 단일자(모나

---

14. Walter Burkert, *Greek Religion* (Cambridge: Harvard University Press, 1985), 324.

15. 그레고리 라일리, 『하느님의 강: 그리스도교 신앙의 원류를 찾아서』, 박원일 옮김 (고양: 한국기독교연구소, 2005), 219.

16. 송혜경, 『신약 외경 입문 (상)』, 97.

드)인 신이 존재한다. 또한 인간의 영혼도 신적 속성을 가진다. 그런데 인간의 몸이 거하는 우주는 물질세계에 속하기 때문에 궁극적인 신이 창조한 것이 아니라 물질을 창조한 데미우르고스가 이데아를 모방하여 창조했다(*Timaeus* 28a-b).

플라톤은 데미우르고스를 악한 신이 아닌 단지 모나드를 모방하여 세상을 만든 기술자(craftsman)로 묘사한다. 하지만, 후대의 영지주의자들은 데미우르고스는 물질적인 악한 신이기에 그 자체가 불완전하고, 그렇기에 이 우주는 불완전할 수밖에 없다고 주장한다. "데미우르고스는 우주를 구(球) 모양으로 만들고 나서 그 안에 영혼을 불어넣었는데 이것이 우주혼 곧 세계혼이다. 별들도 신이며 데미우르고스를 도와 인간을 창조하는 일에 참여했다."[17] 그래서 플라톤 이래로 "천문학은 종교의 토대가 되었다."[18]

이 우주는 데미우르고스에 의해 창조되었지만, 변하지 않고 영원한 존재인 모나드의 모상을 간직하고 있다. "모나드는 단일자로서 이 세상의 근원이 되지만, 눈에 보이지 않으며, 인간의 사상으로 묘사할 수 없는 영적인 것으로" 지구 중심의 우주에 존재한다.[19] 그렇다면 이 우주의 실제적인 창조자는 누구인가? 데미우르고스인가 아니면 절대선인 모나드인가? 플라톤은 이 부분에 대해서 명확하게 제시

17.　송혜경, 『신약 외경 입문 (상)』, 97.
18.　Burkert, *Greek Religion*, 327.
19.　조재형, "고대 영지주의 사상의 관점에서 바라본 요한복음 6장의 '살' (Σάρξ)," 「신학연구」 51/1 (2014), 90.

하지 않기 때문에 지금까지도 많은 논쟁이 되고 있다.[20]

3. 플라톤의 『법률』에 나타난 종교

플라톤의 마지막 저작으로 알려진 『법률』은 그 분량에 있어서 가장 길면서도 이해하기 쉽지 않은 작품으로 알려져 있다. 보통 『국가』에서는 이데아론을 통한 철인의 통치가 제시되지만, 『법률』에서는 법에 의한 통치가 제시된다. 『국가』 10권이 영혼에 대한 자세한 설명이 나온다면, 『법률』 10권은 "플라톤의 저작 중 종교에 관한 가장 체계적인 진술"이 나온다.[21] 플라톤 저작 속 주인공은 대부분 소크라테스인데 반해 법률에서는 "플라톤 자신임을 암시하는 아테네의 이방인이 주인공으로 나와 대화를 이끌어간다." 그래서 『법률』은 플라톤의 철학적인 종교를 살필 수 있는 중요한 저작이 된다.[22]

플라톤은 동의하지 않겠지만 그의 철학적 종교는 고대와 중세를 거쳐서 모든 신비주의 사상의 토대가 되어왔다.[23] 플라톤은 민중들이 가지고 있는 호메로스와 헤시오도스의 신들을 비판했지만 궤변론자들처럼 종교를 부정하지는 않았다. 대신에 "안정된 정치를 위한 토

---

20. Burkert, *Greek Religion*, 327.

21. 진영석, "플라톤의 『법률』," 3.

22. 한상수, "플라톤의 법치국가론: 『법률』을 중심으로," 「법철학연구」 2 (1999), 60-61.

23. Burkert, *Greek Religion*, 332.

대로서 어떤 형식이든 종교가 반드시 필요하다고" 확신하면서[24] 종교를 현실 정치와 아주 밀접하게 연결시키려 했다. 『법률』에서 묘사되는 국가는 진정한 의미에서 신정국가다. 앞에서도 언급했듯 이 국가에서는 매일 신들에게 제물을 바치는 희생제사가 있으며 매달 돌아가면서 거행하는 열두 신들에게 바치는 축제가 열렸다(*Laws* viii 828a-c).

플라톤은 "모든 것들의 척도는 신"이며 국가의 가장 중요한 일은 신들의 뜻에 따라 사람들이 살아가게 하는 것이라고 말하면서, 동시에 "종교는 시민들의 정의를 보장하고, 그럼으로써 국가의 기초가 된다"고[25] 주장한다. 이런 관점에서 국가는 종교를 통제하게 된다. 모든 시민들은 신들에 대한 신앙의 의무를 다해야 한다. 무신론은 국가에 대한 범죄로서 처벌을 받는다.[26] 시민들은 신들을 공경해야 된다(*Laws* iv 717a). 무엇보다 플라톤은 도덕적으로 타락한 무신론자들과 제물로 신들을 움직일 수 있다고 주장하는 자들을 비판했다. 플라톤에게 있어서 보이는 별들이나 보이지 않는 절대 완전자인 최고신의 존재는 부인될 수 없었으며, 또한 신들은 인간들의 삶에 관심을 가지면서도 기도와 제의에 의해 영향 받지 않는 존재였다.[27]

---

24. G. L. 디킨슨, 『그리스인의 이상과 현실: 서양철학의 뿌리』, 박만준, 이준호 옮김 (서울: 서광사, 1989), 72.

25. Burkert, *Greek Religion*, 333.

26. Burkert, *Greek Religion*, 333.

27. Burkert, *Greek Religion*, 333.

4. 소결론

플라톤은 세계 지성사의 다양한 분야—철학과 정치, 윤리뿐만 아니라 문학과 종교에도—에 큰 영향을 끼쳤다. 18세기 계몽주의 시대 이전까지 우리가 사는 세계는 종교와 정치를 뚜렷하게 구분하지 않았다. 정치는 늘 종교 사상과 수사학을 통해 힘을 확대하고 실행했다. 플라톤이 살았던 기원전 5-4세기 그리스의 도시 국가에서 종교는 모든 영역에서 현대보다 더욱 밀접하게 연관되어서 일상의 삶을 지배했다. 도시 국가 사회의 혼돈과 도덕의 타락 속에서 플라톤은 눈에 보이는 물질세계보다 눈에 보이지 않으나 본질적인 이데아를 추구하면서 영혼의 중요성에 주목했다.

플라톤은 영혼에 대한 개념을 오르페우스교와 퓌타고라스 학파의 사상을 계승하여 더욱 체계적으로 발전시켜서 확립시켰다. 그에게 있어서 인간의 몸은 영혼의 감옥인데 영혼은 조개가 껍데기에 갇혀 있듯 가시적 육체에 갇혀서 과거 자신이 거했던 이데아를 잊고서 살아간다. 영혼은 죽음을 통해서 다른 형태의 몸으로 태어나는 출발점을 가지지만, 영혼의 궁극적 목적은 존재의 지식을 얻어서 그 윤회의 고리를 끊는 것이다. 플라톤이 제시하는 영혼의 윤회와 재생 사상은 구약성서와 비교해보면 더 독특하다. 비록 구약성서가 신약성서의 중요한 배경과 유산이 되지만, 영혼 개념은 구약성서로부터 왔다기보다는 플라톤이 정립한 철학적인 종교로부터 왔다.

플라톤은 혼탁한 사회를 개혁하기 위해 이상적인 신정국가를 만들려고 했다. 철인과 법이 지배하는 이상적인 국가로 나아가는 데 있어 불변하며 영원히 절대적인 선, 곧 신과 같은 모나드는 그 존재의 토대였다. 플라톤은 삼층 세계관에 거하는 신을 비판하면서도 동시에 신이 없다는 궤변론자들과 대항했다. 그는 절대적인 신 존재를 추구하면서 관념의 세계와 물질의 세계, 영혼과 육에 대한 개념을 정립했다.

제2부
그리스-로마 종교의 관점에서 신약성서 연구

지금까지 우리는 호메로스에서 시작해서 철학자들에게까지 나타나는 그리스-로마 종교의 모습들을 간략하게나마 살펴보았다. 그리스-로마 종교는 사상의 역사 속에서 하나의 큰 강물이 되어 계속 흘러서 초기 그리스도교의 탄생과 발전에까지 수원지 역할을 했다. 제1부에서는 주로 그리스-로마 종교의 특징들을 설명하면서 이것이 신약성서와 어떤 관련을 가지는지에 대해서는 간략하게만 다루었다. 경우에 따라서 반복되는 부분도 있었고 피상적으로 다룰 수밖에 없었던 부분도 있었지만 이를 통해 우리는 이제 본격적으로 신약성서를 그리스-로마 종교와 배경 속에서 읽을 수 있는 준비를 하게 되었다. 제2부에 실린 여섯 편의 논문들은 신학약 학술지에 실렸던 것들이기에 대중들이 읽기에는 다소 어려울 수도 있겠지만, 제1부의 내용들을 충실히 숙지했다면 흥미롭게 도전해 볼 만한 주제들이라 하겠다. 그리스-로마 종교의 어떤 점들이 그리스도교의 어떤 점들과 비슷하다는 것만으로 전자가 후자에 영향을 주었다고 말하는 것은 무리가 있다. 그래서 필자는 유사한 낱말, 형식, 사상, 의미들을 미메시스 비평이라는 문학적 분석을 통해 추적해보고자 한다.[1]

---

1. 미메시스 비평에 대해서는 각 논문들 안에서 구체적으로 설명할 것이다.

요한복음 6:53("인자의 살을 먹지 아니하고 인자의 피를 마시지 아니하면 너
희 속에 생명이 없느니라")은 신약성서 내에서 해석하기 난해한 구절들
중 하나다. 이 구절은 식인풍속을 연상시키기까지 한다. 왜 요한복음
의 기자는 공관복음과 바울이 사용한 "몸"이라는 용어 대신에 "살"
을 사용했을까? 공관복음(막 14:22-25; 마 26:26-29; 눅 22:15-20)과 고린도
전서 11:23-25은 '잔'을 예수의 피를 상징하는 것으로 설명하지만 요
한복음처럼 피를 마시지 않으면 생명이 없다고 직접적으로 말하지
는 않는다. 특히 유대교에서 피를 먹는 것이 매우 부정적인 의미를
가진다는 사실을 상기하면, 요한복음 6:51-59을 유대교적 배경 속에
서 해석하는 것은 걸림돌이 된다. 사실상 이 구절을 포함하고 있는 6
장 자체는 학자들에게 많은 논란이 되어왔다. 많은 이들이 이 6장을
주로 유대교적 배경 속에서 성찬(Eucharist)이나 기독론(Christology)의 관
점에서 해석하기를 시도했기 때문이다[1]

_____

* 이 장은 필자의 다음의 논문을 조금 수정한 것이다. 조재형. "디오니소스의

그렇지만 필자는 기독론과 성찬을 따로 분리해서 다룬다면 본문 배후에 있는 '사상의 역사'(history of ideas)를 놓칠 수 있다고 주장하는 바다.[2] 그러므로 성찬과 기독론을 분리해서 다루기를 지양하면서 6:51-59 배후에 있는 사상의 흐름을 좇으려 한다. 먼저 그리스도교 성찬 연구에서 중요한 세 학자들의 선행 연구 및 일부 현대 학자들이 6장을 어떻게 해석해 왔는지를 살펴본 후, '살을 먹고 피를 마시는' 본문 배후에 있는 사상의 구성 단위를 추적하여 디오뉘소스 제의와 요한복음 6:51-59의 관련성을 고찰할 것이다.

제의를 통해서 본 요한복음서의 성찬(요 6:51-59)." 「기독교신학논총」 88 (2013), 33-58.

1. Francis John Moore, "Eating the Flesh and Drinking the Blood: A Reconsideration," *Anglican Theological Review* 48 (January 1966): 70; 템플 (Temple)과 니드(Need)는 요한 6장을 성찬의 관점에서 해석했다. Patrick J. Temple, "The Eucharist in St. John 6," *Catholic Biblical Quarterly* 9, no. 4 (1947): 442-452; Stephen W. Need, "Jesus the Bread of God: The Eucharist as Metaphor in John 6," *Theology* 105, no. 825 (2002): 194-201.

2. '사상의 역사'는 어떤 특정한 아이디어(idea)나 사상의 기원이 인간 역사 와 시간의 변화 속에서 어떻게 변화하고, 보전되며, 표현되는가를 추적한 다. 이것에 대해서는 아더 러브조이의 기념비적인 다음의 저서를 참조하라. Arthur O. Lovejoy, *The Great Chain of Being: A Study of the History of an Idea* (Cambridge: Harvard University Press, 1936; reprint, 1948), 특히 1-21쪽을 보라.

1. 요한복음 6장과 성찬

20세기 이후 성만찬 연구에 가장 중요한 세 권의 책을 꼽는다면, 한스 리츠만(Hans Lietzmann)의 『미사와 주의 만찬』, 그레고리 딕스(Gregory Dix)의 『전례의 형성』, 그리고 요아킴 예레미아스(Joachim Jere-mias)의 『예수의 성만찬 말씀』이다.[3] 리츠만은 두 종류의 성찬(Eucha-rist)이 원시 교회에 존재했다고 주장한다. 하나는 빵만으로 예수의 부활을 기념하는 것이고, 다른 하나는 예수의 빵과 포도주로 수난을 기념하는 것이다. 전자는 예루살렘 형식으로 복음서에서 많이 발견되고, 후자는 바울의 저작 속에서 주로 발견된다고 한다.[4] 어느 경우든지 간에, 리츠만은 성찬을 "희생제의"로 간주하는 "헬라 사상"에서 예루살렘 형식의 성찬의 가장 단순한 핵이 나왔다고 주장하면서[5] 최후의 만찬이 유월절 식사전통에 영향을 받았을 가능성을 부정한다.[6]

---

3.   Hans Lietzmann and Robert D. Richardson, *Mass and Lord's Supper: A Study in the History of the Liturgy* (Leiden: E. J. Brill, 1979); Gregory Dix, *The Shape of the Liturgy* (London: Dacre Press, 1945); Joachim Jeremias, *The Eucharistic Words of Jesus* (Philadelphia: Fortress Press, 1977).
4.   Lietzmann and Richardson, *Mass*, 204-208.
5.   Lietzmann and Richardson, *Mass*, 204-205.
6.   그의 주장을 도표로 그려보면 다음과 같다. Lietzmann and Richardson, *Mass*, 172.

유월절식사	최후의 만찬
- 양을 먹는다.	- 양이 등장하지도 않는다.
- 이집트에서의 탈출과 광야 생활이 낭송된다.	- 이집트 탈출 내용이 나타나지 않는다.
- 누룩이 들어가지 않는 빵만 먹는다.	- 누룩이 들어간 빵을 먹는다.

그리스도교 성찬을 헬라 사상과 헬라 희생제의 속에서 찾았다는 점은 높게 평가할 만하지만, 그는 요한복음의 성찬을 바울이나 공관복음서의 성찬과 구분하여 심도 있게 연구하지는 않았다.

리츠만과 비슷하게 딕스도 그리스도교 예배의 기원과 발전을 깊이 연구했다. 그의 저서는 전례(典禮)의 형성에 초점을 맞추고 있지만 성찬을 다루는 데에 많은 부분을 할애했다. 즉, 성찬은 그리스도교 전례의 발달에 중대한 영향을 끼쳤고, 더불어 "그리스도교 예배와 그리스도교인의 삶의 핵심"이 된다는 것이다.[7] 그러나 딕스는 성찬이 예수의 마지막 만찬에서 시작되었지만 유월절 식사는 아니었다고 주장했다. 그는 요한복음 13장을 근거로 예수의 마지막 만찬은 실제 유월절 식사가 있기 24시간 전에 행했던 저녁 식사라고 추정한다.[8] 이때 요한의 성찬을 바울과 공관복음의 성만찬과 일치시키려고는 했지만 아쉽게도 요한복음 13-17장을 성찬 본문으로 다루면서 6장은 언급하지 않는다.[9]

리츠만과 딕스의 연구와는 반대로, 예레미아스는 예수의 최후 만찬을 실제적인 유월절 식사로 간주한다.[10] 공관복음, 바울서신, 요한

- 4잔의 포도주를 반드시 마셔야 한다.   - 1잔의 포도주만 사용된다.
- 1년에 한 번 행해진다.   - 매 주일, 또는 모일 때마다 행해진다.

7.   Dix, *Shape of the Liturgy*, 1.
8.   Dix, *Shape of the Liturgy*, 50.
9.   Dix, *Shape of the Liturgy*, 50, 266.
10. 그의 주장은 다음의 도표로 정리할 수 있다. Jeremias, *Eucharistic Words*, 41-49.

복음 13장에 근거하여 성찬에 대한 견해를 주장하는 것은 어느 정도 설득력이 있다고 볼 수 있지만, 요한복음 6장을 성찬에 대한 보조적 표현으로 간주한 것은 아쉽기도 하다.[11]

위의 세 학자들의 방대한 연구들은 성찬의 기원과 발전, 기능, 제례의 형태, 역사적 논의 등을 잘 다뤘다. 특히 리츠만은 현대의 많은 학자들이 요한의 성찬을 유대교적 배경에서 연구하는 것과는 달리, 그리스-로마 배경에서 다루면서 성찬 연구의 새로운 방향을 제시했다. 하지만 이들의 요한복음 성찬 연구는 공관복음이나 바울서신과 비교해 볼 때 미흡하다. 요한복음 6장을 13장에 대한 보조적인 성찬 본문으로 이해하든, 요한복음의 성찬을 공관복음과 바울서신에 의존하는 것으로 이해하든지 간에, 요한의 특수한 문학적 구조와 종교사적 영향은 심도 있게 다룰 필요가 있다. 그래서 이와 관련한 근래 학자들의 연구 성과를 살펴보는 것은 필자의 논지를 전개하는 데 도움이 되리라 생각한다.

우선 레이몬드 브라운(Raymond E. Brown), 시릴 볼레트(Cyril Vollert)

유월절 만찬	예수의 최후의 만찬
- 유월절 식사는 레위기의 정결례에 따라서 예루살렘 성문 안에서 먹어야 했다.	- 최후의 만찬은 예루살렘에서 행해졌다(막 14:13, 26; 요 18:1).
- 유월절을 위해서 예루살렘의 방들은 무료로 개방되었다.	- 예수와 제자들은 큰 어려움 없이 만찬 장소를 얻을 수 있었다(막 14:13-15).
- 밤에 행해졌다.	- 최후의 만찬도 밤에 행해졌다(고전 11:23, 요 13장)

11. Jeremias, *Eucharistic Words*, 107-108.

등을 비롯한 많은 가톨릭 신학자들은 요한복은 6장을 성찬 단락으로
보거나 적어도 6:51-59을 성찬과 관련한 중요한 부분으로 여긴다.[12]
6장에서 볼레트는 예수를 인간의 배고픔을 해결해주기 위해 하나님
이 보낸 생명의 빵이라고 해석한다.[13] 그렇지만 6:48을 고린도전서
11:24과 연결시킨다. 볼레트의 주장에 따르면 요한복음 6장은 바울
의 성만찬 형태 안에 포함된다.[14] 따라서 말씀이신 예수의 "살과 피는
예수의 희생을 의미하게 된다."[15]

　　브라운과 볼레트가 언급했듯이, 요한복음 6장이 성찬 교리에 영
향을 준 것은 분명하다. 그렇지만 그들은 식인풍속이 연상되는 6:53,
56에 대한 설득력 있는 설명을 하지 못했다. 요한복음 6:51-59을 근
거로 가톨릭교회에서는 성찬을 화체설로 해석하면서도 "내 안에 거
하고 나도 그 안에 거한다"라는 말씀에 초점을 둔다. 예수의 살과 피
를 먹는 것은 예수 안에 거하기 위한 영적 메타포로 이해하겠다는 것
이다.[16] 하지만 프랜시스 모어(Francis John Moore)는 이러한 영적인 해석
에 반대했다. 만일 요한복음 6장이 공관복음이나 고린도전서 11장에

12.　Raymond E. Brown, *The Gospel According to John I-XII*, AB (Garden City,
　　NY: Doubleday, 1966), 290; Cyril Vollert, "The Eucharist: Insights from
　　Scripture," *Theological Studies* 21, (Summer 1960): 404; Patrick J. Temple,
　　"The Eucharist in St. John 6," *Catholic Biblical Quarterly* 9 (1947): 442-52;
　　Stephen W. Need, "Jesus the Bread of God: the Eucharist as Metaphor in
　　John 6," *Theology* 105, no. 825 (2002): 194-200.

13.　Vollert, "Eucharist," 407.

14.　Vollert, "Eucharist," 409.

15.　Vollert, "Eucharist," 414.

16.　Need, "Jesus the Bread," 194.

서처럼 "몸"이라는 단어를 사용했다면 그러한 영적인 해석이 설득력
이 있겠지만 요한복음 기자는 "몸" 대신 "살"이라는 단어를 사용했
다는 것이다. 공관복음과 바울서신의 만찬을 다루는 단락에는 이 살
을 먹는 것에 대한 아무런 언급이 나타나지 않는다.[17]

　　브라운은 또한 이 6장을 "하늘에서 내려온 빵"에 대한 미드라쉬
적(midrashic) 해석으로 설명한다.[18] 모어 또한 "먹는다는 것"은 유대인
들이 사상과 생각을 받아들인다는 것과 연관되어 있다고 본다(렘
15:16; 겔 3:3). 이런 관점에서 살을 먹고 피를 마시는 것은 예수 안에 거
하는 것을 강조하기 위한 추상적 표현이 된다. 그러므로 요한복음
6:57절과 15:5은 표현을 다르게 했을 뿐 똑같은 의미를 내포하게 된
다. 그러므로 모어에게 있어서 살과 피는 고린도전서 11:23-25에서
기록한 성찬 이해와 같이 세상의 죄를 위한 희생제의 속에서 이해된
다.[19]

　　잔 맥코넬(John F. McConnell)은 그리스도교 성찬과 그리스-로마 신
비 종교 사이의 관계를 연구했다. 맥코넬은 그리스도교 성찬이 신비
종교에 의해서 영향을 받았다는 사실을 부인하면서도 신비 종교들
안에 있는 성만찬적 요소들을 잘 설명하면서 둘 사이의 연관성에 대
한 학자들의 연구를 풍부하게 소개했다. 이러한 학자들의 연구들을
조망함으로써 맥코넬은 의도하지는 않았지만 "바울이 성찬을 신비

17.　Moore, "Eating the Flesh," 72.

18.　Brown, *The Gospel According to John I-XII*, 282-90.

19.　Moore, "Eating the Flesh," 74; 이러한 살과 피에 대한 이해는 영적인 해석을
　　　지지하지 않는 대신에, 구약성서 밖에서 왔다는 흔적을 보여준다.

종교로부터 빌려왔다"는 사실을 역설적으로 보여주게 되었다.[20] 특
히, 살과 피를 먹는 전통이 신비 종교들 중 디오뉘소스 제의에 만연
했었음을 보여주었다. 그렇지만 다른 학자들과 마찬가지로 바울의
성찬과 요한의 성찬 사이의 차이를 간과했다.

지금까지 대부분의 학자들이 요한복음 6장을 고린도전서 11:23-
25과 공관복음의 전통과 연결시켰으나, 스테판 니드(Stephen W. Need)
와 그레고리 라일리(Gregory Riley)는 요한에 나타나는 성찬의 독특성
에 주목했다. 라일리는 요한복음 6장과 나머지 두 전승들의 확연하
게 다른 환경을 지적했고,[21] 니드는 6장이 성찬 자체보다는 예수 자
체에 초점을 맞추고 있기에 다른 성찬 본문들과는 전혀 다르고 중요
한 성찬 용어인 "몸"이 나타나지 않음을 지적했다.[22] 니드에 따르면
살을 먹고 피를 마시는 표현은 예수를 표현하기 위한 메타포다. 왜냐
하면 로고스인 예수가 육체가 되었기 때문이다(1:14).[23]

성찬과 기독론을 분리하는 것은 6:51-53을 설명하기 위한 하나
의 시도가 되지만, 이 본문을 성찬 본문으로 보는 입장에서는 여전히
문제가 남는다. 사실, 불트만의 경우에는 이런 해석상의 어려움 때문

20. John F. McConnell, "The Eucharist and the Mystery Religions," *Catholic Biblical Quarterly* 10, no. 1 (1948): 33.

21. Gregory J. Riley, *I Was Thought to Be What I Am Not: Docetic Jesus and the Johannine Tradition* (Claremont: IAC, 1994), 19; Need, "Jesus the Bread," 194-200.

22. Need, "Jesus the Bread," 195-97.

23. Need, "Jesus the Bread," 200.

에 6:51-59을 후대의 삽입으로 보았다.[24] 반면 라일리는 6장의 상황
은 공관복음과 고린도전서 11장의 상황과는 전혀 다르다고 지적하면
서 이 본문을 그리스-로마 배경 속에서 해석했다—곧, 디오니소스 제
의의 영향력을 주장했다.[25] 필자는 라일리의 주장에 근거해서 디오뉘
소스의 특징들에 대해 먼저 살펴본 후, 디오니소스 제의의 관점에서
요한복음 6:51-59을 해석해 보고자 한다.

2. 디오뉘소스의 특징

디오뉘소스는 포도주와 황홀경의 신이다.[26] 포도주의 중요한 특
징은 슬픔과 고난을 행복과 기쁨으로 변화시키는 데에 있다. 포도주
를 통해서 "가난한 자는 자신이 부유하다고, 노예는 자신이 자유롭
다고, 약한 자는 자신을 강한 자라고 느낀다."[27]

24.   Rudolf Bultmann, *The Gospel of John: A Commentary*, trans. G. R. Beasley-Murray, eds. R. W. N. Hoare and J. K. Riches (Philadelphia: The Westminster Press, 1971), 236.

25.   Riley, *I Was Thought to Be What I Am Not*, 19.

26.   Hesiod, "Works and Days," in *Hesiod; Homeric Hymns; Epic Cycle; Homerica*, ed. Jeffrey Henderson, The Loeb Classical Library 57 (Cambridge: Harvard University Press, 1936, reprint, 2000), 614

27.   Walter F. Otto, *Dionysus: Myth and Cult* (Bloomington and London: Indiana University Press, 1965). 149; Albert Henrichs, "'He Has a God in Him': Human and Divine in the Modern Perception of Dionysus," in *Masks of Dionysus*, ed. Thomas H. Carpenter and Christopher A. Faraone (Ithaca and London: Cornell University Press, 1993), 14: "디오뉘소스는 최초이자 영원

예로부터 디오뉘소스는 포도주와 연관된 기적을 행한다고 간주
되었다. 에우리피데스의 『박카이』(Bacchae)에서는 디오뉘소스의 추종
자들이 지팡이로 땅을 치자 "신이 어루만져서 포도주가 땅에서 솟아
나왔다"라는 표현이 나온다.[28] 파우사니아스는 디오뉘소스와 포도주
에 관한 더 흥미로운 이야기를 전한다. 곧, 디오뉘소스의 제사장들이
빈 항아리들을 신전으로 옮긴 후 신전의 입구를 봉해 놓았는데, 다음
날 제사장들이 항아리들을 열어보니 놀랍게도 포도주로 가득 차 있
었다고 한다.[29] 또한 캠프벨 본너(Campbell Bonner)는 "고린도에 있는 신
전의 특이한 구조"에 대한 고고학적 조사를 통해서 "포도주를 만드
는 기적이 디오뉘소스 제의와 아주 밀접한 관련이 있음을 밝혀냈
다."[30] 본너는 디오뉘소스 신전이 "일종의 경건한 속임수를 수행"하
는 데 사용되었다고 가정한다.[31] 그의 연구에 따르면 제사장들은 비
밀리에 미리 사람을 신전 속 터널에 넣은 후 문을 잠그면 그 사람이
밤에 나와서 빈 항아리에 포도주를 채운 후 다시 터널 안으로 숨는다
는 것이다. 이런 과정을 통해서 제사장들은 포도주를 만드는 능력을
나타낼 수 있었다.[32] 이러한 이야기들은 디오뉘소스 제의가 포도주를

한 포도주의 신이다."

28. Euripides, *Euripides V*, ed. David Grene and Richmond Alexander Lattimore (Chicago: The University of Chicago Press, 1959), 705-707.

29. Marvin W. Meyer, ed. *The Ancient Mysteries: A Sourcebook of Sacred Texts* (Philadelphia: University of Pennsylvania Press, 1987), 95.

30. Campbell Bonner, "A Dionysiac Miracle at Corinth," *American Journal of Archaeology* 33 (1929): 368.

31. Bonner, "A Dionysiac Miracle at Corinth," 371.

32. Bonner, "A Dionysiac Miracle at Corinth," 373.

만드는 기적과 아주 밀접하게 연관되어 있음을 보여주는데, 이는 디오뉘소스의 신성을 보여주는 중요한 요소이기도 하다.[33]

디오뉘소스 제의는 포도주를 마시는 것 그 이상을 의미한다.[34] 디오뉘소스는 포도주라는 선물을 가지고 인간의 성격을 변화시키기도 하고,[35] 디오뉘소스 숭배자들은 포도주를 마심으로써 디오뉘소스 신 자체를 자신 안으로 받아들인다고 믿기도 했다. 플루타르크에 의하면 그리스인들은 디오뉘소스를 포도주의 주인이며 "모든 종류의 수증기의 왕"으로 믿었다고 전한다.[36] 심지어 플루타르크는 디오뉘소스가 그리스도교의 부활과 영생에 영향을 주었던 오시리스의 또 다른 이름이라고 주장한다.[37] 왜냐하면 오시리스의 죽음과 부활은 "희망의 기초 패러다임"을 잘 보여주기 때문이다.[38]

그렇다면 이 디오뉘소스 제의의 특징은 무엇인가? 디오뉘소스의 예배자들은 "방탕한 음주"(orgies)와 "술잔치"(revels)에 참여한다. 주신제라고도 하는 이 "방탕한 음주"는 예배자들이 디오뉘소스를 경배하

---

33. Bonner, "A Dionysiac Miracle at Corinth," 374.

34. 참조, 디오뉘소스에 대한 문헌은 다양하고 그에 대한 묘사는 매우 복잡하다.

35. Albert Henrichs, "'He Has a God in Him': Human and Divine in the Modern Perception of Dionysus," 19.

36. Plutarch, "Isis and Osiris," in *Plutarch's Moralia*, ed. T. E. Page, The Loeb Classical Library (Cambridge and London: Harvard University Press , 1936; reprint, 1957), 87.

37. Plutarch, "Isis and Osiris," 89.

38. Gwyn Griffiths, "The Great Egyptian Cults of Oecumenical Spiritual Significance," in *Classical Mediterranean Spirituality*, A. H. Armstrong, ed. (New York: Crossroads, 1986), 50.

는 엄숙한 행위이다. 이 의식을 통해서 예배자들은 신과 교통하여 전혀 다른 존재로 변화된다고 믿었다. 그들은 술을 마시면 신이 인간에게 들어와서 신과 인간이 하나가 된다고 생각했다.[39] 이 디오뉘소스 술잔치의 절정은 소의 생살(raw flesh)을 조각조각 뜯어서(sparagmos) 그 생살을 먹는 의식(omophagia)이다. 알렉산드리아의 클레멘스는 "열성적인 경배자들이 광란의 디오뉘소스를 예배하는데, 그들은 생살을 먹는 것으로 자신들의 성스러운 광기를 드높인다"고 말했다.[40] 이때 찢겨지고 조각난 동물의 살은 신의 성육신으로 간주되었다. 숭배자들은 피가 흐르는 살을 먹는 예배적 행위가 생생한 디오뉘소스의 힘을 먹는 것이라고 믿었다. 여기에서 사용된 가장 흔한 제물은 황소였는데, 그 이유는 황소가 고대 문헌에서 디오뉘소스의 현현이라고 묘사되었기 때문이다.[41] 그래서 많은 그리스인들은 디오뉘소스의 조각상을 황소의 모습으로 만들었다.[42]

3. 디오뉘소스 제의와 요한복음 6장의 성찬

앞장에서 다룬 디오뉘소스와 디오뉘소스의 제의에 대한 전 이해

39. Griffiths, "The Great Egyptian Cults of Oecumenical Spiritual Significance," 250

40. Clement, "Exhortation to the Greeks," in *Clement of Alexandria*, The Loeb Classical Library (Cambridge: Harvard University, 1919; reprint, 1982), 31.

41. Mayerson, *Classical Mythology in Literature, Art, and Music*, 252.

42. Plutarch, "Isis and Osiris," 85.

를 가지고 요한복음을 읽어보면, 놀랍게도 요한이 예수를 디오뉘소스와 비슷하게 묘사하고 있음을 알 수 있다. 디오뉘소스가 "황소", "염소", "나귀", "포도덩굴", "포도주를 나눠 준 자", "죽음의 왕" 등으로 상징화되는 것처럼, 예수는 자신을 "빛", "목자", "참포도나무", "생수"등으로 상징화한다. 디오뉘소스처럼 요한복음에서의 예수도 위대한 기적 행위자로 나타난다. 다른 올림포스 신들 중에서 디오뉘소스가 가장 인간적인 신인 것처럼 요한복음의 예수 역시 가장 인간적인 예수의 모습도 보여준다.[43] 예수는 로고스이고(1:1-5) 하나님의 아들이지만(1:18; 5:25; 10:36; 11:4, 27; 19:7; 20:31), 동시에 요셉의 아들로 불린다(1:45; 6:42). 예수를 "요셉의 아들"로 묘사한 것은 요한복음이 유일하다.

제우스와 인간 여성 세멜레가 디오니소스의 부모인 것처럼, 예수의 부모는 성령과 인간 마리아이다. 디오뉘소스와 예수는 그들이 태어날 때부터 박해를 받는다. 요한복음에서 예수는 배척당하고(1:11), 박해당하고(15:20), 죽임을 당한다(19:28-30). 아더 에번스(Arthur Evans)는 디오뉘소스가 그리스도교에 준 가장 큰 영향은 "고난당하는 하나님의 아들 개념이다"라고 지적했다.[44] 바로 이 고난당하는 하나님의 아들의 모습은 에우리피데스의 『박카이』에서 분명하게 나타난다.[45] 여기에서 폭력적인 왕 펜테우스는 부당하게 신(제우스)의 아들인 디오뉘

---

43. 디오뉘소스는 가장 늦게 12 올림포스 신들의 명단에 들어간다.

44. Arthur Evans, *The God of Ecstasy: Sex-Roles and the Madness of Dionysos* (New York: St. Martin's Press, 1988). 146.

45. Euripides, *Euripides V*. 극의 첫 중간 부분에서 분명하게 드러난다.

소스를 박해한다.[46] 예수가 갈릴리에서 예루살렘으로, 또는 도시에서
도시로 여행하는 모습은 디오뉘소스의 여행과도 비교할 수 있다.

특히, 요한복음 2장에서 예수는 물로 포도주를 만드는데, 루돌프
불트만(Rudolf Bultmann)은 이것이 "아주 전형적인 디오뉘소스 전설 모
티프"가 반영된 것으로 "하나님의 현현"을 강조한다고 주장했
다.[47] 예수의 첫 번째 기적은 예수의 사역을 위해서 아주 중요하다.
왜냐하면 요한 기자는 예수가 이 처음 표적을 갈릴리 가나에서 행하
여 그 영광을 나타내어 제자들이 그를 믿었다고 보도하기 때문이다
(2:11). 이는 요한복음 기자가 예수의 신성을 드러낼 때 의도적으로 디
오뉘소스의 이미지를 잘 이용했다는 것이다. 모튼 스미스(Morton
Smith)는 요한복음 2:1-11의 장면은 디오뉘소스가 포도주를 만드는 모
습과 비슷하다는 것에 착안하여 요한복음 기자가 디오뉘소스의 전
승을 사용하여 예수를 묘사하고 있다고 주장했다.[48] 이는 요한 공동
체에게 있어서 당시에 널리 퍼진 디오뉘소스의 전승을 사용하여 예
수의 신성을 설명하는 것이 효과적이었기 때문일 것이다. 사실 디오
뉘소스적 모티프는 요한복음 곳곳에서 나타난다.

요한복음 4:5-30은 바로 이러한 디오뉘소스의 모티프를 제공하
여 2장과 6장을 긴밀하게 연결시킴으로써 이 장들을 해석하는 데 중

---

46. Evans, *The God of Ecstasy*, 147.

47. Bultmann, *The Gospel of John*, 119.

48. Morton Smith, "On the Wine God in Palestine (Gen. 18, Jn. 2, and Achilles Tatius)," in *Salo Wittmayer Baron, Jubilee Volume II* (New York and London: Columbia University Press, 1974). 817.

요한 단서를 제공한다. 스미스는 예수와 사마리아 여인과의 대화가 아킬레스 타티우스에 의해서 전해지는 디오뉘소스와 목자와의 대화 전승에 영향을 받았음을 발견했다.[49] 목자는 디오뉘소스에게, "내 친구여, 어디에서 이 보랏빛 물을 얻었는가? 어디에서 이처럼 달콤한 피를 발견했는가?"라고 묻는다.[50] 스미스는 이것은 요한복음 6:55에 나오는 "내 피는 참된 음료"라는 예수의 진술을 연상시킨다고 주장한다.[51] 디오뉘소스는 "이것은 수확된 물, 포도의 피"라고 대답한다.[52] 디오뉘소스 전승에서 포도주는 디오뉘소스의 피를 상징한다.

또한 요한복음 6:16-21에서 예수가 물위를 걷는 것은 디오뉘소스가 바다 위로 항해한 것을 연상시킨다. 디오뉘소스가, "용기를 가져라. … 나는 포효하는 디오뉘소스이다"(θάρσει … εἰμι δ᾿ ἐγω, Διόνισος ἐπίβρομος)라고 말하듯이, 예수도 그의 제자들에게 "내니 두려워 말라"(ἐγώ εἰμι· μὴ φοβεῖσθε)라고 말한다.[53] 또한 예수는 자신을 포도나무라고 정의한다(15:1). 포도나무는 많은 경우에 디오뉘소스 자신을 나타내는데, 예수가 자신을 포도나무로 비유한다는 것은 디오뉘소스와

---

49. Smith, "On the Wine God in Palestine," 819.

50. Achilles Tatius, *Achilles Tatius*, trans., S. Gaselee, Revised and reprinted ed., The Loeb Classical Library (Cambridge and London: Harvard University Press, 1917; reprint, 1969). 57.

51. Smith, "On the Wine God in Palestine," 819.

52. Tatius, *Achilles Tatius*, 61.

53. Homer, "The Homeric Hymns to Dionysus Ⅶ," in *Hesiod, Homeric Hymns Epic Cycle Homerica*, ed. Jeffrey Henderson, The Loeb Classical Library (Cambridge and London: Harvard University Press, 1914; reprint, 2000), 433.

연관하여 이해할 수 있다.[54] 다시 말해 예수가 "나는 참된 포도나무이다"라고 말한 것은 "나는 참된 디오뉘소스이다"라는 말과 같은 것으로 이해할 수 있다. 이러한 디오뉘소스의 영향에 대한 선이해를 가지고 6:51-59을 읽으면 이 본문에 대한 새로운 해석을 시도할 수 있다.

51 ἐγώ εἰμι ὁ ἄρτος ὁ ζῶν ὁ ἐκ τοῦ οὐρανοῦ καταβάς· ἐάν τις φάγῃ ἐκ τούτου τοῦ ἄρτου ζήσει εἰς τὸν αἰῶνα, καὶ ὁ ἄρτος δὲ ὃν ἐγὼ δώσω ἡ σάρξ μού ἐστιν ὑπὲρ τῆς τοῦ κόσμου ζωῆς. 52 Ἐμάχοντο οὖν πρὸς ἀλλήλους οἱ Ἰουδαῖοι λέγοντες· πῶς δύναται οὗτος ἡμῖν δοῦναι τὴν σάρκα [αὐτοῦ] φαγεῖν; 53 εἶπεν οὖν αὐτοῖς ὁ Ἰησοῦς· ἀμὴν ἀμὴν λέγω ὑμῖν, ἐὰν μὴ φάγητε τὴν σάρκα τοῦ υἱοῦ τοῦ ἀνθρώπου καὶ πίητε αὐτοῦ τὸ αἷμα, οὐκ ἔχετε ζωὴν ἐν ἑαυτοῖς. 54 ὁ τρώγων μου τὴν σάρκα καὶ πίνων μου τὸ αἷμα ἔχει ζωὴν αἰώνιον, κἀγὼ ἀναστήσω αὐτὸν τῇ ἐσχάτῃ ἡμέρᾳ. 55 ἡ γὰρ σάρξ μου ἀληθής ἐστιν βρῶσις, καὶ τὸ αἷμά μου ἀληθής ἐστιν πόσις. 56 ὁ τρώγων μου τὴν σάρκα καὶ πίνων μου τὸ αἷμα ἐν ἐμοὶ μένει κἀγὼ ἐν αὐτῷ. 57 καθὼς ἀπέστειλέν με ὁ ζῶν πατὴρ κἀγὼ ζῶ διὰ τὸν πατέρα, καὶ ὁ τρώγων με κἀκεῖνος ζήσει δι' ἐμέ. 58 οὗτός ἐστιν ὁ ἄρτος ὁ ἐξ οὐρανοῦ καταβάς, οὐ καθὼς ἔφαγον οἱ πατέρες καὶ ἀπέθανον· ὁ τρώγων τοῦτον τὸν ἄρτον ζήσει εἰς τὸν αἰῶνα. 59 Ταῦτα εἶπεν ἐν συναγωγῇ διδάσκων ἐν Καφαρναούμ.	51 나는 하늘로서 내려온 산 떡[빵]이니 사람이 이 떡을 먹으면 영생하리라 나의 줄 떡[빵]은 곧 세상의 생명을 위한 내 살이로라 하시니라 52 이러므로 유대인들이 서로 다투어 가로되 이 사람이 어찌 능히 제 살을 우리에게 주어 먹게 하겠느냐 53 예수께서 이르시되 내가 진실로 진실로 너희에게 이르노니 인자의 살을 먹지 아니하고 인자의 피를 마시지 아니하면 너희 속에 생명이 없느니라 54 내 살을 먹고 내 피를 마시는 자는 영생을 가졌고 마지막 날에 내가 그를 다시 살리리니 55 내 살은 참된 양식이요 내 피는 참된 음료로다 56 내 살을 먹고 내 피를 마시는 자는 내 안에 거하고 나도 그 안에 거하나니 57 살아계신 아버지께서 나를 보내시매 내가 아버지로 인하여 사는 것 같이 나를 먹는 그 사람도 나로 인하여 살리라 58 이것은 하늘로서 내려온 떡[빵]이니 조상들이 먹고도 죽은 그것과 같지 아니하여 이 떡[빵]을 먹는 자는 영원히 살리라 59 이 말씀은 예수께서 가버나움 회당에서 가르치실 때에 하셨느니라 (강조는 필자가 함)

51절에서 예수는 자신을 하늘로부터 내려온 빵으로 동일시하는

---

54. Richard Seaford, *Dionysos*, ed. Susan Deacy, Gods and Heroes of the Ancient World (London and New York: Routledge, 2006), 122.

것처럼 보이지만, 그는 자신을 "나는 살아있는 빵"(ἐγώ εἰμι ὁ ἄρτος ὁ ζῶν)이라고 선언한다. 마커스 도즈(Marcus Dods)는 예수가 자신을 "생명의 빵"이 아니라 "살아있는 빵"으로 계시한다고 적절하게 해석했다.[55] 예수는 자신을 "생명의 빵"이 아니라 "살아있는 빵"(ὁ ἄρτος ὁ ζῶν)으로 나타냄으로써 51절 후반부에 나오는 살아있는 "살"로 자신을 연결시킨다. 만나 자체는 육체의 배고픔을 해결해 주었지만 살아있지도 않고, 생명을 줄 수 없었다. 반면에 예수 자신은 살아있는 빵이기에 생명을 줄 수 있다.[56] 실제로 만나를 먹었던 조상들은 영생을 가지지 못했지만 예수는 자신이 생명의 빵이라고 주장하면서 자신을 먹는 사람들은 영생을 얻게 된다고 이야기한다(6:48).

   이는 예수와 만나가 하늘로부터 내려왔다는 공통점은 가지고 있으나 질적으로 다른 속성을 가지고 있음을 보여준다. "하늘로서 내려온 빵"(ὁ ἐκ τοῦ οὐρανοῦ καταβάς)은 예수가 이 세상에 인간의 육체로 온 성육신을 암시한다.[57] 앞 단락에서 비록 예수는 두 개의 보리빵으로 많은 양의 빵을 만들어서 많은 무리들을 먹였지만, 그 빵은 단지 썩어질 양식일 뿐이었다(βρῶσιν τὴν ἀπολλυμένην).[58] 마찬가지로 하나님은 이스라엘 백성들에게 광야에서 만나를 주었지만 그 만나는 그들

55. Marcus Dods, "The Gospel of St. John," in *The Expositor's Greek Testament: Gospels, St. John*, ed. W. Robertson Nicoll (Grand Rapids: Wm. B. Eerdmans, 1956), 757.

56. Dods, "The Gospel of St. John," 757.

57. 브라운은 "καταβάς"가 성육신을 포함한다고 지적했다. Brown, *John I-VII*, 282.

58. Dods, "The Gospel of St. John," 757.

에게 영생을 줄 수 없었다.

52절에 나오는 유대인들의 논란은 모두 "이 사람이 어찌 능히 제 살을 우리에게 주어 먹게 하겠느냐"(πῶς δύναται ... φαγεῖν)라는 말속에 압축되어 나타난다. 유대인들은 실제적인 식인풍속을 생각했었을 것이기에 이러한 반응은 당연했다.[59] 알버트 하릴(J. Albert Harrill)은 "식인주의는 고대 지중해 문화 속에서 가장 중요한 분열주의적 이미지였는데(the prime images of factionalism), 이는 요한복음 6장의 핵심적인 이미지이기도 하다"고 주장한다.[60] 이렇게 예수의 식인주의적 언술은 유대인들 사이에서 싸움을 불러일으켰다(6:52).[61]

도즈는 이 구절에서 유대인들이 예수에 대한 대립된 견해를 가졌다고 말한다. 즉, "몇몇 유대인들은 예수가 미쳤다고 생각한 반면에 다른 유대인들은 예수의 말씀 가운데 진리가 있다고 생각했다."[62] 예수는 바로 이 식인주의적 언술을 통해 공동체 안팎의 사람들을 분열시켰지만, 초점은 디오뉘소스 제의에서 강조하는 '오모파기아'(생살을 뜯어 먹는 행위)를 통해 예수 자신의 희생적인 죽음을 강조하는 데에 있었다. 자신의 살을 주기 위해서는 먼저 죽어야 하기 때문이었다.

---

59. Dods, "The Gospel of St. John," 757.
60. J. Albert Harrill, "Cannibalistic Language in the Fourth Gospel and Greco-Roman Polemics of Factionalism (John 6:52-66)," *Journal of Biblical Literature* 127, no. 1 (2008): 149.
61. Harrill, "Cannibalistic Language in the Fourth Gospel and Greco-Roman Polemics of Factionalism," 157.
62. Dods, "The Gospel of St. John," 757.

바로 이러한 관점을 나중에 요안네스 크뤼소스토모스(407년에 사망)는 어떻게 예수가 자신의 살을 주어 그리스도교인들에게 먹게 했는지를 다음과 같이 생생하게 묘사했다. "예수는 자신을 원하는 사람들에게 자신을 보여주었을 뿐만 아니라, 만지게 했고, 먹게 했고, 예수 자신의 살이 그들의 이빨 사이에서 씹혀지게 함으로 받아들여져서 예수에 대한 저들의 사랑을 만족시켜 주었다."[63] 비록 크뤼소스토모스는 영적으로 인자의 살을 먹는 것에 초점을 맞췄지만 그가 사용한 언어에는 식인주의 색채가 농후하게 나타난다(Hom. XLVII.2).[64]

　요한의 성찬에서 사용되고 있는 낱말들과 사상은 디오뉘소스의 식인주의와 놀라울 정도로 유사하다. 초기 그리스도교인들이 이방인들에게 박해를 받았던 중요한 이유 중 하나가 식인주의에 대한 소문이었다. 그 소문의 사실 여부와 관계없이 이방인들은 복음서―특히 요한 6장―에 나타나는 식인주의적 이미지로 인해 그리스도교 성찬을 식인주의 의식(ritual)으로 간주했다. 사실 이러한 부정적인 식인주의에 대한 이미지는 복음서와 바울서신이 쓰이기 훨씬 이전부터 고대 문학 속에서 존재해왔다. 호메로스는 이런 식인주의를 야만적이고 잔인한 습관이라고 묘사했다(『오뒷세이아』 9:289-290).[65]

63. John Chrysostom, *Chrysostom: Homilies on the Gospel of Saint John and the Epistle to the Hebrews*, ed. Philip Schaff, 2 ed., 14 vols., Nicene and Post-Nicene Fathers, vol. 14 (Peabody: Hendrickson, 1994), 166.

64. Chrysostom, *Chrysostom*, 170.

65. Homer, *Homer: Odyssey Books 1-12*, ed. Jeffrey Henderson, trans., A. T. Murray, 2nd ed., II vols., The Loeb Classical Library, vol. I (Cambridge, MA: Harvard University Press, 1919; reprint, 2002), 337.

초기 그리스도교 저술가들은 그리스-로마 세계 속에서 나타나는 이런 부정적인 식인주의에 대해 알고 있었기 때문에 이방인 경쟁자들을 공격할 때 이를 사용하기도 했다. 예를 들면, 2세기경에 기록된 『안드레 행전』(Acts of Andrew)은 그리스도교 변증을 목적으로 이방인들의 식인주의를 부정적으로 묘사했다.[66] 데니스 맥도날드(Dennis Mac-Donald)는 『안드레 행전』의 저자가 그리스인들의 식인주의 이야기를 통해 그리스도교가 식인주의라는 이방 종교인들의 비평을 방어하려 했다고 지적했다. 그런데 이런 부정적인 식인주의와는 다른 긍정적인 식인주의가 요한복음 6장에서 가장 두드러지게 나타난다. 왜 그럴까? 이 부분은 디오뉘소스 전승을 고려할 때 비로소 대답이 가능하다.

디오뉘소스 전승에서 디오뉘소스는 자신의 살을 주는 자이면서 (raw flesh giver) 동시에 원수들의 살을 먹는 자로(raw flesh eater) 묘사된다. 예컨대, 에우리피데스의 박카이와 오르페우스교의 찬양시에는 디오뉘소스가 생살을 먹는 것을 좋아한다고 기록되어 있다.[67] 반면 다른 문헌에서 디오뉘소스는 타이탄에 의해 갈가리 찢겨져 잡아먹히고, 황소의 형상으로 나타나 죽임을 당한다.[68] 이런 관점에서 하릴(James

---

66. Dennis Ronald MacDonald, *The Acts of Andrew and the Acts of Andrew and Matthias in the City of the Cannibals*, ed. Dennis Ronald MacDonald and William R. Schoedel, Texts and Translations Christian Apocrypha Series (Atlanta: Scholars Press, 1990), 71-77.

67. Euripides, *Euripides V*, 160; Euripides, *Euripides III*, 14-15; Betz and O'Neil, eds., *Orphic Hymns*, 43.

68. Mayerson, *Classical Mythology*, 252; Dodds, ed., *Euripides Bacchae*, xviii;

Albert Harrill)은 6:52-66에서 "요한복음 기자가 문화적 타부(taboo)로서의 식인주의를 긍정적 용어로 재평가했다"고 말한다.[69] 요한은 부정적인 디오뉘소스의 식인풍속을 제거하고 (자신의 살을 주는) 긍정적인 식인풍속으로 예수를 묘사하고 있다.

결정적으로 53절에서 예수는 "아멘"(ἀμήν)을 두 번 사용하여 자신의 피와 살을 먹고 마시지 않으면 생명을 가질 수 없다고 강조한다. 예수는 자신의 살과 피를 먹음으로써 얻게 되는 현재적 생명을 이야기하고 있다.[70] 살과 피가 동시에 나오고, 그것을 또 동시에 먹는 것은 디오뉘소스 제의에서처럼 피가 뚝뚝 떨어지는 살을 먹을 때만 가능하다. 구약에서는 만나를 먹을 때 포도주나 물과 함께 먹으라고 하지 않는다. 살과 피에 대해서 브라운은 "히브리 관용어에 '살과 피'는 사람 전체(the whole man)를 의미한다"고 말했다.[71] 그의 설명이 옳다면 요한은 다름 아닌 식인주의를 옹호하고 있는 것이 된다. 이때 "살"(σάρξ)과 "피"(αἷμα)는 "먹다"(φάγητε)와 "마시다"(πίητε)로 강조된다.

유대교에서는 피를 마시는 것은 철저하게 금지되었지만(레 3:17; 7:14, 26-27) 디오뉘소스 제의에서는 피가 뚝뚝 떨어지는 살을 먹은 것은 신과 하나가 되어 신의 힘을 받아들이고 생명을 얻는 행위다. 슈낙켄부르크(Schnackenburg)는 이 구절을 디오뉘소스의 영향으로 보기

Frazer, *New Golden Bough*, 352-55; Plutarch, "Isis and Osiris," 85 (364F).

69. James Albert Harrill, "Cannibalistic Language in the Fourth Gospel and Greco-Roman Polemics of Factionalism," 136.

70. 이런 측면에서 6:27에서 종말론적 이미지의 "인자"와는 다른 현재적 "인자"가 이 구절에서 나타난다.

71. Brown, *John I-VII*, 282.

보다 가현설에 반대하기 위한 무기로 사용되었다고 주장한다.[72] 우도 슈넬레(Udo Schnelle) 역시도 요한복음의 성찬(6:51-59)이 반가현설(anti-docetic)을 위해 "식인언어"(the cannibalistic language)를[73] 사용한다고 언급한 바 있다.[74] 분명히 디오뉘소스 제의는 생살을 찢어 먹는 식인주의 의식 속에서 반영지주의(anti-gnostic) 또는 반가현설(anti-docetic)의 입장을 취한다.

6:54에서 요한복음 기자는 "트로곤"(τρώγων)이라는 아주 독특한 용어를 사용한다. 신약성서에서 이 낱말은 마태복음 24:38, 요한복음 6:54, 56-58과 13:18에서 총 6번 사용되었다. 여섯 번 중 마태복음을 제외하고는 다섯 번은 요한복음에서, 특별히 6:54-58에서 네 번 나타난다. 심지어는 칠십인역에도 나오지 않는 이 낱말의 문자적 의미는 "소리를 내면서 우적우적 씹어 먹다," "갉아먹다" 또는 "물어뜯어먹다" 등이다. 마태복음 24:38도 결혼식 만찬 가운데서 이와 동일한 표현으로 "먹고 마시고"(τρώγοντες καὶ πίνοντες)라고 기록한다(이때는 분사구문으로 사용된다). 요한복음 13:18에서는 예수가 유다의 배반을 예고하면서 시편 41:9을 인용할 때 나타난다. 예수는 시편 41:9의 "호 에스티온"(ὁ ἐσθίων)을 "호 트로곤"(ὁ τρώγων)으로 바꾸어서 인용했

---

72. Rudolf Schnackenburg, *The Gospel According to St. John* (New York: Seabury Press, 1980), 68.

73. Harrill, "Cannibalistic Language in the Fourth Gospel and Greco-Roman Polemics of Factionalism," 134.

74. Udo Schnelle, *Antidocetic Christology in the Gospel of John: An Investigation of the Place of the Fourth Gospel in the Johannine School* (Minneapolis: Fortress Press, 1992), 207.

다.

　　바우어(Bauer)는 요한복음 13:18의 '호 트로곤 무 톤 아르톤'(ὁ τρώγων μου τὸν ἄρτον)이 "가까운 친구 사이를 상징"하는 것으로 사용되었고, 또한 6:51-59의 성찬 담론과 아주 밀접한 관계를 보여준다고 지적한다.[75] 그러므로 '트로곤'이라는 용어는 요한복음 6:51-59과 13:1-38에 유사한 성찬의 배경을 제공해 준다. 실제적으로 신약성서에 나오는 모든 '트로곤'은 식사 배경 속에 등장한다. 이 특별한 용어는 요한복음 기자가 디오뉘소스 제의에서 살을 먹는 행위를 가지고 자신의 성찬을 설명하고 있음을 보여주는 의미 있는 증거가 된다.[76] 요한은 '파게인'(φαγεῖν)이라는 동사를 보조적으로 사용하였고, 반면 바울은 고린도전서 11:26-27에서 '에스티에인'(ἐσθίειν)을 사용하면서 결코 이 '트로곤'(τρώγων)을 사용하지는 않는다.[77]

　　55절에서 예수는 자신의 살과 피를 가리켜 참된 양식(ἀληθής βρῶσις)과 음료(ἀλητής πόσις)라고 부르는데, 이러한 표현은 공관복음이나 바울서신에서 평행구를 찾아 볼 수 없다. 리델(Liddel)과 스캇(Scott)에 의하면 여기에서 양식으로 번역된 '브로시스'(βρῶσις)는 그 일차적인 뜻이 "고기"(meat)다.[78] 이는 자연스럽게 예수의 "살"을 "식용고기"로 해석하게끔 하여, 많은 사람들을 위해 찢겨져 그들에게 주어진다

75.　Bauer, *Greek-English Lexicon*, 1019.

76.　Riley, *I Was Thought to Be What I Am Not*, 22을 참조하라.

77.　"φαγεῖν"과 "τρώγων"은 요한 6:51-59에서 각각 네 번 사용된다.

78.　Henry George Liddell, *An Intermediate Greek-English Lexicon: Founded Upon the Seventh Edition of Liddell and Scott's Greek-English Lexicon*, ed. Robert Scott (Oxford: Clarendon Press, 1983), 158.

는 사실을 암시한다. 즉, 참된 양식(βρῶσις)은 예수의 살을 의미하고 참된 음료(πόσις)는 예수의 피를 의미한다.

특히, 호메로스의 저작에는 불멸의 그리스 신들이 먹는 특별한 음식이 나타난다. 즉, 이들은 불멸의 '암브로시아'(ἀμβρῶσια)를 먹고 '넥타르'(νέκταρ)를 마셨다.[79] 라일리는 이 신들이 먹는 '암브로시아'와 '넥타르'가 인간에게 힘을 주고 인간을 썩지 않게끔 보존시킨다고 말한다(『일리아스』 16.670, 680; 19.347, 353).[80] 그리스 신화에서 디오뉘소스는 올림포스의 열두 신 중 하나였다. 불멸의 신으로써 신들만이 먹는 암브로시아와 넥타를 마시는 그가 자신의 살과 피를 양식과 음료로 사람들에게 주어서 영생을 부여한다는 사상이 디오뉘소스 제의 심연에 흐르고 있다. 그런데 54절에서 디오뉘소스의 모습을 이용해서 요한 기자는 예수가 자신의 살과 피를 양식(βρῶσις, '브로시스')과 음료로 주어 영생과 부활을 주겠다고 말하고 있는 것이다.

요한복음 6:56에서 예수는 반복적으로 디오뉘소스 제의의 식인주의적 언어를 사용하여 자신의 살을 먹고 피를 마시는 사람은 예수 안에 거하고, 또 예수는 그에게 거하여 그와 하나가 된다고 말한다. 여기에서 요한 기자는 '메네이'(μένει, "거하다")를 사용해서 참된 양식과 음료의 특징이 무엇인가를 묘사한다. 이 단어는 요한복음에서 매우 중요한 동사로 아버지는 아들 안에 "거하고"(14:10), 성령은 예수 안에 "거하고"(1:32), 신자들은 그리스도 안게 "거하고" 그리스도는

---

79. Riley, *I Was Thought to Be What I Am Not*, 17.

80. Riley, *I Was Thought to Be What I Am Not*, 18.

그들 안에 "거하는 것"(6:56; 15:4)을 설명할 때 사용되었다.[81] 56절에서 이 낱말은 예수의 살을 먹고 피를 마실 때 일어나는 예수와 제자들의 연합을 드러낸다. 이에 대한 관심은 공관복음서나 바울의 성찬 단락에서는 나타나지 않는다. 바로 이러한 예수와의 연합을 통해서 제자들은 영생을 얻게 된다.

도로시 리(Dorothy Lee)는 식인주의적 언어가 미각(the sense of taste)과 연관된다고 주장하면서, 먹고 마시는 것과 관련한 미각 언어가 요한복음에서 영생을 위한 하나님과의 연합을 강조하는 데 사용되었다고 지적한다.[82] 먹고 마시는 행위를 통해 신과 인간의 합일된다는 사상은 디오뉘소스 제의의 기본 사상으로서 요한복음 6:54, 56에서 명확하게 나타난다고 라일리는 언명했다.[83] 미각과 영생과의 밀접한 관계에 대한 묘사는 예수가 "사람이 내말을 지키면 죽음을 영원히 맛보지 아니하리라"(요 8:51)라고 말한 데서 다시 나타난다.

57절에 나오는"살아계신 아버지"(ὁ ζῶν πατήρ)라는 용어도 신약성서에서는 찾아보기 어렵다. 요한은 이 어구를 의도적으로"살아 있는 빵"(ὁ ἄρτος ὁ ζῶν)과 평행하게 놓는다.[84] 다시 연속적으로 나오는 "트로곤"(τρώγων)은 "살아계신 아버지"와 "살아 있는 빵"을 강조하는 역할을 한다. 살아계신 아버지가 예수를 보낸 것 같이 제자들은 죽은 빵

---

81.   C. K. Barrett, *The Gospel According to St John: An Introduction with Commentary and Notes on the Greek Text* (London: SPCK, 1958), 247.

82.   Dorothy Lee, "The Gospel of John and the Five Senses," *Journal of Biblical Literature* 129, no. 1 (2010): 121.

83.   Riley, *I Was Thought to Be What I Am Not*, 22.

84.   Brown, *John I-VII*, 283; Haenchen, *John 1*, 296.

(만나)이 아니라 살아있는 빵(살)을 먹어야(τρώγων)하기 때문이다. 도즈 (Dods)는 두 구의 관계성을 다음과 같이 기술한다. "살아계신 아버지 는 생명의 담보자로 그리스도를 보냈다. … 그 아버지는 생명의 절대 적인 근원이고, 아들은 세상을 위한 바로 그 생명의 담지자이다 … 그리스도를 먹는 모든 사람은 그러한 관계에 힘입어서 하나님의 생 명에 참여하게 될 것이다."[85] 예수는 하나님과 함께 있고 또한 하나님 의 아들이기 때문에 그의 살과 피는 신적인 요소를 가지고 있다. 그 러므로 누구든지 예수를 먹는 자는 하나님의 삶(the life of God)에 참여 하게 된다.

58절에서 예수는 "이것(οὗτος)은 하늘로서 내려온 빵"이라고 말한 다. 브라운은 "이것"(οὗτος)은 분명하게 "예수의 살"을 가리킨다고 적 절하게 해석했다.[86] 요한의 예수는 공관복음과 바울서신에 나오는 "이것은 내 몸이다"와는 전혀 다른 언어 행위를 하고 있다. 그러므로 51절 후반부에 나왔던 "그 빵은 … 나의 살이다"(ὁ ἄρτος … ἡ σάρξ μού ἐστιν)라는 기술은 58절에서 "나의 살은 빵이다"(οὗτός ἐστιν ὁ ἄρτος)라는 형태로 반복되어 강조된다. 이러한 요한의 성찬 진술은 식인주의 색 채를 전혀 찾아볼 수 없는 바울과 공관복음 기자들이 사용한 "이것 은 내 몸이다."(τοῦτό ἐστιν τὸ σῶμα μου)라는 표현과는 대조된다.[87] 비록 슈낙켄부르크는 요한복음서의 성찬 단락에 나타나는 디오뉘소스의

---

85. Dods, "Gospel of St. John," 758; 또한 브라운의 책을 참조하라. Brown, *John I-VII*, 283.

86. Brown, *The Gospel According to John I-XIII*, 284.

87. Riley, *I Was Thought to Be What I Am Not*, 19.

영향력에 대해서는 언급하지 않았지만, 성찬 교리와 모든 빵에 대한 담론의 핵심이 58절에 나타난다고 주장했다.[88] 58절은 요한의 성찬 단락에 대한 결론을 담고 있다. 예수의 살로 대표되는 빵은 조상들이 먹고 죽었던 그 빵과 전혀 다르다. 이러한 차이는 두 개의 다른 낱말들을 대조적으로 사용하는 데에서 명확하게 드러난다. 즉, '에파곤 … 아페타논 호 트로곤 … 제세이'(ἔφαγον ... ἀπέθανον· ὁ τρώγων ... ζήσει).

59절은 요한복음의 성찬 단락의 지리적 배경을 제공한다.[89] 가버나움은 6:24에서 처음 언급되었는데, 59절에서는 예수의 가르침이 이곳에서 이루어졌다고 나온다.[90] 공관복음에서 예수의 성찬은 밤에 다락방에서 제정되었던 반면, 요한복음에서는 낮 시간에 보다 넓은 장소에서 제정되어졌음을 보여준다. 요한복음 기자는 예수가 새로운 성찬에 대한 가르침을 유대교의 교육과 예배의 중심지인 회당에서 공개적으로 베풀었다고 기술한다. 슈낙켄부르크는 이 성찬 단락이 유대교적 배경의 영향을 받았다고 주장하면서도 예수가 하나님의 아들이라는 자신의 정체를 드러내기 위해서 예수 당시의 유대교에 정면으로 도전한 것이라고 지적했다. 이와 같은 유대교에 대한 도전은 디오뉘소스의 관점에서 이 이야기를 읽을 때 더욱 생생하게 다가온다.[91]

---

88. Schnackenburg, *The Gospel According to St. John*, 64.
89. 이 구절은 학자들 사이에서 성찬 단락에 포함되는지에 대한 논란이 있다.
90. Schnackenburg, *The Gospel According to St. John*, 65.
91. Schnackenburg, *The Gospel According to St. John*, 65.

4. 소결론

요한의 성찬은 그리스-로마 종교(디오뉘소스)의 영향을 받았는데, 이는 유대교 유월절 식사 전통에 서 있는 공관복음이나 바울의 기록과는 대조적이다. 여러 가지 디오뉘소스의 특징 중 포도주와 식인 의식은 요한복음의 성찬과 아주 중요하게 관련된다. 말하자면, 요한복음은 예수의 사역을 디오뉘소스의 모델을 따라 기록했다(2:1-11; 6:16-20; 6:51-59; 15:1-11). 디오뉘소스 제의에서 행하는 날고기를 찢어 먹는 의식은 식인풍속의 유산이다. 고대문학에 나오는 부정적인 식인풍속의 묘사와는 달리, 요한복음에서는 디오뉘소스가 다른 사람의 생살을 먹는 모습을 삭제하고 그 대신 자신의 살을 주는 모습으로만 나타난다. 이런 부정적인 식인풍속을 재평가해서 요한복음 기자는 디오뉘소스의 식인 풍습을 요한의 성찬에 긍정적으로 적용시킨다(6:51-59).

그러므로 신약성서 안에서 요한의 성찬(6:51-59) 배후에 있는 디오뉘소스의 영향을 고려할 때, 요한 기자가 "몸"대신 "살"을 선택한 이유를 종교 사상적으로 설명할 수 있다. 이런 관점을 통해서, 이 요한복음의 성찬 본문은 현대 개신교에서 성찬을 예수의 몸에 대한 기념 중심으로 해석하는 입장을 넘어서서, 화체설을 포함한 보다 폭넓은 성찬의 의미의 해석 가능성을 제시해 준다. 또한 요한의 성찬 본문을 디오뉘소스 제의의 영향을 고려해서 읽게 되면, 초기 그리스도교 공동체, 특별히 요한공동체가 유대교와의 경쟁, 갈등, 대립뿐 아니라 헬라화된 유대 사회 속에서, 곧 당시에 광범위한 영향력을 행사하고 있었던 그리스-로마 종교와의 역동적 관계 속에서 자신의 신학을 발전시켜왔다는 사실에 주목하게 된다. 그 당시의 많은 그리스-로마의 신비종교나 제의, 그리고 유대교와 비교해 볼 때, 초기 그리스도교는 소수자였다. 그렇기에 그 당시에 광범위하게 퍼져 있었던 디오뉘소스 제의에 대한 모방과 변형, 경쟁을 통해 예수를 보다 나은 디오뉘소스로 묘사하는 것은 소수 종교가 취할 수 있었던 하나의 효과적인 방편이었을 것이다.

마지막으로 디오뉘소스의 영향력을 염두에 두고 요한의 성찬을 해석하는 것은 그리스도교의 기원을 살피는 데 있어서 유대적 배경뿐만 아니라 그리스-로마 종교까지도 포함시켜야 한다는 사실을 다시금 확인시켜 준다.

제14장
오뒷세우스의 변모(16.166-224; 299-303)가 예수의 변모(눅 9:28-36)에 끼친 영향*

지난 2,000년 동안 예수의 변모 이야기를 해석하는 것은 매우 복잡하고 난해한 문제였다.[1] 많은 학자들이 다양한 방법론을 가지고 본문 해석을 시도했지만, 사상사(History of ideas) 속에서 그 기원을 추적한 경우는 거의 없다. 이들과는 달리 데니스 맥도날드(Dennis Mac-Donald)와 몇몇 학자들은 누가와 마가에 나오는 이 변모 이야기가 호메로스의 『오뒷세이아』의 영향을 받았다고 주장해 왔다. 이들 주장

---

*   이 장은 필자의 다음의 논문을 조금 수정한 것이다. 조재형, "오디세우스의 변모(16.166-224; 299-303)가 예수의 변모(눅 9:28-36)에 끼친 영향에 관한 문학적 연구." 「한국기독교 신학논총」 83 (2012), 101-122.

1.   예수의 변모에 대한 교부들의 해석은 다음의 책들을 참조하라. Peter A. Chamberas, "The Transfiguration of Christ: A Study in the Patristic Exegesis of Scripture," *St Vladimir's Theological Quarterly* 14, no. 1/2 (1970): 48-65; John Anthony McGuckin, *The Transfiguration of Christ in Scripture and Tradition, Studies in the Bible and Early Christianity*, vol. 9 (Lewiston and Queenston: The Edwin Mellen Press, 1987), 145-316.

의 근거는 그리스 로마 사회 속에서 호메로스가 "교육 체계의 핵심"
이었고, 문학과 문화의 중요한 코드(code)였다는 사실에 있다.[2] 특별히
맥도날드는 최근의 문학비평 중의 하나인 미메시스 비평(mimesis criti-
cism)을 통해 이 이야기에 대한 그리스-로마 문학의 영향력을 재평가
하여 새로운 해석을 제시한다.[3] 전술한 바와 같이 공관복음에 모두
나오는 변모 이야기(막 9:2-10; 마 17:1-9; 눅 9:28-36)에 대한 대부분의 선
행 연구들은 미메시스 비평 관점에서는 다루어지지 않았다.[4] 이에 먼

---

2. MarGalit Finkelberg, "Introduction: Before the Western Cannon," in *Homer, the Bible, and Beyond: Literary and Religious Canons in the Ancient World*, ed. Margalit Finkelberg and Guy G. Stroumsa, Jerusalem Studies in Religion and Culture (Leiden and Boston: Brill, 2003), 4.

3. 맥도날드는 미메시스 비평을 위한 몇 개의 중요한 척도들(criteria)을 제시한다. 그것은 밀도(density), 순서(order), 문학적 특이점(distinctive trails), 접근성(accessibility), 유사성(analogy), 동기(motivation) 또는 해석성(interpretability)이다. 밀도와 순서는 두 본문 사이의 평행하는 부분들과 관련되어 있어서, "이 평행 부분들이 많으면 많을수록 두 본문 사이의 문학적 연결성이 높아진다." 어떤 면에서 밀도는 부피(volume)로, 순서는 차례(sequence)로 말할 수 있다. 특이점은 두 본문 사이에 차이가 나는 특징들을 다룬다. 접근성은 모방된 작품들이 얼마만큼 분포되어 있는가를 연구한다. 그래서 상층본문(hyper-text)이 많이 퍼져 있을수록, 그것은 하층본문(hypo-text)에 영향을 많이 받은 것이 된다. 유사점은 두 본문 사이의 비슷한 점에 초점을 맞춘다. 즉 하나의 본문이 다른 본문에 대한 영향력을 얼마나 주었는가는 똑같은 상층본문들이 다른 본문들에 영향을 어떻게 주었는가를 증명하는 것이다. '동기'는 그 본문 저자가 모방 또는 재창작을 한 이유를 찾는다. Dennis R. MacDonald, *Christianizing Homer: The Odyssey, Plato, and the Acts of Andrew* (New York/ Oxford: Oxford University Press, 1994), 302.

4. 최근의 미메시스 비평에 대해서는 2012년 신약논단 봄 호에 기고한 문우일의 글을 참조하라. 문우일, "상호텍스트성에서 미메시스 비평까지," 「신약논단」 19/1 (2012), 313-51.

저 이 본문에 대한 학자들의 선행 연구를 간략하게 검토한 후, 필자는 이 본문을 미메시스 비평 방법을 사용해서 호메로스의 『오뒷세이아』에 나오는 오뒷세우스의 변모와 비교하여 연구할 것이다.

1. 학자들의 연구에 대한 간략한 고찰

윌리엄 핸드릭센(William Hendriksen)은 예수의 변모 이야기를 베드로후서 1:16-18을 근거로 해석했다. 베드로후서 기자는 예수를 위엄스러운 영광을 가진 하나님의 사랑스러운 아들로 묘사하는데,[5] 복음서의 변모 사건을 통해 예수는 사람들에게 하나님의 아들로서 나타났다는 것이다. 샤론 린지(Sharon H. Ringe)는 예수의 변모를 다음과 같이 말한다. "예수의 변모의 틀은 시내산에서 있었던 모세의 변모 기사로부터 분명하게 기원된 것이다(출 24-34장)."[6] 공통적으로 공관복음에 나타나는 예수의 변모 사건에서는 모세가 등장하고, 출애굽기에도 모세의 변모 이야기가 나오기 때문에 어느 정도 개연성이 있어 보이지만, 린지의 분석은 모세의 권위에 초점을 맞추어서 일반적인 신학의 유사성에 초점을 맞춘 것이며, 문학적 평행구조를 구체적으로 보지는 못했다. 하워드 마샬(I. Howard Marshall)은 구약성서적 모델이

---

5.   William Hendriksen, *New Testament Commentary: Exposition of the Gospel According to Mark* (Grand Rapids: Baker Book House, 1975), 338.

6.   Sharon H. Ringe, "Luke 9:28-36: The Beginning of an Exodus," *Semeia* 28 (1983), 87-88.

이 변모 이야기에 전체적으로 나타난다고 본다. 즉, 시내산에서 야훼가 6일 동안 머물렀고, 그 후 7일 째에 구름 뒤에서 모세를 불렀다. 이러한 구도는 일반적으로 마가복음에 나오는 변모 이야기의 배후를 설명해준다. 마샬은 예수의 옷이 빛처럼 하얀 광채를 내며 변했다는 부분에서 모세 모형론이 설득력 있다고 주장한다.[7] 이러한 측면에서 마샬뿐만 아니라 지금까지의 많은 학자들이 예수의 변모를 모세의 변모의 틀 속에서 보았다. 언뜻 보면 두 이야기 사이에 유사점이 있다는 것은 부인할 수 없다.

그러나 모튼 스미스(Morton Smith)는 예수의 변모를 시내산 유형으로 보는 것을 비판한다. 그는 다음과 같은 문제점을 지적한다. 첫째, 모세는 하나님을 만나고 율법을 받지만 예수는 오직 모세와 엘리야를 만나고 아무것도 받지 않는다. 둘째, 모세의 동행자들은 "이스라엘의 하나님"(출 24:9-10)을 보지만 예수의 동행자들은 영광 중에 있는 예수만 본다.[8] 예수의 변모에 대한 이러한 모세와 시내산 모델을 비판하면서, 스미스는 귀신축출을 위해 능력을 행사하는 "아들"에 초점을 맞춘다. 스미스에 의하면, 예수는 고난받는 인자도 아니고 승리의 메시아도 아니다. 예수는 가장 유명한 마술사였다.[9] 그래서 스미스는 예수의 변모 사건을 "전형적인 마술 이야기의 구조 속에서 이

---

7. I. Howard Marshall, *The Gospel of Luke: A Commentary on the Greek Text*, The New International Greek Testament Commentary (Exeter: The Paternoster Press, 1978), 382-383.

8. Morton Smith, "The Origin and History of the Transfiguration Story," *Union Seminary Quarterly Review* (Fall 1980) 41-42.

9. Smith, "The Origin and History of the Transfiguration Story," 40.

해한다.[10] 이런 구조에 의하면, 어느 날 예수는 제자들을 데리고 마술 의식을 행하기 위해서 산으로 올라간 것이다. 그리고 예수는 제자들을 최면 상태에서 자신이 모세와 엘리야와 함께 있는 영광스런 환상을 보도록 인도했다. 그 의식은 원래 경건한 침묵이 요구되었는데 베드로가 환상을 보고 흥분해서 최면을 깨뜨린 순간 마술은 거기에서 끝났다.[11]

　스미스는 교회 내에 있는 유대주의적 율법주의자들이 "율법과 예언자들의 전통을 그리스도교의 거룩한 전통"으로 보존하기 위해 이 이야기를 변화시켰다고 주장한다.[12] 스미스의 주장은 예수의 변모에 대한 전통적인 구약성서적 모델을 거부했다는 점에서 의미가 있지만, 최면 상태에 대한 일반적 설명을 성서에 적용시켰다는 점과 호메로스 서사시와 성서 사이에 있는 문학적 공통점을 보지 못했다는 점은 약점으로 작용한다. 반면 사이러스 고든(Cyrus H. Gordon)은 『호머와 성서: 동부 지중해 문학의 기원과 특징』이라는 책에서 모세와 오뒷세우스의 영광스런 변모 사이에 있는 비슷한 점을 다음과 같이 최초로 언급했다.

　　모세의 이야기는 동부 지중해 [문학의] 요소들로 가득 차 있다. … 출애굽기 34:29-30, 35은 모세가 시내산으로부터 내려올 때 신적인 광채가 모세의 얼굴에서 빛났다는 사실을 우리에게 알려준다. 마찬가

10.　Smith, "The Origin and History of the Transfiguration Story," 43.

11.　Smith, "The Origin and History of the Transfiguration Story," 43.

12.　Smith, "The Origin and History of the Transfiguration Story," 43.

지로 『일리아스』 18:225-27은 아테나 여신이 불꽃으로 아킬레스의 머리 주위를 빛나게 만듦으로써 그를 영화롭게 한 것을 말해준다. 더 나아가서 아론과 이스라엘의 자손들이 모세의 영광을 보고 두려워했던 것처럼, 『오뒷세이아』에서 텔레마코스가 아테나 여신에 의해 신처럼 영화롭게 된 오뒷세우스의 모습을 보고 두려워했다(『오뒷세이아』 16:178-85).[13]

비록 고든은 다른 학자들과는 달리 구약성서와 호메로스의 서사시들 사이의 유사성을 보았지만 신약성서에 나오는 예수의 변모 모습에서는 그 유사성을 보지는 못했다. 곧, 마가복음과 누가복음에 나오는 예수의 변모를 호메로스의 문학과 연관지어 연구하지 않았다. 이와 반대로 맥도날드는, "예수의 변모는 오뒷세우스가 그의 아들 텔레마코스 앞에서 변모한 부분과 특별히 닮았다"고 지적한다.[14] 맥도날드는 『오뒷세이아』와 마가복음, 그리고 『오뒷세이아』와 누가복음 사이에 나오는 "이야기의 역동성"을 매우 강조했다.[15]

그러므로 (마가복음에 좀 더 초점을 맞추었지만) 복음서들의 본문과 오

13.　Cyrus H. Gordon, *Homer and Bible: The Origin and Character of East Mediterranean Literature* (Ventnor: Ventnor Publishers, 1966), 65.

14.　Dennis R. MacDonald, *The Homeric Epics and the Gospel of Mark* (New Haven & London: Yale University Press, 2000), 92.

15.　Dennis R. MacDonald, "Jesus' Transfiguration (Mark 9:2-10 and Luke 9:28-36) Odysseus's Transfiguration (Odyssey 16.154-24 and 299-307) in a Synopsis of Mark, Luke-Acts, and Classical Poetry," (Claremont Graduate University, 2003).

뒷세우스의 변모 이야기에 대한 연구를 통해 맥도날드는 다음과 같이 결론 내린다. "예수의 변모와 텔레마코스 앞에서의 오뒷세우스의 변모 이야기에 있어서 두 문서 사이의 문학적 밀도(density)와 순서(order)가 평행하기에 이들 사이에 모방(mimesis)이 있었음을 알 수 있다."[16] 맥도날드의 시도는 호메로스의 서사시들과 그리스 종교가 신약성서뿐만 아니라 1세기 팔레스타인 사회에 영향을 주었다는 사실을 보여주기 때문에 중요하다. 마가렛 미첼(Margaret M. Mitchell)은 마가가 직접적으로 호메로스 문학의 영향을 받았다는 맥도날드의 주장에는 반대하지만, 초기 그리스도교인들이 "문헌학적·해석학적·신학적·문화적으로 호메로스가 이뤄낸 결과물에 연관되어 있음"을 인정한다.[17]

복음서 당시의 호메로스의 영향력을 제대로 보지 못한다면 전체적인 그리스 철학·종교·교육·정치·문화 등을 이해할 수 없다. 특별히 그리스의 교육 제도에 있어서 호메로스의 문학은 그 교육의 중심에 항상 있었다.[18] 윌리엄 보이드(William Boyd)와 에드문드 킹(Edmund J. King)에 의하면, 일반적으로 그리스의 소년들에게 있어 호메로스의 서사시들을 외우고 공부하는 것은 가장 중요한 오전 공부였다.[19] 313

16. MacDonald, *The Homeric Epics and the Gospel of Mark*, 93.
17. Margaret M. Mitchell, "Homer in the New Testament?," *The Journal of Religion* 83 (2003): 260.
18. Ronald F. Hock, "Homer in Greco-Roman Education," in *Mimesis and Intertextuality in Antiquity and Christianity*, ed. Dennis R. MacDonald (Harrisburg: Trinity Press International, 2001), 77.
19. William Boyd, *The History of Western Education*, 13 ed. (New York: Barnes & Noble, 1973), 19.

년 밀라노 칙령을 통해서 그리스도교는 로마 제국 내에서 합법적 종교의 지위를 획득했는데, 그 이후의 상황은 제국이 자연스럽게 그리스도교화되도록 흘러갔다.

하지만 로마의 신들이 사는 성전들은 그리스도교인들에 의해 파괴되고, 제우스와 디오뉘소스의 조각상들은 예수의 조각상으로 바뀌든지 또는 파괴되었지만, 그리스식 교육 방법은 로마 제국 내내 유지되었다.[20] 비잔틴 제국이 멸망하기 전 15세기까지 공교육에 있어서 호메로스의 『일리아스』와 『오뒷세이아』는 학생들을 위한 가장 핵심 교과서들이었다.[21] 마르갈리트 핑켈베르크(Margalit Finkelberg)는 애국적인 그리스도교인들조차도 그리스도교 학교를 만들어서 자녀들을 보낸 것이 아니라 전통적인 그리스식 교육을 가르치는 이방인 학교로 보낸 것이 "유럽의 문화를 형성하는 데 있어서 중대하고 결정적인 것"이었다고 단언한 바 있다.[22]

2. 예수와 오뒷세우스의 변모 사이에 있는 모방(mimesis)

우선 마가와 누가, 그리고 『오뒷세이아』의 본문을 비교해 보면 다음과 같다.[23]

---

20. Finkelberg, "Introduction: Before the Western Cannon," 4.
21. William Boyd, *The History of Western Education*, 6-7.
22. Finkelberg, "Introduction: Before the Western Cannon," 4.
23. 도표에서 밑줄 친 부분은 마가와 누가 사이에 있는 미묘하게 다른 것들이며, 볼드체는 각 복음서의 특수한 구절들이다. 고딕체와 함께 동그라미 숫자로 표시된 부분은 복음서들이 오뒷세이아와 평행한 것들이다.

마가복음 9:2-10	『오뒷세이아』 16:166-224, 299-303[24]	누가복음 9:28-36
2 엿새 후에 예수께서 베드로와 야고보와 요한을 데리시고 따로 높은 산에 올라가셨더니 ① 저희 앞에서 변형되사 3 그 옷이 광채가 나며 세상에서 빨래하는 자가 그렇게 희게 할 수 없을만큼 심히 희어졌더라 4 이에 엘리야가 모세와 함께 저희에게 나타나 예수로 더불어 말씀하거늘 5 ② 베드로가 예수께 고하되 랍비여 우리가 여기 있는 것이 좋사오니 우리가 초막 셋을 짓되 하나는 주를 위하여, 하나는 모세를 위하여, 하나는 엘리야를 위하여 하사이다 하니 6 이는 저희가 심히 무서워하므로 저가 무슨 말을 하는지 알지 못함이더라 7 마침 구름이 와서 저희를 덮으며 구름 속에서 소리가 나되 ③ 이는 내 사랑하는 아들이니 너희는 저의 말을 들으라 하는지라 8 문득 둘러보니 아무도 보이지 아니하고 오직 예수와 자기들 뿐이었더라 9 저희가 산에서 내려 올 때에 ⑤ 예수께서 경계하시되 인자가 죽은 자 가운데서 살아날 때까지는 본 것을 아무에게도 이르지 말라 하시니 10 저희가 이 말씀을 마음에 두며 서로 문의하되 죽은 자 가운데서 살아나는 것이 무엇일까 하고	그러고 나서 아테나 여신은 오뒷세우스를 향해 말하기를, ③ "제우스의 후손이자 라에테스의 아들이자 다양한 계책에 능숙한 오뒷세우스여, 이제는 그대 아들에게 숨김없이 모든 이야기를 하고 이상 숨기지 마세요. ④ 구혼자들에 대한 죽음과 운명을 꾸며내도록 말이에요. 그래서 그대 부자는 그 영광스러운 도시로 가게 될 거예요(166-170). … 이렇게 말하고 나서 아테나 여신은 황금지팡이로 그를 툭 쳤다. 우선 ① 아테나 여신은 오뒷세우스의 망토와 그의 가슴을 감싸고 있는 옷을 빛나고 깨끗하게 만들었다. 그리고 그녀는 그의 힘과 신장을 커지게 만들었다. 그의 살갗도 거무스름하게 바꾸어 놓고, 그의 턱도 강건하게 만들었고, 그의 턱수염도 다시 자라 검게 만들었다. 아테나 여신은 이 모든 일을 마치고 떠났지만, 오뒷세우스는 다시 그 움막으로 돌아갔다. ② 그의 사랑하는 아들은 오뒷세우스를 보자 깜짝 놀라 신이 아닌가 생각하여 두려움에 가득 차서 다른 곳으로 시선을 돌렸다. 그래서 그를 향해서 숭고한 목소리로 크게 말했다. "나의 친구여, 갑자기 당신은 예전의 당신의 모습에서 다르게 변했습니다. 당신의 피부는 옛날의 그것이 아니고 당신은 다른 옷을 입고 있습니다. 분명히 당신은 하늘에 거하는 신들 중에 한 분임에 틀림없습니다. 부디 은혜를 베풀어 주십시오. 그러면 우리는 당신에게 당신을 위한 제물과 잘 만들어진 황금의 선물을 바치겠습니다. 오직 우리들을 용서해 주십시오!' 그러자 오랜 고통을 당한 위대한 오뒷세우스가 그에게 대답했다. "확실하게 말하지만 나는 신이 아니다. 왜 너는 나를 불멸의 신처럼 대하느냐? 나는 네 아버지이다! 네가 다른 자들의 폭력을 견디며 탄식하면서 모든 어려움을 견뎌온 이유가 되는 바로 그 아버지이다"(172-189). … ⑤ 진실로 내가 나의 아들이고 우리의 피를 물려받았다면, 아무도 오뒷세우스가 집으로 돌아 왔다는 사실을 알지 못하게 하라(300-303).	28 이 말씀을 하신 후 팔일쯤 되어 예수께서 베드로와 요한과 야고보를 데리시고 기도하시러 산에 올라가사 29 기도 하실 때에 ① 용모가 변화되고 그 옷이 희어져 광채가 나더라 30 문득 두 사람이 예수와 함께 말하니 이는 모세와 엘리야라 31 영광 중에 나타나서 ④ 장차 예수께서 예루살렘에서 별세하실 것을 말씀할쎄 32 베드로와 및 함께 있는 자들이 곤하여 졸다가 아주 깨어 예수의 영광과 및 함께 선 두 사람을 보더니 33 두 사람이 떠날 때에 ② 베드로가 예수께 여짜오되 우리가 여기 있는 것이 좋사오니 우리가 초막 셋을 짓되 하나는 주를 위하여, 하나는 모세를 위하여, 하나는 엘리야를 위하여 하사이다 하되 자기의 하는 말을 자기도 알지 못하더라 34 이 말 할 즈음에 구름이 와서 저희를 덮는지라 구름 속으로 들어갈 때에 저희가 무서워하더니 35 구름 속에서 소리가 나서 가로되 ③ 이는 나의 아들 곧 택함을 받은 자니 너희는 저의 말을 들으라 하고 36 소리가 그치매 오직 예수만 보이시더라 ⑤ 제자들이 잠잠하여 그 본 것을 무엇이든지 그 때에는 아무에게도 이르지 아니하니라

맥도날드에 의하면, 마가와 누가의 변모 단락에서 예수는 오뒷세우스처럼 나타난다. 두 복음서들은 예수의 이야기를 묘사할 때, 『오뒷세이아』의 구도를 따른다. 예를 들면, 『오뒷세이아』에서 아이기스토스에게 죽임을 당한 아가멤논 왕은 유령으로 오뒷세우스에게 나타나서, 오뒷세우스가 고향 이타카로 돌아가면 절대 정체를 밝히지 말라고 경고한다. 즉, 자신의 정체를 숨겨야 하는 이런 비밀스러운 분위기는 『오뒷세이아』 전체를 관통하고 있다.[24] 마찬가지로 소위 말하는 '메시아 비밀 가설'이 보여주듯 마가복음서에도 이러한 비밀스러운 분위기가 흐른다. 당시의 호메로스 문학의 영향력을 고려해 볼 때, 마가복음 기자가 『오뒷세이아』로부터 이러한 비밀 구도를 빌려오지 않았을까?

마가와 누가에 나오는 변모 이야기에서, 예수는 비밀스럽게 오직 세 명의 제자들만 데리고 산으로 올라간다. 이것은 오뒷세우스가 거지로 변장을 하고 옛날 충실한 하인이었던 에우마이오스의 움막으로 찾아가는 것과 비슷하다. 누가복음 9:32, 37을 근거로, 에두아르트 슈바이처(Eduard Schweizer)는 누가의 변모 이야기가 밤에 일어났다고 말한다.[25] 밤이라는 상황은 더욱 비밀스러운 분위기를 증폭시킨다. 이러한 비밀스러운 환경 속에서 예수는 세 명의 제자들 앞에서만 변모하는데 이는 복음서들에 나오는 예수의 공개적인 기적들과 대조된다.

---

24. MacDonald, *The Homeric Epics and the Gospel of Mark*, 79.
25. Eduard Schweizer, *The Good News According to Luke*, trans. David E. Green (Atlanta: John Knox Press, 1984), 159.

오뒷세우스도 오직 자신의 아들 앞에서만 변모의 모습을 보여준다. 오뒷세우스가 자신의 귀환을 아무도 모르게 하라고 요구한 것처럼, 예수도 자신의 참다운 정체를 비밀로 하라고 명령한다. 즉, 마가의 예수와 오뒷세우스는 자신의 추종자들에게 반드시 비밀을 지킬 것을 요구한다. 반면에 누가의 예수는 세 명의 제자들이 자발적으로 비밀을 준수하는 것으로 묘사함으로써 제자들이 미래의 지도자로서 적극적인 역할을 할 것임을 암시한다.

이 비밀스런 분위기는 두 가지 기능을 수행한다. 첫째, 예수와 오뒷세우스를 그들의 적들로부터 보호한다. 둘째, 자신의 추종자들의 충성심을 시험한다. 심지어 오뒷세우스는 이것을 통해 자신의 아내 페넬로페까지 시험한다. 예수와 오뒷세우스는 자신들의 정체를 핵심 구성원들에게 드러내고, 변장한 모습으로 다른 구성원들을 시험한다. 오뒷세우스는 자신의 아들 텔레마코스가 제물을 그에게 바치려고 했을 때 제지하는 것처럼, 예수도 세 명의 제자들이 잘못 이해하여 자신을 위해 천막을 지으려는 것을 제지한다. 여기에서 오뒷세우스와 예수는 부정적인 반응을 보인다. 즉, 오뒷세우스는 자신은 신이 아니라 죽음을 맞이해야 하는 평범한 인간이라고 말하고, 예수는 베드로가 천막에서 머물자고 하는 제안을 거부한다.

맥도날드는 예수와 오뒷세우스의 이야기에 나타나는 중요한 유사점을 다음과 같이 말한다. "여기에서 화자는 자신의 신성을 거부한다. 오뒷세우스는 자신의 신성을 부인하고, 예수는 모세와 엘리야의 신성을 부인한다."[26] 또 다른 중요한 유사점은 아주 극적인 변모의 과정 속에서 예수와 오뒷세우스의 옷이 변화된다는 것이다. 모세의 변모의 경우에는, 모세가 하나님과의 대화 때문에 얼굴이 빛났다(출 34:29). 어느 누구도 모세의 변모 속에서 의류가 언급된 것을 발견할 수 없다. 이와는 대조적으로 마가와 누가, 그리고 『오뒷세이아』는 바뀐 옷을 언급한다. 오뒷세우스의 튜닉(tunic)과 외투가 밝고 하얗게 변한 것처럼, 예수의 옷들이 불가능할 정도로 하얗게 변한다. 마가의 묘사를 따른 것이기는 하지만 누가도 예수의 의상이 눈부시게 빛났다고 강조한다.[27]

오뒷세우스의 모습을 변모시키는 데 있어서 아테나 여신의 역할은 복음서에서 예수를 변모시키는 모세와 엘리야의 역할보다 더 두드러진다.[28] 마가복음과 누가복음에서 모세와 엘리야는 수동적으로 행동한다. 그들이 예수의 외형을 변모시켰는지는 다소 확실하지 않다. 마가는 예수가 변모되었다고만 묘사한다. 반면 누가는 예수가 기도 중에 변모되었다고 묘사함으로써 하나님이 예수의 기도를 듣고서 그를 변모시켰다고 짐작케 만든다. 누가는 마가보다 더 『오뒷세

---

26. MacDonald, "Jesus' Transfiguration (Mark 9:2-10 and Luke 9:28-36) Odysseus's Transfiguration (Odyssey 16.154-24 and 299-307) in a Synopsis of Mark, Luke-Acts, and Classical Poetry."

27. 누가 기자는 마가보다 유대교 전통에 대해서 더 관심을 가진다. 왜냐하면 그는 모세의 변모 이야기를 알고 있기 때문이다.

28. 아테나 여신은 엘리야와 비슷하게 불 수레와 관련되어 있다. 고든은 그래서 이 엘리야의 전승조차도 호메로스 서사시와 연관되어 있다고 본다. Gordon, *Homer and Bible: The Origin and Character of East Mediterranean Literature*, 61.

이아』를 모방하는 것 같다. 공통적으로 두 복음서는 예수의 변모를 오뒷세우스의 변모와 연결시킨다. 한편으로 아테나의 역할은 복음서에서 구름 너머로 들려오는 천상의 목소리로 대체된다. 아테나와 천상의 목소리는 그 주인공들이 "제우스의 후손" 또는 "하나님의 아들"이라고 선언한다.

또 다른 한편으로 누가복음에서, 예수의 예루살렘 여행에 대해 의견을 나누었던 모세와 엘리야의 역할은 아테나와 비슷하다. 아테나 여신은 오뒷세우스에게 원수들을 향한 미래의 계획에 대해 그의 아들에게 말하라고 제안한다. 유대인들에게 모세는 율법을, 엘리야는 예언자로 대표된다. 두 인물은 유대교를 창시하는 데 기둥과 같은 역할을 하는 신적인 대리자다. 마치 아테나 여신이 이타카로 귀환한 후 받게 될 오뒷세우스의 영광을 예언하듯이, 복음서 기자는 예수가 죽음에서 부활한 후 받게 될 영광을 모세와 엘리야를 통해 소개하고 있다.

그 다음의 중요한 등장인물은 베드로와 텔레마코스이다. 『오뒷세이아』에서 부분적으로 텔레마코스 역할은 『오뒷세이아』 전체 이야기에서 예수와 겹치기도 하지만, 마가와 누가의 변모 이야기에서는 베드로의 역할과 평행한다. 베드로와 텔레마코스는 신적인 개입을 인식하지 못하고 부적절한 제의를 함으로써 그들의 무지를 보여준다. 텔레마코스는 오뒷세우스를 알아보지 못한 것처럼 베드로도 예수를 알아보지 못한다.

이 둘은 연약하고 지혜가 없었다. 예를 들면, 텔레마코스는 아테나 여신이 힘을 부여하기 전까지는 어머니를 괴롭히는 구애자들과 맞서 싸울 용기를 가지지 못했다. 마찬가지로 마가복음에서의 베드로는 예수와 가까이 있었지만 종종 부정적으로 그려진다(막 8:32-33; 14:66-72). 누가는 마가의 부정적인 베드로의 모습을 수정하지만 베드로가 마지막 순간에 도망가고 예수를 부인하는 장면을 보여준다. 또한 누가는 다른 제자들을 마가보다는 호의적으로 묘사하면서도 제자들의 연약함을 숨기지 않는다(눅 9:46-48). 누가복음은 마가복음의 베드로와 제자들의 약점을 수정하여 사도행전에서 보여주듯 교회 창립의 선도적인 역할을 하는 모습으로 그린다. 그렇지만 예수의 변모 이야기에서 베드로와 텔레마코스는 신적인 계시를 깨닫지 못하고 있다.

맥도날드는 베드로와 텔레마코스가 두려워하여 변모를 잘못 해석했다고 지적한다. 이 둘이 사용한 헬라어 동사의 법과 인칭대명사의 수는 비슷하게 나타난다. 즉, "우리가 당신에게 예물을 드리겠습니다"와 "우리로 이곳에 천막을 짓게 하십시오"라는 표현에서 과거 가정법 복수 1인칭이 사용되었다.[29] 이렇게 누가에 나오는 구문과 낱말이 『오뒷세이아』의 것들과 유사하기에 베드로는 『오뒷세이아』에 나오는 텔레마코스의 모델을 따른다고 볼 수 있다. 그렇지만 『오뒷세이아』와는 달리 마가와 누가는 야고보와 요한을 등장시킨다.

『오뒷세이아』에서 이 둘과 비교될 수 있는 인물은 에우마이오스일 것이다. 그렇지만 에우마이오스는 오뒷세우스가 변모하기 전에 그를 떠난다. 예수가 제자들과 동행한 것과는 달리, 에우마이오스는

---

29. MacDonald, *The Homeric Epics and the Gospel of Mark*, 94.

오뒷세우스와 함께 산에 가지 않는다. 그럼에도 에우마이오스와 예수의 두 제자 사이에 유사점이 없는 것은 아니다. 이들의 역할은 이 변모 이야기 속에서 미미하게 보인다. 야고보와 요한의 역할이 베드로의 역할 속에 흡수되듯이, 에우마이오스의 역할은 텔레마코스의 역할 속에서 사라진다.[30]

오뒷세우스가 침묵을 명령했듯 마가의 예수도 침묵을 명령한다. 누가의 예수는 이 침묵을 명령하지 않지만 그 대신 세 명의 제자들은 자발적으로 침묵을 유지한다. 이 모습은 『오뒷세이아』에는 나오지 않는다. 동기(motivation)라는 관점에서 누가는 마가보다 『오뒷세이아』를 더 따른다. 마리아네 본즈(Marianne Palmer Bonz)는, "이 변모 이야기는 권위 있는 증인으로서의 제자들의 미래 역할을 암시한다"라고 말한다.[31] 세 명의 제자들은 예수와 이야기를 나누는 모세와 엘리야를 보고 듣는다(눅 9:32). 그리고 제자들은 이 셋이 영광 가운데 거하는 것을 목격한다. 누가는 고대 웅장한 서사시들(『일리아스』, 『오뒷세이아』, 『아이네이스』)에 버금가는 그리스도교 서사시를 쓰려 한다.[32] 그러므로 악한 구애자들에게 복수할 때 텔레마코스와 에우마이오스가 큰 역할을 하는 것처럼, 누가는 이 세 명의 제자들이 예수의 부활과 승천 후에 아주 중요한 역할을 하게 된다는 계획 가운데 기록했기에 마가

---

30. 마가와 누가의 강조점은 약간 다르다. 마가의 『오뒷세이아』에 대한 모방은 미메시스 비평의 "밀도"와 "순서"를 많이 따르고, 누가의 경우에는 "동기" 또는 "해석성"을 더 따른다.

31. Marianne Palmer Bonz, *The Past as Legacy: Luke-Acts and Ancient Epic* (Minneapolis: Fortress Press, 2000), 142.

32. Bonz, *The Past as Legacy*, vii.

에 나오는 제자들에 대한 부정적인 내용을 제거한다.

특별히 지리적 환경을 고찰해 볼 때, 『오뒷세이아』와 두 복음서 사이의 유사점은 더욱 두드러진다. 마가와 누가는 예수의 변모가 산에서 일어났다고 기록한다. 『오뒷세이아』는 에우마이오스의 움막이 산에 있다고 쓴다(14:1-6). 많은 세계의 신화 속에서, 산은 신들이 거하는 성스러운 장소로 간주된다. 이스라엘의 하나님 야훼는 산에 거하신다. 모세의 변모도 시내산에서 일어났다는 점에서 예수의 변모와 비슷하다. 그렇지만 더욱 명백하게 호메로스의 시들에 나오는 신들도 산을 좋아한다. 그들의 천상의 거주지는 올림포스산으로 불린다. 그러므로 산은 거룩한 장소의 으뜸 범주에 들어간다.[33] 모세는 율법을 받기 위해 산으로 올라간다. 예수는 예루살렘으로 가서 제자들을 시험하고 자신의 미래를 위해 기도하기 위해서 산으로 올라간다. 오뒷세우스는 이타카로 돌아가서 그의 종들을 시험하고 미래의 행동을 계획하기 위해 산으로 올라간다. 산으로 올라간 동기 차원에서 보면 예수와 오뒷세우스에게는 분명한 유사점이 있다. 여기에서 누가는 마가가 『오뒷세이아』를 모방한 것을 더욱 구체적으로 기술한다.

오뒷세우스는 아테나 여신으로부터 그의 집에 대한 상황을 들은 후 자신의 정체를 숨기고, 에우마이오스의 움막으로 가서 그의 충성심을 확인한다. 그리고 그의 아들 앞에서 자신의 정체를 변모를 통해 드러낸다. 즉, 오뒷세우스는 변모를 통해 자신의 참다운 존재를 나타

---

33. 한국사회도 예외가 아니다. 풍수지리설에 입각해서 집이나 중요한 건물들은 주위에 있는 지형의 영향을 많이 받고, 특별히 유명한 산들은 거룩한 신령이 거하는 곳으로 간주된다.

낸다. 이와 평행하게 예수는 세례 요한의 죽음을 통해 경고를 받은 후 세 명의 제자들을 선택하여 산으로 데리고 올라가서 변모를 통해 자신의 정체를 드러낸다. 텔레마코스는 "나는 너의 아버지이다"(『오뒷세이아』 16.164)라는 말을 듣고, 세 명의 예수의 제자들은, "이는 내 아들이다"라는 음성을 듣는다(눅 9:35). 이십 년 만에 만나는 아들과 아버지는 재회를 위한 어떤 극적인 장치를 필요로 한다. 자신의 죽음 전에, 예수는 최소한 자신의 변모를 제자들에게 보여줘야만 한다. 이는 복음서에 나오는 많은 사람들은 믿음이 없어서 예수가 "하나님의 아들"이라는 사실을 믿지 않기 때문이다.[34]

『오뒷세이아』에서 많은 경우에 오뒷세우스는 "라에테스의 아들과 하나님(제우스)의 후손"으로 불리는 것처럼, 예수도 "하나님의 아들"로 불려진다." 그렇지만 공통적으로 이 둘은 자신들의 정체를 어떤 특정한 시점까지는 감춰야만 한다. 그들의 정체는 비밀스런 분위기 속에 있고, 미래의 임무를 위해 공중 앞에 드러나는 것이 금지된

---

34. 많은 경우에, 누가의 예수는 자신을 "하나님의 아들"로 부르고 공개적으로 이 칭호를 사용한다. 특별히 예수는 이 칭호를 제자들과 이야기할 때(5:24; 6:22; 9:44; 12:8, 40; 17:22, 24, 26, 30; 18:31; 21:27, 36; 22:22, 48, 69), 적대자들과의 논쟁 속에서(6:5; 7:34; 9:22), 자신의 추종자들에게(9:58, 19:10), 그리고 군중들에게 사용한다(11:30). 흥미로운 것은 사탄이 예수를 시험할 때, 예수를 하나님의 아들로 부르는데(4:9), 이것은 그들이 예수의 참된 정체를 알고 있음을 암시한다. 더 나아가서 귀신들은 예수가 그들은 내어쫓을 때, 예수가 그리스도이고 하나님의 아들임을 안다(4:41). 예수는 그 귀신들을 꾸짖고 침묵하라고 명령한다. 왜냐하면 그들은 예수의 참된 정체를 알고 있기 때문이다. 마찬가지로 오뒷세우스가 많은 고난을 당할 때, 신들은 오뒷세우스의 정체를 안다.

다. 오뒷세우스는 에우마이오스와 식사를 하면서 자신의 어머니를 괴롭히는 구애자들을 죽일 구상을 한다. 그러고 나서 그는 그들에게 펼쳐질 죽음과 운명에 대해 텔레마코스에게 말한다.

　예수도 예루살렘으로 올라가서 죽음으로부터 부활할 계획을 세운다. 누가는 구체적으로 예수가 수행할 미래의 임무를 부활을 완성하기 위한 출발로 기술한다. 이 두 영웅들은 변모 사건 속에서 그들의 적들을 향한 궁극적인 승리를 계획한다. 오뒷세우스의 물리적인 목적지는 고향 이타카인 반면에, 예수의 중요한 목적지는 예루살렘이다. 마가는 유대인들이 예수를 죽이려고 하는 아주 적대적인 도시로 예루살렘을 제시한다. 그래서 마가복음서는 예수가 부활 후에 예루살렘이 아닌 갈릴리로 간다고 기록한다(16:7). 누가복음은 이와는 다르다. 비록 예루살렘은 위험한 장소이지만, 예수가 승천하고(행 1:4-9), 새로운 그리스도교 공동체가 시작되는 거룩한 도시다. 오뒷세우스에게 이타카를 향한 여행이 아주 중요한 것처럼, 예루살렘은 예수의 여행 목적지의 중심이다.[35] 그래서 누가복음에서는 이 변모 이야기 후에 예루살렘으로의 여행은 복음서의 중요한 주제다. 이타카와 예루살렘은 『오뒷세이아』와 누가복음에서 결정적인 장소이다.

　맥도날드는 그리스 문학에서 영웅의 귀향은 아주 의미 있는 주제라고 이야기한다.[36] 이 귀향 동기는 특별하게 오뒷세우스가 집으로

35.　예루살렘에 대한 각 복음서는 강조점이 약간은 다르지만, 예루살렘은 예수의 마지막 목적지로 제시한다.

36.　Dennis R. MacDonald, *Christianizing Homer: The Odyssey, Plato, and the Acts of Andrew* (New York/ Oxford: Oxford University Press, 1994), 113-159.

돌아오는 부분에서 강조된다. 『오뒷세이아』 5.205-225에서는 아름다
운 여신 칼륍소가 오뒷세우스에게 자신과 함께 섬에 살자고 유혹할
때, 그는 그녀의 아름다움, 명예, 그리고 불사의 선물까지도 거절한
다. 칼륍소는, "당신은 여기에서 머물며 저와 이 집을 지키면서 살 수
있어요. 당신은 신과 같이 죽지 않게 돼요. … 분명히 말하지만 저는
키나 외모에 있어서 당신의 아내 페넬로페보다 못하지 않아요"라고
말한다(『오뒷세이아』 5.207-213).[37] 그러나 오뒷세우스는 고향으로 돌아가
고 싶었기에 영생을 거부하고 평범한 인간의 삶을 선택한다. 그는 대
답한다, "나는 오랜 세월 동안 내 고향으로 돌아가는 것, 나의 귀향의
날짜를 보는 것을 소원해 왔소. 만약에 어떤 신이 다시 나를 포도주
와 같은 검은 바다로 나를 쳐낸다 해도, 나는 모든 고통을 참아내는
심장으로 그것을 참아내겠소"(『오뒷세이아』 5.217-224).[38]

　　마찬가지로 예수는 예루살렘으로 향하는 궁극적인 사명을 위해
사탄의 시험, 곧 빵, 명예, 권세를 거부한다(눅 4:1-13). 누가복음에서 예
수는 죽음이 아니라 부활을 위해 예루살렘으로 올라간다. 이 예수의
시험 이야기도 마가의 보도와 비교해 볼 때 흥미롭다. 마가는 단지
간략하게 예수가 광야에 사십 일 동안 있었고 사탄에게 시험을 받았
다고 기록한다(막 1:13). 그러나 누가는 이 이야기를 확장시키는데, 이
는 마치 칼륍소와 바다의 요정에 의해 시험을 받았던 오뒷세우스의
이야기를 염두에 둔 것 같다.

37.　Homer, *Homer Odyssey Books 1-12*, 197.
38.　Homer, *Homer Odyssey Books 1-12*, 199.

칼 샌드네스(Karl Olav Sandnes)는 맥도날드가 주장하는 이러한 영웅의 귀향 동기를 다음과 같이 비판한다.

> 맥도날드는 오뒷세우스와 예수가 고난당했던 사람이라고 주장한다. 오뒷세우스는 집으로 돌아왔을 때 고통으로부터 풀려났다. 목적지에 도착했을 때 고통은 끝났다. 그렇지만 예수의 경우는 그렇지 않았다. 예수는 목적지에 도착했을 때 고난이 최고조에 달했다. 고향에 도착했을 때에는 마침내 적대자들에 의해 죽임을 당했다.[39]

샌드네스의 비판은 설득력 있어 보인다. 실제적으로 독자들이 마가복음의 짧은 마침(16:1-8) 또는 긴 마침(16:9-20) 중 어느 편을 따르든지 간에, 예수의 부활과 승리는 누가복음과 비교해 볼 때 짧기도 하고 덜 강조되기도 한다. 그렇지만 예수와 오뒷세우스는 자신들의 목적지에서 위험이 기다리고 있다는 사실을 알고 있었다. 그들은 지지자들이 소수이고 적대자들은 많은 도시로부터 오는 위험을 피할 수 없다는 사실을 잘 알고 있음에도 불구하고, 그 도시로 들어가기로 결심한다. 오뒷세우스는 영원히 사는 신이 되는 것을 포기하고 평범한 인간으로 죽기를 선택하여 이타카로 간다.

그러므로 샌드네스는 적대적인 예루살렘에서 예수가 부활했고, 오뒷세우스가 죽음을 선택했다는 사실을 이 두 평행된 이야기 속에

---

39.   Karl Olav Sandnes, "Imitatio Homeri?: An Appraisal of Dennis R. Macdonald's 'Mimesis Criticism'," *Journal of Biblical Literature* 124, no. 4 (2005): 720-721.

서 보지 못했다. 물론 마가와 『오뒷세이아』 사이에는 전개 과정에 있어서 사소한 차이점들이 있지만, 이 둘은 주인공들이 자신들의 경쟁자들에 대항해서 승리하는 것으로 마무리된다. 즉, 예루살렘에서의 예수의 부활과 이타카에서의 오뒷세우스의 승리로 대단원이 장식된다. 맥도날드가 언급 했듯 마가는 『오뒷세이아』를 모방하지만, 이 변모 이야기에서 누가는 이를 더욱 확장해서 『오뒷세이아』의 문학적 구도를 따른다. 심지어 샌드네스도 맥도날드의 미메시스 비평을 비판하면서도 누가의 경우에는 예수의 예루살렘 여행과 귀향 동기가 마가보다 분명히 두드러진다고 지적한다.[40] 예루살렘에서 예수가 승천한 후 제자들은 큰 기쁨 속에서 예루살렘으로 돌아와서(눅 24:52), 성령을 받아, 위대한 선교는 이곳에서 시작된다(행 1:8; 2:1-13). 필자의 지금까지의 논증을 도표로 만들면 아래와 같다.

평행되는 본문들	마가복음	『오뒷세이아』	누가복음
주인공	예수	오뒷세우스	예수
신적인 존재들	엘리야, 모세, 구름으로부터 들려오는 소리	아테나 여신	모세, 엘리야, 구름으로부터 나오는 소리
등장인물1	베드로	텔레마코스	베드로
주인공의 동행자들	야고보와 요한	(에우마이오스)	요한과 야고보
장소	높은 산	산(높은 장소, 『오뒷세이아』14:1-6)	산
산으로 가는 이유	예루살렘으로 가는 것을 준비하기 위해서	이타카로 돌아가는 것을 준비하기 위해서	예루살렘으로 가는 것을 준비하기 위해서

40.　Sandnes, "Imitatio Homeri?", 719.

변모의 목적	예수가 자신의 신적인 정체를 그의 제자들에게 보임	오뒷세우스가 자신의 정체를 아들 텔레마코스에게 보임	예수가 자신의 신적인 정체를 그의 제자들에게 보임
주인공의 숨겨진 정체	하나님의 사랑하는 아들	라에테스의 아들과 제우스의 후손	하나님의 선택된 아들
주인공의 장래의 임무(mission)	적들에 대한 승리 (죽음으로부터 부활)	적들에 대한 승리 (구애자들의 계획된 죽음과 운명)	적들에 대한 승리 (완성을 위한 예수의 출발)
목적지	예루살렘	이타카	예루살렘
변모후의 사건	예수의 비밀 엄수 명령	오뒷세우스의 비밀 엄수 명령	세 명의 제자들이 자발적으로 비밀을 엄수함
새로운 공동체	예루살렘에서의 새로운 그리스도교 공동체	이타카에 있는 구애자들의 가족들과의 화해	그리스도교 공동체가 예루살렘에서 시작됨

3. 소결론

많은 신약성서 학자들은 누가에 나오는 예수의 변모 이야기를 설명하기 위해 다양한 시도들을 했지만, 대부분의 시도에 있어서 호메로스의 『오뒷세이아』에 나오는 문학적 평행을 보지 못했고, 또한 『오뒷세이아』를 통해 그리스도교 서사시를 만들려는 누가의 의도를 간과했다. 이 변모 이야기 속에서 모세 모형론적 요소가 있기는 하지만, '미메시스 비평'은 오뒷세우스의 변모가 어떻게 예수의 변모 이야기에 영향을 주었는가를 보여준다.[41] 첫째로, 마가는 오뒷세우스의 변모를 문학적으로 모방하고, 누가는 마가의 이야기를 (누가의 그리스

---

41. MacDonald, *Christianizing Homer: The Odyssey, Plato, and the Acts of Andrew*, 302.

도교 서사시를 만들려는) 자신의 신학에 따라 다시 작성한다. 누가의 변모 이야기 속에서 누가복음 기자는 『오뒷세이아』에 나오는 문학적 구상, 모방, 동기, 순서 등을 재구성하여 사용한다. 앞장에 정리한 도표는 맥도날드가 제시한 두 문서 간의 밀도, 순서, 유사점, 특이점, 동기, 해석성 등을 보여준다. 그러므로 누가의 변모 이야기를 미메시스 비평의 틀 안에서 호메로스의 『오뒷세이아』와의 문학적 비교 속에서 바라볼 때 이 이야기에 대한 새로운 해석을 시도할 수 있다. 더 나아가서 누가복음의 형성 과정을 다루면서 그리스 문학의 영향력을 살펴보는 것은 그리스도교의 기원을 연구하는 데 중요한 실마리를 제공해 준다.

제15장
미메시스 비평으로 살펴본
사도행전의 기적적인 탈출과 사울의 저항:
사도행전 12:6-7, 16:25-26, 22:14를 중심으로*

디오뉘소스 제의는 그리스-로마 시대를 거쳐서 가장 널리 퍼진 제의 중 하나였다.[1] 디오뉘소스는 포도주를 만든 신으로서 당시 포도를 많이 키웠던 지중해 지역에서 자연스럽게 널리 숭배되었고, 디오뉘소스가 가지고 있었던 아폴론과 대조되는 특징들로 인해 사람들의 사랑을 받았다.[2] 월터 버커트(Walter Burkert)는 디오뉘소스 제의가

* 이 장은 필자의 다음의 논문을 조금 수정한 것이다. 조재형. "미메시스 비평으로 살펴본 사도행전의 기적적인 탈출과 사울의 저항: 사도행전12:6~7, 16:25~26, 22:14를 중심으로." 「신약논단」 21/3 (2014), 731-60.

1. Philip Mayerson, *Classical Mythology in Literature, Art, and Music* (Waltham: New York University, 1971), 248-270.

2. Walter F. Otto, *Dionysus: Myth and Cult*, trans. Robert B. Palmer (Bloomington and London: Indiana University Press, 1965), 201-208.

아폴론 제의만큼 널리 행해졌다고 기록한다.[3] 심지어는 디오뉘소스 제의가 아폴론이나 제우스 제의보다 오래된 것이었다는 주장도 있다.[4] 이러한 디오뉘소스 제의는 신약성서 기자들에게도 영향을 주었기에 신약성서 곳곳에 디오뉘소스의 흔적이 남아있다.[5] 디오뉘소스 제의와 그리스도교는 그리스도교 운동의 초기부터 서로 경쟁 관계에 있었다는 주장이 오래 전부터 제기되어 왔다. 리처드 시포드(Richard Seaford)는 오늘날 디오뉘소스 연구가 그리스도교에게 중요한 이유를 다음과 같이 지적했다.

첫째, 그리스도교가 고대 지중해 세계에 뿌리내리게 될 때, 디오뉘소스 제의는 지리적으로 가장 널리 퍼져 있었고 가장 근원적으로 기원을 공유했기에 그리스도교의 가장 큰 경쟁자였다. 그래서 그리스도

---

3.   Walter Burkert, *Greek Religion* (Cambridge: Harvard University Press, 1985), 302.

4.   Mayerson, *Classical Mythology in Literature, Art, and Music*, 248.

5.   필자는 요한복음서의 성찬(6:51-59)을 디오뉘소스 제의의 관점에서 해석했다. 요한복음 2장의 가나의 혼인잔치는 불트만이 지적한대로 디오뉘소스의 영향력이 나타나며, 4장의 사마리아 여자와 예수의 대화도 디오뉘소스와 목자의 대화와 비슷하고, 15장 1-11절의 포도나무 비유 또한 전형적인 디오뉘소스의 특징을 담고 있다. 더 자세한 사항은 필자의 저서와 논문을 참조하라. Jae Hyung Cho, "Johannine Eucharist in the Light of Greco-Roman Religion" (Unpublished Ph. D. Dissertation, Claremont Graduate University, 2010); 조재형, "디오니소스의 제의를 통해서 본 요한복음서의 성찬(요 6:51-59)," 「기독교신학논총」 88 (2013), 33-58; Richard Seaford, *Dionysos*, ed. Susan Deacy, Gods and Heroes of the Ancient World (London and New York: Routledge, 2006), 120-130.

교 교회는 사회 통제의 필요성 안에서 그리스도교 복음의 혁명적인 윤리들을 포함하면서 디오뉘소스 제의의 영향을 받았을 뿐만 아니라 그것에 반대하기도 했다. 둘째, 자연과 인간과 신의 세 영역을 잇는 가교로서의 디오뉘소스의 힘을 중심에 간직하면서 디오뉘소스 제의는 그리스도교의 승리 전까지 기록된 그리스의 전 역사를 통틀어 수천 년간 번창했다.[6]

그러므로 디오뉘소스 제의와 신약성서의 관계를 살펴보는 것은 그리스도교의 기원과 신약성서 본문의 정황을 이해하는 데 도움이 될 것이다. 여러 가지 예 중에서 본 논문은 특별히 사도행전에 나타난 디오뉘소스의 흔적을 데니스 맥도날드(Dennis MacDonald)가 제안한 미메시스 비평을 통해서 사도행전과 에우리피데스의 『박카이』 사이의 상호연관성을 주로 살펴볼 것이다.

에우리피데스의 『박카이』는 예수 탄생 사백여 년 전에 기록되었고, 호메로스의 작품들과 함께 그리스-로마 시대에서 가장 널리 읽힌 작품이었다.[7] 아더 에번스(Arthur Evans)는 『박카이』에 나오는 신에 대

---

6. Seaford, *Dionysos*, 4-5.

7. 바트 어만에 의하면, 현재까지 호메로스의 『일리아스』의 사본은 약 700개, 에우리피데스의 작품들의 사본은 약 350개 정도 발견되었다고 하는데, 이 숫자들은 신약성서 전체 사본 숫자인 5,750개 정도에는 미치지 못하지만 다른 고대 작품들 중에서는 가장 많은 사본들을 남긴 작품들이었다고 본다. Bart D. Ehrman, *The New Testament: A Historical Introduction to the Early Christian Writings*, 2 ed. (New York & Oxford: Oxford University, 2000), 443.

한 묘사들이 후대의 그리스도교 저자들이 예수를 묘사하는 데 큰 영향을 끼쳤다고 주장한다.[8] 사도행전이 주목을 받는 이유는 사도행전은 디오뉘소스의 흔적을 다룰 때 신약성서 중 요한복음과 함께 가장 많이 거론되는 책이기 때문이다. 맥도날드는 "사도행전에 나오는 거의 모든 인물들은 그리스의 신들이나 영웅들로 나타난다"라고 언급했다.[9] 그러므로 사도행전 12:6-7과 16:25-26과 22:14의 종교와 문화와 문학적 배경에 대한 연구와 더불어 위의 본문들에 대한 미메시스 비평은 기존에 해결되지 않은 해석의 문제를 해결할 수 있다. 즉, 신약본문에 대한 보다 다양한 해석 방법과 그 의미를 제시할 수 있을 것이다.

1. 에우리피데스와 미메시스 비평

에우리피데스는 그리스 3대 비극 작가 중 하나로 그의 작품들은 고대 그리스-로마 시대를 거쳐서 가장 많이 읽히고 또 연극으로 인기리에 공연되어서 당시 글을 모르는 사람들에게도 큰 영향을 끼쳤다. 많은 고대 작가들(플라톤, 아리스토텔레스, 호라티우스, 베르길리우스, 카툴루스, 타키투스, 오비디우스 등)은 작품을 쓰면서 에우리피데스의 작품에

---

8.   Arthur Evans, *The God of Ecstasy: Sex-Roles and the Madness of Dionysos* (New York: St. Martin's Press, 1988), 148.

9.   Dennis Ronald MacDonald, ed. *Mimesis and Intertextuality in Antiquity and Christianity* (Harrisburg: Trinity Press International, 2001), 1.

영감을 받아 문학적으로 모방하고 재현했다. 몇 가지 예를 들면, 타키투스가 쓴 『크라수스의 삶』(Life of Crassus)에서 『박카이』의 내용들이 변형되어 사용되고 있고, 오비디우스의 『변신』(Metamorphoses) 3권에서는 디오뉘소스의 내용들이 재현되며, 마카베오 3서에는 『박카이』의 영향력이 구체적으로 나타난다.[10]

　그리스-로마 배경하에 신약성서를 연구하는 많은 학자들은 호메로스와 에우리피데스의 작품들과 다른 그리스의 문학작품들이 신약성서에도 상당한 영향력을 주었다는 데 주목했다.[11] 그렇지만 신약성서의 작가들은 그리스도교적 관점 속에서 이방 문학들을 사용하는데 매우 교묘하고도 은밀한 방법을 사용했다. 이는 당시의 문화와 철학의 기호를 공유하지 못하는 현대 독자들에게 이해하기 어려운 수수께끼가 되기에, 신약성서 배후에 있는 선-텍스트(ante-text) 또는 하층본문(hypo-text)에 대해 연구하는 상호텍스트성(intertextuality) 접근 방식이 필요하다.[12]

　이 상호텍스트성은 쥘리아 크리스테바(Julia Kristeva)가 처음으로 사용한 용어인데, 모든 텍스트는 독립적으로 존재하지 않고 서로 연

---

10. Luke Timothy Johnson, *The Acts of the Apostles*, Sacra Pagina Series (Collegeville: Liturgical Press, 1992), 217을 참조하라.

11. Jo-Ann A. Brant, *Dialogue and Drama: Elements of Greek Tragedy in the Fourth Gospel* (Peabody: Hendrickson Publishers, 2004), 3-15; John B. Weaver, *Plots of Epiphany: Prison-Escape in Acts of the Apostles*, Beihefte zur Zietschrift für die neutestamentliche Wissenschaft und die Kunde der älteren Kirche (Berlin: Walter de Gruyter, 2004), 150-51.

12. 문우일, "상호텍스트성에서 미메시스 비평까지,"「신약논단」 19/1 (2012), 314-15.

관되어 상호텍스트적 존재로서 저자의 의도를 초월해서 나타난다는 데 기반한다. 그러므로 "해석이란 상호텍스트적 저자와 상호텍스트적 텍스트와 상호텍스트적 독자가 참여하여 각자 처한 콘텍스트를 조절하고 통제하며 의미를 추출하는 작업이다."[13] 크리스테바는 "상호-텍스트성(Inter-textualite)이라는 용어가 하나의 (혹은 여러 개의) 기호 체계가 또 하나의 기호 체계로의 전위(transposition)"를 지칭하지 어떤 텍스트의 '근원에 대한 연구'는 아니라고 주장한다.[14]

크리스테바 이전에도 에리히 아우어바흐(Erich Auerbach)가 문학비평으로서의 미메시스 연구를 서구 문학에 시도했다.[15] 크리스테바의 상호텍스트성을 신약성서와 그리스 문학과의 관계에 적용시킨 데니스 맥도날드의 미메시스 비평을 적용해서 사도행전의 신학적·종교적 전통을 분석하게 되면 그 본문 배후에 있는 하층본문의 문학적 영향력을 발견하게 된다.[16]

구체적으로 맥도날드는 미메시스 비평의 여섯 가지 척도들을 제

---

13. 문우일, "상호텍스트성에서 미메시스 비평까지," 323.

14. Julia Kristeva, 『시적 언어의 혁명』, 김인환 옮김 (서울: 동문선, 2000), 66.

15. Erich Auerbach, *Mimesis: The Representation of Reality in Western Literature*, trans. Willard Trask (Garden City: Doubleday Anchor Books, 1957).

16. 최근에 이종철은 사도행전 27:1-28:16에 나오는 바울의 로마항해 이야기를 베르길리우스(Virgil)의 『아이네이스』와 상호텍스트성 관계에 있음을 논쟁했다. 그는 구체적으로 미메시스 비평의 척도들을 사용하지 않았지만, 누가 당시의 "권위 있는 고전을 이용하여 대중들에게 쉽게 또는 공감을 이끌어 내며 기독교 선교사를 설명하고 있다." 이종철, "바울의 로마 항해 내러티브와 베르길리우스의 『아이네이스』(Aeneid)의 상호텍스트성 연구," 「신약논단 19/4」 (2012. 12), 1103-1140, 특히 1135.

시한다. 그것들은 밀도(density), 순서(order), 문학적 특이점(distinctive trails), 접근성(accessibility), 유사성(analogy), 동기(motivation) 또는 해석성(interpretability)이다.[17] 밀도와 순서는 두 본문 사이의 평행하는 부분들과 관련되어 있어서, "이 평행 부분들이 많으면 많을수록 두 본문 사이의 문학적 연결성이 높아진다."[18] 어떤 면에서 밀도는 부피(volume)로, 순서는 차례(sequence)로 말할 수 있다. 특이점은 두 본문 사이에 차이가 나는 특징들을 분석하여 왜 저자가 선-텍스트를 변경했는가에 집중해서(역발상을 이용해서) 두 본문의 상관 관계를 다룬다. 접근성은 하층본문을 모방자들이 얼마나 쉽게 얻을 수 있는가에 초점을 맞춘다. 즉, 하층본문이 더 많을수록 접근성은 증가된다. 유사성은 하층본문(hypo-text)을 모방한 상층본문(hyper-text)이 얼마만큼 많이 분포되어 있는지를 연구한다. 그래서 상층본문이 많이 퍼져 있을수록, 그리고 여러 시대의 작가들이 많이 모방했을수록 하층본문의 영향력이 증가된다. 동기는 본문 저자가 모방 또는 재창작을 한 이유를 찾는 것이다.[19]

---

17. Dennis Ronald MacDonald, *Does the New Testament Imitate Homer?: Four Cases from the Acts of the Apostles* (New Haven: Yale University Press, 2003), 147-148; Dennis Ronald MacDonald, *Christianizing Homer: the Odyssey, Plato, and the Acts of Andrew* (New York: Oxford University Press, 1994), 302.

18. MacDonald, *Christianizing Homer,* 302.

19. MacDonald, *Christianizing Homer*, 302.

2. 디오뉘소스 제의와 그리스도교

디오뉘소스 제의는 다른 종교들에게도 영향을 주었지만 또 다른 종교들로부터 영향을 받아 매우 복잡한 기원과 혼합적인 특징들을 가지고 있기 때문에 한 마디로 그 특징을 묘사하기가 어렵다.[20] 디오뉘소스 제의보다 후대에 생겨난 그리스도교는 그것과 중요한 특징들을 공유하며 심지어는 예수를 디오뉘소스와 비슷하게 묘사한다.[21] 제니퍼 라슨(Jennifer Larson)은 디오뉘소스 제의가 그리스도교에서 강조하는 '고난받는 하나님의 아들'로서의 예수의 모습과 포도주를 사용하는 성찬 의식과 죽음으로부터 부활하는 구원에 대한 교리와 신과 믿는 자의 연합에 영향을 주었다고 주장한다.[22] 초기 그리스도교의 교부들과 저술가들도 바로 그리스도교와 디오뉘소스 제의의 공통성을 잘 알고 있었다.[23] 유스티누스(기원전 100-165년)는 사악한 악마들이 그리스의 신화들을 이용해서 인간을 속인다고 주장하기도 했고(*Apology* 1.54),[24] 『트뤼폰과의 대화』(*Dialogue with Trypho*)에서 디오뉘소스가 예수로 변장해서 그리스도교인들을 속인다고 한탄하기도 했

---

20. Cho, "Johannine Eucharist in the Light of Greco-Roman Religion," 112.

21. Cho, "Johannine Eucharist in the Light of Greco-Roman Religion," 112.

22. Jennifer Larson, *Ancient Greek Cults: A Guide* (New York: Routledge, 2007), 126-27.

23. Seaford, *Dionysos*, 126.

24. Cyril C. Richardson, ed. *Early Christian Fathers*, first ed. (New York: Touchstone, 1996), 277-278.

다.[25]

  그렇지만 이런 그리스도교 저술가들의 공격에도 불구하고, 디오
뉘소스 제의의 영향력은 그리스도교 저술가들에게 지속적으로 나타
났다. 예를 들면, 4세기의 콘스탄티노플의 주교였던 나지안주스의
그레고리우스는 에우리피데스의 『박카이』(*Bacchae*)를 모방하여 『그리
스도의 수난』(*The Passion of Christ*)이라는 책을 썼다.[26] 에반스(Arthur Evans)
는 이 책의 가치를 높게 평가하면서 『그리스도의 수난』에서 "그레고
리우스는 그리스도, 처녀 마리아, 애제자 요한을 에우리피데스의 『박
카이』에 나오는 디오뉘소스, 아가위에, 디오뉘소스의 다른 추종자들
과 비교했다"고 주장한다.[27] 또한 5세기경에 북아프리카에서 활동했
던 그리스도교 저술가였던 풀겐티우스는 라틴어로 에우리피데스의
『박카이』를 알레고리적으로 해석한 『신화들』(*Mythos*)이라는 책을 썼
다.[28] 그레고리우스나 풀겐티우스는 단순히 『박카이』의 내용을 모방
한 것이 아니라 자신들의 작품 속에서 아주 창조적으로 문학적 미메
시스를 만들어냈다.[29] 그러므로 디오뉘소스와 그리스도교의 밀접한

---

25. Justin, "Dialogue with Trypho," in *Apostolic Fathers, Justin Martyr, Irenaeus*,
     ed. Alexander Roberts, James Sir Donaldson, and A. Cleveland Coxe, *Ante-
     Nicene Fathers: Writings of the Fathers down to A. D. 325* (Peabody: Hendrickson
     Publishers, 1995), 233.

26. André Tuilier, ed. *La Passion du Christ: Tragédie* (Paris: Les Éditions du Cerf,
     1969), 57-58.

27. Evans, *The God of Ecstasy*, 151.

28. Stephen M. Trzaskoma et al., eds., *Anthology of Classical Myth: Primary Sources
     in Translation* (Indianapolis: Hackett, 2004), 268.

29. Cho, "Johannine Eucharist in the Light of Greco-Roman Religion," 114.

관계성을 신약성서에서 구체적으로 찾아보는 것이 필요한데, 사도행전의 본문들이 좋은 예들이 된다.

3. 디오뉘소스와 사도행전 12:6-7, 16:25-26, 22:14[30]

1) 기적적인 탈출(행 12:6-7; 16:25-26)

사도행전 12:1-19은 야고보의 순교와 베드로의 기적적인 탈출을 보도한다. 이 본문은 10장에서 고넬료를 통해서 복음이 이방인들에게까지 확장되는 상징적인 사건과 11장에서 베드로가 예루살렘 교회에 가서 이방인들과 유대인들이 똑같은 성령을 받게 되었음을 보도하는 사건(11:1-18)과 안디옥에서 헬라인에게 예수를 전파하는 사건(11:19-30) 다음에 나온다. 이 모든 사건들의 중심에는 베드로가 있고, 12장의 감옥 탈출 사건 속에서도 베드로는 다시 주인공으로 등장한다.

학자들은 이 탈출이 유월절 규례에 관한 출애굽기 12:1-12과 상호 연관되어 있다고 본다.[31] 앞부분에 나오는 사도행전 5:18-20의 이

---

30. 이 부분은 필자의 논문 "Johannine Eucharist in the Light of Greco-Roman Religion," 115-19을 기본 착상으로 해서 다른 학자들의 논의를 더욱 보완하여 발전시킨 것이다.

31. F. Scott Spencer, *Journeying through Acts: A Literary-Cultural Reading* (Peabody: Hendrickson Publishers, 2004), 136-137; David G. Peterson, *The Acts of the Apostles* (Grand Rapids: Wm. B. Eerdmans, 2009), 363; 출애굽 전승에 대한 학자들의 견해와 한계점들에 대해서는 Weaver, *Plots of Epiphany*, 155-158을

야기와 16:23-29, 그리고 27장의 난파 이야기는 "신적인 구조"(divine rescue)의 주제를 담고 있다.[32] 베드로의 감옥 탈출 이야기가 출애굽기 12:1-12과 상호텍스트적 관계에 있는 것은 사실이다. 출애굽기에서 사용되는 용어들. 배경, 신학 등은 예수에게 신실한 하나님의 백성을 구원하여 탈출시킨다는 이 이야기와 어느 정도 부합한다.[33] 그러나 세부적으로 들어가면 출애굽기의 배경은 '식사'(meal)지만 사도행전 배경은 '식사'가 아니다.[34] 무엇보다 쇠사슬이 자동적으로 풀린다는 것은 출애굽기 전승에서는 설명되지 않는다. 그래서 학자들은 우선적으로 에우리피데스의 『박카이』와 사도행전 사이의 문학적 유사성에 주목했다.[35]

그 중에서 오토 바인라이히(Otto Weinreich)는 특별히 사도행전 12장에 초점을 맞추고 사도행전과 『박카이』 사이의 문학적 연관성을 논증했다.[36] 반면에 에른스트 헨헨(Ernst Haenchen)은 12장 이야기의 중심이 5-12절에 나오는 베드로의 탈출과 12-17절에 나오는 베드로와

참조하라.

32. Spencer, *Journeying through Acts*, 363.

33. Spencer, *Journeying through Acts*, 363.

34. 물론 큰 주제하에서 출애굽기 12장의 배경은 하나님의 구원과 이스라엘의 억압으로부터의 자유로 볼 수 있겠지만, 12장 1-12절의 구체적인 정황은 음식을 먹는 상황이다. 그래서 공관복음서의 성만찬을 연구하는 많은 학자들은 이 출애굽기의 식사 정황이 신약의 성만찬에 큰 영향을 끼쳤다고 주장하곤 한다.

35. 이 부분에 대한 학자들의 연구에 대해서는 John B. Weaver, 앞의 책(2004), 151의 각주 7, 8, 9를 참조하라.

36. Otto Weinreich, *Gebet und Wunder*, Religionsgeschichtliche Studien (Stuttgart: W. Kohlhammer, 1968), 317.

교회 공동체의 만남이라고 지적한다. 그러면서 그는 이 설화에 "헬레니즘적 기적 설화"(12:7)가 나타남을 발견한다.[37] 특히 9-10절을 주석하면서 "문이 저절로 열리는 것에 관한 이러한 묘사를 다루면서는 설화자가 헬레니즘적인 구조 전설(Befreiungslegende)"을 알고 있었다고 주장한다.[38] 그는 천사가 옆구리를 치면서 "빨리 일어서라"라고 말한 것은 누가에게서 유래된 것이 아니라고 이야기했고, 심지어는 아우어바흐(Erich Auerbach)의 "미메시스"(Mimesis)의 가능성을 이야기하면서도 이 설화 아래에 있는 심층텍스트(Hypo-Text)를 읽어내지 못했다.[39] 또한 그는 구체적으로 "헬레니즘적 기적 설화"와 "헬레니즘적 구조 전설"이 무엇인지 설명하지 않는다. 그래서 존 위버(John Weaver)는 이러한 『박카이』와 사도행전 사이의 미메시스가 있음에도 불구하고, "많은 주석가들이 사도행전의 '감옥 탈출'이 '디오뉘소스 문학에 나타나는 원형'과 평행하다는 중요한 사실을 탐구하지 않았다고 지적한다.[40] 문학적으로 사도행전 12:6-7과 『박카이』 443-448행은 서로 간에 공명한다.[41]

---

37. Ernst Haenchen, 『사도행전 (I)』, 박경미·이선희 옮김 (서울: 한국신학연구소, 1987), 555.

38. Haenchen, 『사도행전 (I)』, 565.

39. Haenchen, 『사도행전 (I)』, 564.

40. Weaver, *Plots of Epiphany*, 151.

41. Cho, "Johannine Eucharist in the Light of Greco-Roman Religion," 116.

사도행전 12:6-7, 개역개정	『박카이』 443-448[42]
[6]헤롯이 잡아내려고 하는 그 전날 밤에 베드로가 두 군인 틈에서 두 쇠사슬에 매여 누워 자는데 파수꾼들이 문 밖에서 옥을 지키더니 [7]홀연히 주의 사자가 나타나매 옥중에 광채가 빛나며 또 베드로의 옆구리를 쳐 깨워 이르되 급히 일어나라 하니 쇠사슬이 그 손에서 벗어지더라	그러나 나리께서 붙잡고 포박하여 공공 감옥에 투옥하신 박카스 여신도들은 없어졌나이다. 그들은 풀려나 자신들의 신인 브로미오스를 부르며 들판 쪽으로 껑충껑충 뛰어가 버렸나이다. 그들의 발에 채워둔 족쇄는 저절로 풀렸고, 문의 빗장들은 사람 손이 닿지 않았는데도 활짝 열렸나이다

맥도날드는 사도행전 12:1-7에 나오는 베드로의 감옥 탈출이 유명한 그리스 종교 중의 하나였던 디오뉘소스 제의에서 영향을 받았다고 적시했다.[43] 사도행전에서 베드로는 두 쇠사슬에 묶인 채 군인 두 사람의 밀착된 감시를 받으며 자고 있었고, 또 파수꾼들은 감옥 입구를 지키고 있었다. 이때 천사가 나타나서 베드로의 옆구리를 치자 쇠사슬이 베드로의 두 손목에서 저절로 풀렸다. 『박카이』에서는 디오뉘소스의 추종자들(Meanads)은 펜테우스에 의해서 쇠사슬에 묶여 감옥에 갇힌다. 이때 "그들의 발에 있는 쇠사슬이 사람의 손에 의하지 않고 저절로 풀려진다."[44] 베드로는 간수와 군인들이 전혀 눈치채지 못하는 사이에 감옥을 빠져나오고, 디오뉘소스의 추종자들은 갑자기 사라진다. 두 경우에 새로운 종교(그리스도교와 디오뉘소스 제의)

---

42. 에우리피데스, 『에우리피데스 비극 전집 2』, 천병희 옮김 (서울: 도서출판 숲, 2009), 468-69. 여기에서 '브로미오스'는 '디오뉘소스'의 또 다른 이름이다.

43. MacDonald, *Does the New Testament Imitate Homer?*, 147.

44. Euripides, *Euripides V.*, ed. David Grene and Richmond Alexander Lattimore, The Complete Greek Tragedies (Chicago: The University of Chicago Press, 1959), 172.

의 추종자들은 불의하게 체포당하지만, 그들을 묶었던 쇠사슬은 그들이 믿는 신들의 능력으로 기적적으로 풀려지고, 풀려난 그들은 종교 활동을 계속한다.[45] 『켈수스에 반대하여』(Against Celsus)라는 글에서 오리게네스는 켈수스가 이 디오뉘소스의 해방시키는 능력을 예수와 비교하여 예수를 조롱했다고 주장한다. 곧, 켈수스는 예수가 신이라면 디오뉘소스가 자신과 자신의 추종자들을 풀려나게 했던 것처럼, 십자가에서 예수 자신을 풀려나게 했을 것이라고 주장했던 것이다.[46] 이는 많은 유대인들이 당시에 예수를 디오뉘소스와 비교했다는 사실을 보여준다.

비록 이 이야기에서 한편으로는 베드로가 디오뉘소스로 비교되었지만, 사도행전에서는 종종 베드로와 바울이 예수와 비슷한 기적과 능력을 행함으로써 예수의 능력을 계승한 대리자로 나타난다는 점을 생각하면 큰 문제가 되지 않는다. 이와 비슷한 또 다른 디오뉘소스의 기적과 그리스도교 기적 사이의 연관성은 사도행전 16:25-26과 『박카이』 576-641행에서 발견할 수 있다. 양식비평에서는 사도행전 16:19-34에 나오는 바, "문이 저절로 열려서 감옥으로부터 풀려났다는" 이야기가, 켈수스가 언급했던 에우리피데스의 『박카이』(443ff., 586ff.)에 나타나듯, 고대 세계에 널리 알려진 이야기라고 보았다. 그래서 양식비평가들은 16:24에서 35절로 바로 연결해서 읽을 수 있다

---

45. Evans, *The God of Ecstasy*, 150.

46. Origen, "Against Celsus," in *Ante-Nicene Fathers: The Writings of the Fathers Down to A. D. 325*, ed. Alexander Roberts and James Donaldson (New York: The Christian Literature Company, 1890), 445.

고 보면서 16:25-34을 누가의 원래적인 이야기에 삽입된 "독립된 전설"이라고 주장했다.[47]

이런 양식비평가들의 주장에 대해 리처드 롱네커(Richard N. Longe-necker)는 "25-34절에서 실제적으로 감옥으로부터의 탈출이 없기" 때문에 (곧, 바울과 실라와 다른 죄수들은 감옥에 남아있었기에) 후대에 삽입되었다는 주장은 신뢰할 수 없으며 또한 그리스 문학과의 평행점들도 찾을 수 없다고 본다.[48] 그러나 사도행전 16:25-26은 "밤중쯤 되어 바울과 실라가 기도하고 하나님을 찬미하매 죄수들이 듣더라 이에 홀연히 큰 지진이 나서 옥터가 움직이고 문이 곧 다 열리며 모든 사람의 매인 것이 다 벗어진지라"라고 보도한다. 누가는 유대교 지도자들이 부당하게 새로운 그리스도교 운동의 추종자들을 쇠사슬에 묶어 감옥에 넣었지만 새로운 종교의 신은 권능으로 그의 추종자들을 감옥에서 구출해 낸다는 사실을 기술한다.

마찬가지로 펜테우스 왕은 부당하게 디오뉘소스와 그의 추종자들을 감옥에 넣음으로써 박해하지만 그 포도주의 신은 기적적으로 감옥에서 풀려나게 된다. 『박카이』 576-641행에서 디오뉘소스는 지진과 천둥과 번개를 일으키며 합창단의 기쁨의 노래 속에서 나타난다.[49] 디오뉘소스는 "지진이 오게 하라! 세상의 지축을 흔들어라!"(585

---

47. Merril C. Tenney and Richard N. Longenecker, *John · Acts*, ed. Frank E. Gaebelein, 12 vols., vol. 9, The Expositor's Bible Commentary (Grand Rapids: Zondervan, 1981), 464.

48. Tenney and Richard N. Longenecker, *John · Acts*, 464-67.

49. Seaford, *Dionysos*, 124.

행)라고 소리친다.[50] 그래서 위버는 사도행전 이야기 속에서 예수는 디오뉘소스가 박해받았을 때 행했던 신적인 능력과 똑같은 종류의 권능을 행사했다"고 주장한다.[51]

2) 신의 뜻에 저항하는 바울과 펜테우스

명백한 디오뉘소스의 특징들은 사도행전 9:1-19과 22:6-16, 그리고 26:12-18에 보도되는 사울의 회심 또는 소명 이야기 속에 나온다.[52] 시포드는 두 본문의 유사성을 다음과 같이 기술한다.

> 일행은 신의 음성은 듣지만 그 신을 보지는 못한다(『박카이』 578-95; 행 9:7). 『박카이』에서 빛은 사울에게 나타난 빛과 비교된다(9:3; 22:6). 디오뉘소스의 찬양대는 땅에 떨어지고 펜테우스가 주저앉는 것처럼 바울도 땅에 엎드러진다(행 9:6; 그리고 사도행전 26:14에서는 그와 동행했던 사람들도 엎드러진다). 변화를 일으키는 일어나라는 명령이 디오뉘소스에 의해서 찬양대에게 내려진 것처럼, 주님에 의해 사울에게 명령이 떨어진다. 찬양대와 펜테우스는 빛과 함께 디오뉘소스를 알아보는 것처럼 사울은 주님을 알아본다.[53]

---

50. Euripides, *Euripides V*, 180.

51. Weaver, *Plots of Epiphany*, 60.

52. Krister Stendahl, *Paul among Jews and Gentiles and Other Essays* (London: SCM Press, 1977), 7-23., 특히 9쪽. 스텐달은 바울의 이 이야기들은 '회심'이라기보다는 '소명'으로 보아야 된다고 주장한다.

53. Seaford, *Dionysos*, 125.

이 두 본문에서 바울과 펜테우스는 새로운 종교에 대한 박해자였지만, 그들이 박해했던 신(the god)을 만나게 된다.[54] 『박카이』 794-795행에서 변장한 디오뉘소스는 "신에게 분노하고 가시 채를 차는 것보다 희생제물을 디오뉘소스에게 바치는 것이 낫다"라고 말한다.[55] 그리고 사도행전 26:14은 이것과 유사한 표현을 보여준다. 즉, "우리는 모두 땅에 엎어졌습니다. 그때에 히브리말로 나에게 '사울아, 사울아, 너는 어찌하여 나를 핍박하느냐? 가시 돋친 채찍을 발길로 차면, 너만 아플 뿐이다' 하고 말하는 음성을 들었습니다"(새번역). "가시 돋친 채찍을 발길로 차면"이라는 표현은 신약 성서학자들에게 오랫동안 연구의 대상이 되었던 표현이었다. 왜냐하면 이런 표현은 성서 어디에서도 발견되지 않기 때문이다. 이런 표현은 오직 몇몇 고전문학작품 속에서만 나타난다.[56]

롱네커도 "가시 돋친 채찍을 발길로 차면"이라는 표현이 신에게 저항하는 표현으로서 그리스 세계에서는 잘 알려진 것이라고 말하면서 그 예들을 에우리피데스의 『박카이』(794-95)와 아이스퀼로스의 『프로메테우스의 속박』(324-25)과 『아가멤논』(1624)과 핀다르의 『피티아』(2.94-95) 등에서 발견할 수 있다고 주장한다.[57] 그에 의하면, 바울

---

54. Cho, "Johannine Eucharist in the Light of Greco-Roman Religion," 118.

55. Euripides, *Euripides III*, ed. T. E. Page and W. H. D. Rouse, trans. Arthur S. Way, IV vols., vol. III (London: William Heinemann, 1912; repr., 1919), 67.

56. F. F. Bruce, *The Acts of the Apostles: The Greek Text with Introduction and Commentary*, Third Revised and Enlarged ed. (Grand Rapids: William B. Eerdmans, 1951), 501.

57. Tenney and Richard N. Longenecker, *John · Acts*, 552.

은 이 격언을 다소(Tarsus)에서 선교사역 중에 알게 되었고, 이러한 표현을 알고 있었던 아그립바 왕과 청중들에게 사용했다고 본다.[58]

그가 이 구절을 누가 기자의 관점에서 보는 것이 아니라 역사적 바울의 관점에서 보는 것은 문제점이 있지만, 이 구절이 그리스 문학에서 유래되었다는 지적은 옳다. 스펜서(F. Scott Spencer)도 이 구절이 에우리피데스의 『박카이』 794-95행과 관련되어 있음을 암시한다.[59] 사실 두 본문을 헬라어로 비교하면 아주 유사(특히 후반 부분)하다는 사실을 알 수 있다.[60]

사도행전 26:14	『박카이』 794-795
πάντων τε καταπεσόντων ἡμῶν εἰς τὴν γῆν ἤκουσα φωνὴν λέγουσαν πρός με τῇ Ἑβραΐδι διαλέκτῳ· Σαοὺλ Σαούλ, τί με διώκεις; σκληρόν σοι **πρὸς κέντρα λακτίζειν**. (강조는 필자가 함)	Θύοιμ᾽ ἄν αὐτῷ μᾶλλον ἢ θυμού μενος **πρὸς κέντρα λακτίζοιμι** θνητὸς ὢ θεῷ. (강조는 필자가 함)

'켄트라 라크티제인'(κέντρα λακτίζειν)은 "가시 채를 발길질하다"로 번역될 수 있다. 에번스는 이 부분을 "새로운 신(the new god)에 저항하는 것은 날카로운 소 꼬챙이를(cattle prods) 발길질하는 것"과 같은 것이라고 설명한다.[61] 이는 그리스어와 라틴어에서 "하나님의 의지에 대항하여" 싸운다는 잠언적 표현이다.[62] 물론 『박카이』와 사도행전에

58. Tenney and Richard N. Longenecker, *John · Acts*, 552-553.

59. Spencer, *Journeying through Acts*, 363.

60. Cho, "Johannine Eucharist in the Light of Greco-Roman Religion," 118.

61. Evans, *The God of Ecstasy*, 151.

62. George Arthur Buttrick, ed. *The Acts of the Apostles, The Epistle to the Romans*, XII vols., vol. IX, IB (Nashville: Abingdon Press, 1954), 326.

서 동사 '라크티제인'(λακτίζειν)이 약간 다른 문법적인 형태로 나타나지만 그 의미는 새로운 신을 반대한다는 데에 있다. 그러므로, 사울과 펜테우스는 "자신들이 명백하게 박해하는 새로운 신과 그 제의에 대해서 반대하지"말라는 경고를 받고 있다.[63]

4. 소결론

맥도날드가 지적했듯 사도행전은 그리스-로마 문학작품들의 흔적을 많이 간직하고 있다. 그것들은 선-텍스트(또는 하층본문)로서 사도행전 저자의 사상과 문학적 구조에 풍부한 자료를 제공해 주고 있음을 필자는 사도행전 12:6-7과 16:24-25, 그리고 26:14을 에우리피데스의 『박카이』와 비교하여 상호텍스트성을 검토했다. 맥도날드가 제시한 여섯 가지의 미메시스 비평의 척도를 일률적으로 적용할 수는 없지만, 몇 가지 척도들은 설득력이 높다.

첫째로 '접근성'이다. 에우리피데스의 『박카이』는 호메로스의 작품들 다음으로 고대 세계에서 가장 많이 알려졌다. 실제적으로 많은 사람들이 그 작품을 읽었고 또 연극으로 공연되는 것을 보았다. 무엇보다 디오뉘소스 제의는 에우리피데스 이전에 아폴론 제의에 못지 않게 그 기원이 오래되었고, 고대의 많은 사람들의 사랑을 받아왔으며, 지중해뿐만 아니라 인도에까지 전파될 정도로 널리 알려졌다. 그

---

63. Seaford, *Dionysos*, 125.

러므로 사도행전의 저자가 『박카이』에 대한 정보를 사전에 가지고 있었고, 그것을 자신의 작품에 은밀하지만 중요한 자료로 활용했을 가능성이 높기 때문에 접근성은 만족된다.

둘째로, '동기' 또는 '해석성'이다. 사도행전 저자는 새로운 종교인 그리스도교를 박해하는 헤롯왕이 그 종교의 중요한 인물인 베드로를 박해하여 감옥에 가둔 사건에 대한 경고로, 당시 널리 알려진 펜테우스 왕의 디오뉘소스 제의에 대한 박해를 선-텍스트로 활용하여 설명한다. 디오뉘소스의 추종자들의 쇠사슬이 저절로 풀린 사건은 고대 세계에서 매우 신비로우면서도 신의 현현과 개입을 보여주는 결정적인 장면이기 때문에 사도행전 저자는 이것을 충분히 활용하여 하나님의 구원 행위를 강조했을 것이다. 사울의 회심/소명 이야기의 동기는 분명하게 펜테우스 왕이 디오뉘소스와 그의 제의에 반대함으로써 겪게 되는 어려움을 통해서 잘 설명된다.

셋째는 밀도와 순서이다. 사도행전의 본문들은 에우리피데스의 본문들에서 사용하는 낱말들이 유사하다. "쇠사슬", "저절로", "발길질하다", "가시 채", "문", "지진" 등은 두 본문의 밀도가 상당함을 보여준다. 또한 두 본문이 보여주는 이야기의 순서도 크게 바뀌지 않음을 알 수 있다.

넷째는 '문학적 특이성'이다. 누가 기자는 감옥으로부터의 탈출 이야기(12장과 16장)의 주인공을 구체적으로 명시한다(베드로, 바울과 실라). 이것은 『박카이』에서 그 주인공들이 디오뉘소스의 추종자들이라고 다수로 처리한 것과는 차이가 있다. 이러한 누가 기자의 문학적 특이성은 교회의 시대에 걸맞은 지도자상을 만들어내기 위함이다.[64] 24장의 사울의 회심/소명 이야기 속에서도 누가의 문학적 특이성은 잘 드러난다. 『박카이』에서 디오뉘소스에게 반대하는 펜테우스 왕은 끝까지 저항하다가 비극적인 죽음으로 최후를 마치지만, 새로운 그리스도교 종교에 반대하는 사울은 그 저항을 완전히 버리고 새로운 종교의 열렬한 추종자로 바뀐다. 누가는 『박카이』의 문학적 구도를 세계선교라는 관점 속에서 사울을 바울로 이름을 바꾸어서 펜테우스와는 다른 운명을 창조한다.[65]

다섯째는 '유사성'이다. 에우리피데스의 작품을 다른 고대 세계의 작가들이 모방한 흔적들은 곳곳에서 발견된다. 크게는 『박카이』를 직접적인 모델로 해서 새로운 그리스도교 이야기를 창조한 그레고리우스나 풀겐티우스 등의 작품들이 있고, 베르길리우스와 타티우

---

64. 누가복음서는 최후의 만찬에 등장하는 제자들을 다른 복음서들과는 달리 사도들로 부른다(막 14:22; 마 26:17; 눅 22:14; 요 13:22를 비교해서 보라). 콘첼만이 주장했듯이 누가의 구속사는 세 시대로 나눠서(하나님의 시대, 예수의 시대, 교회와 함께 하는 성령의 시대), 현재 누가의 교회는 성령이 주관하는 시대로 교회를 통해서 세계선교가 이뤄지기 때문에 열두 제자들은 사도로 불리며 그들의 지도력을 통해서 교회는 일사분란하게 통일된 모습으로 선교사역을 감당하는 것으로 그리고 있다. 한스 콘첼만, 『신약성서신학』, 박두환 옮김 (서울: 한국신학연구소, 2001), 257-261을 참조하라.

65. 미메시스 비평에서의 "특이성"은 독자들로 하여금 역발상을 요구한다. 왜냐하면 문학적 유사성을 통해서 두 문서의 상호텍스트성을 논하는 것이 아니라 차이점을 통해서 논하기 때문이다. 이것은 편집비평에서 복음서들 간의 유사성(마태나 누가가 마가의 본문을 기본적으로 따른다는 것)을 기준으로 해서, 어떤 특정한 맥락에서 각 복음서 기자가 독특하게 기술하는 부분을 분석해서 각 복음서 기자의 신학의 독특성을 찾아내는 것과 비슷하다고 볼 수 있다.

스 등도 『박카이』를 모방했다. 세부적으로 감옥으로부터의 탈출은 오비디우스의 『변신』(*Metamorphoses*) 699-700행에 나온다.[66] "가시 채를 발길질하기가 고생이다"라는 표현 또한 고대 그리스-로마 문학 속에서 많이 등장한다. 앞으로의 연구과제로 유사성에 더욱 구체적인 예들에 대한 발굴이 필요하다.

그러므로 미메시스 비평은 사도행전의 몇몇 본문과 에우리피데스의 『박카이』 사이의 상호텍스트성을 구체적으로 보여주기 때문에 사도행전을 연구하는 데 있어서 구약과 유대적 배경뿐만 아니라 그리스-로마 종교와 문학에 대한 연구가 도움이 될 수 있음을 보여준다. 이러한 시도는 한편으로는 사도행전의 신학에 대한 이해의 폭을 넓혀줄 뿐만 아니라 다른 한편으로는 그리스도교의 기원에 대한 연구의 지평도 확대시킨다.

---

66. 오비디우스, 『변신이야기 1』, 이윤기 옮김 (서울: 민음사, 2004), 149.

제16장
요한복음의 예수의 수난과
에우리피데스의 『박카이』의 디오니소스의 수난에
대한 미메시스 비평*

지금까지 예수의 수난에 대해서는 마가복음의 수난 단락을 중심으로 연구가 되어왔고, 요한복음의 예수의 수난에 대해서는 국내 학자들이 크게 주목하지 않았다.[1] 그러나 서구의 학자들은 요한복음의 예수는 마가복음 못지않게 예수의 고난을 철저하게 묘사했다고 지적했다(조안 브렌트, 헨헨, 브라운 등).[2] 요한복음의 수난 단락은 마가복음

　이 장은 필자의 다음의 논문을 조금 수정한 것이다. 조재형. "요한복음서의 예수의 수난과 유리피데스의 『박카이』의 디오니소스의 수난에 대한 미메시스 비평." 「신약논단」 22/2 (2015): 467-502.

1.　국내에서 마가복음서와 누가복음서의 예수의 수난에 대한 연구는 있으나 요한복음의 수난만을 다룬 연구는 미비한 편이다. 그나마 차정식이 『예수는 어떻게 죽었는가: 예수의 수난 전승 탐구』 (서울: 한들출판사, 2006)에서 요한복음의 수난을 다뤘다.

2.　사상사 비평법과 상호텍스트성을 사용하지 않는 요한복음서의 수난 단락에 대한 연구는 국외에서는 활발하게 진행되어왔다. 에른스트 헨헨 (Ernst Haenchen)은 "History and Interpretation in the Johannine Passion

못지않게 예수의 수난을 강조한다. 요한복음은 공관복음이 담아내지 않는 부분들을 보도하기 때문에 연구방법론으로 상호텍스트성(미메시스 비평)이 자주 사용된다[3] 쥘리아 크리스테바(Julia Kristeva)가 정의한 '상호텍스트성'이 아더 러브조이(Arthur Lovejoy)가 제안한 '사상사 비평법'의 문학적 표현이라면, 미메시스 비평은 넓은 개념의 상호텍스트성의 개념을 '척도'(criteria)를 가지고 좀 더 구체화시킨 것이다.[4] 그

Narrative"(199-219)에서 요한복음 18-19장에 대한 주석적 작업을 통해서 요한복음의 수난사화의 독특성을 역사비평적 관점에서 기술했다. 비록 복음서에 나타난 예수의 죽음과 수난을 광대하게 다룬 레이몬드 브라운의 *The Death of the Messiah: from Gethsemane to the Grave: a Commentary on the Passion Narratives of the Four Gospels, 2 Vols*는 요한복음의 수난 단락만을 다루지 않았지만, 사복음서의 수난 단락들을 편집비평을 이용해서 정밀하게 주석했다. 그는 요한복음 저자가 공관복음의 수난 자료를 사용하지 않았고 자신이 받은 구전전승을 이용해서 수난 단락을 기록했다고 주장함으로써 요한복음의 수난 단락은 공관복음과는 다른 왕적인 권위를 가진 예수의 모습이 잘 나타난다고 주장했다. 요한복음 수난 단락에 대한 브라운의 이러한 해석은 이후 국내를 비롯한 세계 요한학계의 권위 있는 해석이 되었다. 그러나 주로 유대주의적 배경 속에서 수행된 브라운의 연구는 상대적으로 그리스-로마 문화와 문헌에 대해서 간과했다. 이와는 반대로 조안 브란트(Jo-Ann Brant)는 *Dialogue and Drama: Elements of Greek Tragedy in the Fourth Gospel*에서 그리스의 비극과 요한복음을 비교했다. 그녀는 상호텍스트성을 기본적으로 사용하여, 요한복음을 에우리피데스의 『박카이』와 다른 그리스 비극들을 무대비평(Theatrical Criticism)으로 비교 분석하여, 요한복음의 수난 단락을 기술했다. 그녀의 방법론은 철저하게 그리스 문헌에 의존했다는 점에서 대부분의 요한복음 연구와는 차별성을 가진다.

3. 국내 학계에서도 최근에 몇몇 학자들이 사상사 비평법과 상호텍스트성(미메시스 비평)을 소개했다(이 논문 끝에 나오는 참고문헌을 참조하라). 그러나 요한복음의 예수의 수난 이야기를 상호텍스트성으로 연구한 경우는 없었다.
4. 어떤 학자들은 미메시스 비평법을 상호텍스트성의 하위 개념으로 포함시키

래서 그리스-로마 문학과 그 문학이 담고 있는 문화적 사상(cultural ideas)을 그리스도교 문학이 어떻게 모방했는가에 관심을 가진다.[5]

특별히 맥도날드(Dennis MacDonald)는 미메시스 비평의 구체적인 척도들을 고안해서 신약 본문에 적용시키고 있다. 그의 척도들은 접근성(accessibility), 유사성(analogy), 밀도(density), 순서(order), 문학적 특이성(distinctive trait), 해석성(interpretability)이다.[6] 접근성은 상층본문의 저자가 하층본문(선행 본문)에 얼마만큼 쉽게 접근할 수 있었는가를 다루고, 유사성은 하층본문이 얼마나 많이 다른 저자들에 의해서 사용되었는가를 평가한다. 밀도는 두 본문에 나타나는 평행되는 부분에 초점을 맞추며, 순서는 그 본문이 전개되는 순서의 유사함을 중요하게 본다. 문학적 특이성은 하층본문과 상층본문을 특별하게 연결시키는 문학적 특징들에 관심한다. 해석성은 상층본문이 빚지고 있는 하층본문에 의해 얻어질 수 있는 것이 무엇인가를 평가한다. 즉, 상층본문이 하층본문을 재창작한 종교적 관점, 철학적 타당성과 설득

기도 하지만, 미메시스를 '모방' 또는 '재현'으로 플라톤과 아리스토텔레스 사상에서 그 기원을 찾기도 하기 때문에 그 반대도 가능하다. 필자는 맥도날드가 미메시스 비평을 위의 논의들을 포함하지만 성서학 연구에 적용시켜서 독립적인 개념으로 보려는 것에 동의한다. 김한식, "미메시스 해석학을 위하여," 『불어불문학연구』 79 (2009), 150-85를 참조하라.

5. Dennis R. MacDonald, *Mimesis and Intertextuality in Antiquity and Christianity* (Harrisburg: Trinity Press International, 2001), 91-153.

6. Dennis R. MacDonald, *Christianizing Homer: The Odyssey, Plato, and the Acts of Andrew* (New York/ Oxford: Oxford University Press, 1994), 302-320; 또한 맥도날드의 방법론에 대한 한글 설명은 필자의 논문을 참조하라. 조재형, "미메시스 비평으로 살펴본 사도행전의 기적적인 탈출과 사울의 저항- 사도행전 12:6-7, 16:25-26, 22:14를 중심으로," 『신약논단』 21/3 (2014), 737-38.

성, 사상의 표현 방식에 초점을 맞춘다.[7] 그러므로 선행 본문인 『박카이』에 묘사된 디오뉘소스의 특징들을 먼저 살펴보면 요한복음의 예수 수난의 독특성에 대한 착상을 얻을 수 있다.

1. 에우리피데스의 『박카이』에 묘사된 디오뉘소스

디오뉘소스와 그 제의의 특징들은 고대의 다른 문헌들보다 에우리피데스의 『박카이』에 잘 나타난다.[8] 물론 역사적인 측면에서 종교로서의 디오뉘소스 제의와 연극 드라마의 형태로 간직된 모습이 온전히 일치하지는 않는다.[9] 에우리피데스의 작품들은 호메로스의 『일리아스』와 『오뒷세이아』 못지않게 고대 그리스-로마 사회에서 인기가 많아서 많은 사람들에게 널리 알려졌다.[10] 무엇보다 『박카이』는 고대 아테네인들의 정체성을 표출해 주는 중요한 비극 작품이었다.[11]

---

7. Dennis R. MacDonald, *The Gospels and Homer: Imitations of Greek Epic in Mark and Luke-Acts*, The New Testament and Greek Literature Vol. I. (Lanham·Boulder·New York·London: Rowman & Littlefield, 2015), 5-7.

8. 『박카이』의 한글번역은 특별한 언급이 없는 한 천병희의 것을 사용할 것이다. 에우리피데스, 『에우리피데스 비극 전집 2』, 천병희 옮김 (서울: 도서출판 숲, 2009), 451-509.

9. E. R. Dodds, "Maenadism in the Bacchae," *Harvard Theological Review* XXXIII, no. 8 (July 1940): 167-73.

10. 조재형, "미메시스 비평으로 살펴본 사도행전의 기적적인 탈출과 사울의 저항," 735.

11. Courtney Jade Friesen, "Reading Dionysus: Euripides' Bacchae among Jews and Christians in the Greco-Roman World" (Unpublished Ph. D. Dissertation.

이것은 에우리피데스 이후 많은 고대 작가들에게 문학적 영향을 주었을 뿐만 아니라, 연극이라는 형태로 상영되어서 대중적으로도 유명했다.[12]

『박카이』에서 묘사하는 디오뉘소스의 모습은 다층적이다. 우선 그는 신들의 최고신인 제우스의 아들이지만(『박카이』 1), 태어날 때부터 헤라 여신의 박해를 받는다(289-294). 그의 어머니는 카드모스의 딸인 세멜레인데 헤라 여신의 비행으로 불에 타죽었다(1-20). 무엇보다 그는 자기 땅에서 배척받는 신의 아들이다. 『박카이』의 서론은 디오뉘소스가 어머니의 고향인 테베스로 되돌아와서 어머니 집의 잔해를 통해 그를 향한 적대적인 세계를 마주하는 장면으로 시작한다.[13] 디오뉘소스는 자신이 신이라는 것을 아시아의 여러 도시에서 드러냄으로 그의 예배자들을 불러 모았다. 그러나 테베스의 이모들과 그의 사촌인 펜테우스가 디오뉘소스의 신성을 부정하자 카드모스 자손 여자들을 미치게 만들고 산에서 자신을 숭배하게 만든다(21-60).[14]

어머니 세멜레에 대한 배척은 디오뉘소스에게 이어져서 그의 이모들과 사촌까지도 그를 배척한다. 사촌인 펜테우스의 박해는 『박카이』에서 중요한 주제가 되는데, 그는 디오뉘소스의 여신도들을 체포해서 감옥에 가두고(225-227, 444-447), 디오뉘소스를 죽이겠다고 맹세

University of Minnesota, 2013), 12-13, 34-37.

12.   조재형, "미메시스 비평으로 살펴본 사도행전의 기적적인 탈출과 사울의 저항," 736.

13.   에우리피데스, 『에우리피데스 비극 전집 2』, 451.

14.   에우리피데스, 『에우리피데스 비극 전집 2』, 452-53.

한다. 그는 무엇보다 디오뉘소스의 신성과 그의 제의를 인정하지 않
는다(241-247). 그는 디오뉘소스의 신성을 조롱할 뿐만 아니라 음탕하
고 소녀 같이 생겼다고 놀리며(490-495) 머리카락도 자르고, 심지어는
묶어서 마구간에 가둔 후 죽이겠다고 말한다(508-514). 게다가 그는
디오뉘소스의 여신도들을 진압하기 위해서 군대를 모으고 출전 준
비를 한다(778-785). 이러한 펜테우스의 박해는 고대인들에게 디오뉘
소스를 "고난받는 하나님의 아들"로 각인시켰으며, 아더 에반스(Ar-
thur Evans)가 지적했듯 이러한 "고난받는 하나님의 아들"의 사상은 그
리스도교 신앙에 큰 영향을 주었다.[15]

그러나 펜테우스에 의해 고난받는 이러한 디오뉘소스의 모습은
『박카이』 후반부로 가면서 바뀐다. 즉, 박해받는 자에게서 잔인하게
복수하고 박해하는 자의 모습으로 변화한다. 이러한 변화의 기저에
는 디오뉘소스가 펜테우스의 박해를 전혀 두려워하지 않고 오히려
모든 것을 통제하는 의연한 모습이 있다.

디오뉘소스는 자신과 자신의 추종자들을 박해하는 펜테우스를
두려워하기는커녕 그를 훈계하며(515-518), 신에게 대항하지 말고 경
배하고 따르라고 담대하게 충고한다(787-790). 오히려 펜테우스는 디
오뉘소스와 만나면서 또는 디오뉘소스의 여신도들(Meanads)의 행적
들을 듣고서 초조해하고 불안해하는 모습을 보여준다(641-646, 778-
780).[16] 이러한 불안정한 펜테우스의 심리를 이용하여 디오뉘소스는

---

15. Arthur Evans, *The God of Ecstasy: Sex-Roles and the Madness of Dionysos* (New York: St. Martin's Press, 1988), 146.
16. 디오뉘소스의 여신도를 매나드(Maenads) 또는 박카이(Bacchae)나 튀이아

펜테우스에게 산에서 일어나는 박카스 여신도들의 축제를 보고 싶으면 도와주겠다고 제의한다(810-846). 디오뉘소스는 그를 여자로 변장시킨 후 그를 안내하여 키타이론 골짜기의 광란의 축제로 데려간다(821-860). 그러자 디오뉘소스는 기다렸다는 듯이 "여인들이여, 저 자는 우리의 투망에 걸려들었어. 그는 박카스 여신도들에게 가서 죽음으로 대가를 치를 거야"(847-848)라고 말한다. 디오뉘소스는 펜테우스의 어머니 아가위에와 그의 이모들을 미치게 만들어서 그들로 하여금 박카스의 광란의 제의를 구경하는 펜테우스를 붙잡는다. 그리고 그들은 손으로 그의 몸을 잡아 뜯어 죽인다(1085-1139). 아가위에는 아들의 머리를 '튀로시스'라는 막대기에 꽂고서 그것을 사자의 머리라고 생각한다(1140-1150). 이 비극의 절정은 그녀가 아들 펜테우스의 머리를 들고 그녀의 아버지 카드모스에게 나타나는 장면이다.[17]

드(Thyiad)라고 부르는데, 이들은 미친 가운데서 디오뉘소스의 제의를 거행하고 광란의 축제를 벌인다. 심지어는 동물들이나 사람들을 손으로 잡아 뜯어 죽여서 제의를 행하기까지 한다. Walter F. Otto, *Dionysus: Myth and Cult* (Bloomington and London: Indiana University Press, 1965), 93-95; Bergen Evans, *Dictionary of Mythology* (Lincoln: Centennial Press, 1970), 156; 『박카이』에는 두 종류의 디오뉘소스의 여신도들(Maenads)이 등장한다. 첫 번째 그룹은 아시아에서부터 자발적으로 디오뉘소스를 따라온 여신도들로서 무대에서 다양한 종류의 감정을 포현하고(기쁨과 광란, 에로티시즘과 부드러움), 야간에 하는 절정의 춤과 생고기를 찢는 의식에 참여하지만 이들은 목적 없이 돌아다니거나 펜테우스를 죽이는 일에는 참여하지 않는다. 두 번째 그룹은 테베스 출신의 여성들로 디오뉘소스를 거부해서 디오뉘소스가 그들을 미치게 해서 집을 떠나 광란의 제의뿐만 아니라 펜테우스를 죽이는 일에도 참여한다. Evans, *The God of Ecstasy*, 9.

17.　에우리피데스, 『에우리피데스 비극 전집 2』, 503-504의 대화를 참조하라.

『박카이』의 결말에서 디오뉘소스는 "그대들이 신인 나를 모욕했기 때문이지"(1347)라고 말하면서 자신을 배척하고 모욕한 카드모스 일가를 파멸로 몰아넣는다. 아가위에는 그녀가 살았던 곳에서 비참하게 추방되면서 "디오뉘소스 왕은 무시무시하게도 / 아버지의 집에 / 이런 치욕을 안겨주셨어요"라고 말한다(1374-1376). 디오뉘소스는 처음에는 부당하게 박해를 당하지만, 나중에는 자신을 최고신의 아들로 인정하지 않고 배척하는 자들에게 무서운 저주와 심판을 내리는 충격적인 모습으로 나타난다.[18]

『박카이』에 묘사되는 디오뉘소스의 또 다른 특징은 사람들에게 기쁨을 주면서 동시에 두려움과 슬픔도 준다는 것이다. 무엇보다도 디오뉘소스는 포도주의 신으로 유명하다. 에우리피데스는 디오뉘소스가 포도주를 만들어서 인간들이 고통에서 벗어날 수 있도록 해주었다고 증언한다(422, 770-774). 또한 디오뉘소스가 복의 근원임을 다음과 같이 찬양한다.

> 그것은[포도주] 가련한 인간들을 고통에서
>
> 풀어주지요. 그들이 포도의 액즙을 실컷 마시고 나며.
>
> 그것은 또 잠을 가져다주고 그날그날의 고생을 잊게 해주니
>
> 어떤 다른 약도 그처럼 노고를 치료해주지는 못하고.
>
> 우리가 신들께 헌주할 때면 신이신 그분을 헌주하니
>
> 인간들이 받는 모든 복이 그분 덕분인 셈이지요. (280-284)[19]

---

18. Evans, *The God of Ecstasy*, 145.

19. 에우리피데스, 『에우리피데스 비극 전집 2』, 462.

그래서 『박카이』의 여신도들이 춤을 추면서 지팡이로 땅을 칠 때 디오뉘소스는 땅에서 포도주가 솟아나게 한다(142-143, 706-707). 포도주를 통해서 인간에게 황홀경과 기쁨을 주면서 동시에 디오뉘소스는 자신의 추종자들을 미치게 해서 기쁨의 절정을 가져다준다(22-23). 『박카이』 전체를 통해서 디오뉘소스의 추종자들은 미친 듯이 기뻐하며 춤을 추며 그들 스스로가 새로운 에너지로 젊어진다고 느낀다(190, 420). 반면에 디오뉘소스는 자신을 반대하는 펜테우스를 자신이 미치게 만든 여신도들을 통해서 잔인하게 죽인다. 펜테우스가 자신의 어머니와 박카이 여신도들에게 죽임을 당하는 모습은 괴기스럽고 무섭다. 그들은 펜테우스의 왼손 팔뚝을 잡아서 어깨에서 뜯어내고, 다리를 떼어낸다. 그의 양옆구리는 그들의 손톱에 찢겨 살이 벗겨지고, 여신도들은 손에 피투성이가 된 채로 그의 살을 가지고 공놀이를 한다. 펜테우스의 시신은 바위와 숲 속에 산산이 흩어지고, 아가위에는 그의 머리를 튀르소스 막대기에 꽂고서 행진한다(1125-1143). 나중에 제 정신이 든 아가위에는 자신이 아들을 죽였다는 사실을 발견하고 극도로 비통해한다. 『박카이』의 끝부분은 바로 카드모스 가문이 어떻게 비참하게 파괴되고, 유랑하는 가문이 되는가를 비극적으로 보여주면서 끝난다.

디오뉘소스의 이런 파괴적인 모습은 그가 "염소의 피를 마시고 날고기를 먹기를 갈망"(138-139)하는 데서 잘 나타난다. 포도주와 춤을 이용해서 디오뉘소스는 사람들을 걱정과 고통에서 해방시키면서 동시에 육체적으로 감옥에 갇힌 자신의 여신도들을 자유케하고(445-452), 자신의 손과 발에 묶인 차꼬의 속박도 풀어낸다(493, 649). 사람들을 미치게 한다는 것은 그들을 속박하는 것도 되지만 "박카스적 황홀과 광기에는 예언의 능력"이 있어서 사람들로 하여금 미래의 일을 말하게도 한다(298-301). 그래서 "디오뉘소스는 사람을 미치게도 하고 그 미친 것으로부터 사람을 해방시키기도 한다."[20]

그러나 요한복음의 예수는 이러한 디오뉘소스의 특성 중 속박되어 있는 사람을 자유케하는 특성만을 보여준다. 이런 맥락에서 예수는 "진리를 알지니 진리가 너희를 자유케 하리라"라는 그 유명한 말을 남긴다(요 8:32). 디오뉘소스는 사람을 미치게 하는 능력뿐만 아니라 지진을 일으키고(585), 감옥 문을 열어젖히며, 포도주를 만들고, 사람들에게 초능력적인 힘을 부여하는(1127-1128) 기적을 일으킨다. 요한복음의 예수도 물로 포도주를 만들고, 병든 자를 고치고, 물 위를 걸으며, 죽은 자를 살리는 기적을 행한다.

2. 에우리피데스의 『박카이』를 통해서 본 요한복음의 예수

신약학자들은 요한복음와 공관복음과의 관계에 대해 심도 있게 논의해왔다. 마태와 마가와 누가 사이에 나타나는 공통 자료들은 확연하게 네 복음서에 나타나는 공통 자료들보다 많고 확실하다. 요한복음은 다른 공관복음들과는 다른 전승들과 신학들의 층위를 보여준다. 그래서 요한복음은 공관복음과는 다른 역사적 배경과 신학적 특징들을 가지고 있다고 간주되었다. 그 중 하나가 요한복음 배후에

---

20.   Dodds, "Maenadism in the Bacchae," 159.

나타나는 그리스-문학의 그림자다.[21] 요한복음의 예수에 대해서도 저 기독론에서부터 고기독론의 양극단을 오고가는 많은 주장들이 있지만, 필자는 에우리피데스의 『박카이』를 통해 요한복음의 예수를 살펴보려고 한다.[22]

요한복음과 『박카이』에서 주인공인 예수와 디오뉘소스는 인간의 몸을 가지고 땅에 거주하는 신으로 나타난다. 예수는 하나님의 아들로서 육신이 되어 인간 가운데 거하고(1:14), 디오뉘소스는 신성을 가진 존재이지만 제우스와 세멜레의 아들로서 테베스 땅과 다른 땅에서 자신의 제의를 확립하려고 돌아다닌다(43-53). 두 문서에서 주인공은 "제우스의 아들" 또는 "하나님의 아들"로 각각 자신을 드러낸다. 이 주인공의 정체성은 두 문서에서 사건의 중요한 동인과 문학적 구성(plot)이 된다.[23] 디오뉘소스는 자신이 박해를 받을 때도 담대하게 자신이 신의 아들임을 선포하며, 자신의 신성을 부정하고 그의 이름을 잊어버린 사람들에게 자신이 신(god)이라는 것을 선언한다(4-50).

요한은 누구든지 예수의 이름을 믿는 자에게 하나님의 자녀가 되는 권세를 주겠다고 선포한다(1:12). 다른 복음서에서와는 달리 요한복음은 "하나님의 아들"(예수)이 하나님의 독생자와 연관되어 영생

---

21. 조안 브렌트(Jo-Ann Brant)는 요한복음이 그리스 비극의 영향을 받았다고 주장한다. Jo-Ann A. Brant, *Dialogue and Drama: Elements of Greek Tragedy in the Fourth Gospel* (Peabody: Hendrickson, 2004).
22. 요한복음 2장, 6장, 15장과 디오뉘소스 신화와의 관련성은 종교사학파의 밀의 종교 연구(특히 독일을 중심으로)에서 논의가 되어왔다. 그렇지만 미메시스 비평으로 요한복음의 예수의 수난 단락에 대한 연구는 시도되지 않았다.
23. 고대 세계에서 "제우스의 아들"은 "하나님의 아들"과 동의어로 인식되었다.

과 심판의 기준이 됨을 보여준다(요 1:14; 3:16-18). 또한 공관복음과는 달리 유대교 지도자들이 예수를 죽이려고 한 직접적인 원인이 예수가 자신을 하나님의 아들로 선언한 것임을 분명하게 기록하고 있다(요 10:36; 19:7). 요한복음의 기록 목적이 담긴 20:31은 "오직 이것을 기록함은 너희로 예수께서 하나님의 아들 그리스도이심을 믿게 하려 함이요 또 너희로 믿고 그 이름을 힘입어 생명을 얻게 하려 함이니라"라고 기록한다. 이것은 요한복음에서 '하나님의 아들'이 예수의 정체성을 보여주는 중요한 호칭임을 보여 준다.

디오뉘소스는 아시아에서 자신의 고향인 테베스로 돌아온다. 그는 예언자 티레시아스와 테베스의 전왕인 카드무스에 의해 영접을 받지만 곧장 새로운 젊은 왕 펜테우스의 격렬한 저항과 박해를 받는다. 이 펜테우스는 바로 "신과 싸우는 자"(Theomachos)의 전형적인 모습을 보여준다. 비슷하게 예수는 자기 땅에 와서 세례 요한에 의해 영접을 받지만 유대인들은 그를 영접하지 않고 거부한다(요 1:10-14). 조안 브렌트(Jo-Ann Brant)는 요한복음의 서론과 『박카이』의 서론의 유사성을 지적한다. 그녀에 따르면 『박카이』의 서론은 디오뉘소스가 테베스에 도착하여 그곳에서 디오뉘소스의 신성을 거부하는 폭력적인 세상과 대면하듯이, 요한복음의 서론도 예수가 유대와 갈릴리에 와서 그곳에서 유대 지도자들의 격렬한 저항과 반대에 부딪힌다는 것을 보여준다.[24] 즉, 『박카이』 1-165와 요한복음 1:1-18은 어떻게 디오뉘소스와 예수가 성육신되는지를 평행적으로 보여준다.

---

24. Brant, *Dialogue and Drama*, 20.

요한복음에는 구체적으로 예수를 거부하는 세상과 세상의 추종자들에 대해서 『박카이』의 디오뉘소스가 했던 것과 같은 극적이고 상세한 복수의 모습은 나타나지 않지만, 예수를 거부하는 자들에게는 "심판"과 "정죄"가 있음을 강조한다(요 3:16, 18-19, 36; 12:31). 요한복음에서의 심판 기준은 예수를 영접했는지의 여부에 달려 있다. 하나님은 직접 심판하지 않고 그 심판을 아들에게 맡긴다. "아버지께서 아무도 심판하지 아니하시고 심판을 다 아들에게 맡기셨으니"(5:22)라는 구절은 마치 디오뉘소스가 『박카이』의 마지막 장면에서 카드모스가 징벌이 너무 가혹하다고 말하면서 용서를 빌 때, "이 일은 내 아버지 제우스께서 이미 오래전에 정해놓으신 것이니라"(1349)고 말한 것을 상기시킨다.

요한복음에서 디오뉘소스의 모습이 가장 잘 나타나는 단락은 2:1-11이다. 불트만(Rudolf Bultamnn)을 비롯한 많은 신약학자들은 이 부분에 디오뉘소스의 영향력이 반영되었다고 지적했다.[25] 『박카이』에서도 디오뉘소스는 포도주를 만들어서 사람들에게 주고, 『박카이』의

---

25. Rudolf Karl Bultmann, *The Gospel of John: A Commentary*, trans. G. R. Beasley-Murray, ed. R. W. N. Hoare and J. K. Riches (Philadelphia: Westminster, 1971), 119; Edmund Little, *Echoes of the Old Testament in the Wine of Cana in Galilee (John 2:1-11) and the Multiplication of the Loaves and Fish (John 6:1-15)* (Paris: J. Gabalda, 1998), 55; 더 자세한 요한복음에 나타나는 디오니소스의 특징들에 대해서는 필자의 연구들을 참조하라. Jae Hyung Cho, "The Johannine Eucharist in the Light of Greco-Roman Religion" (Unpublished Ph. D. Dissertation, Claremont Graduate University, 2010), 118-140; 조재형, "디오니소스의 제의를 통해서 본 요한복음서의 성찬(요 6:51-59)," 「기독교신학논총」 88 (2013), 33-58.

여신도들이 포도주를 가지고 축제를 벌이는 내용이 나온다(143, 704-707, 712-713). 디오뉘소스가 포도주를 통해 사람들에게 기쁨을 주고 그들의 슬픔과 고통을 잊어버리게 만들고, 무엇보다 포도주를 통해서 그들의 심성을 바꾸듯이, 예수는 가나에서 물로 포도주를 만드는 첫 표적을 통해서 자신의 추종자들을 변화시킨다. 즉, 그는 이것을 통해서 하나님의 아들로서의 그의 영광을 나타내고, 제자들로 하여금 그를 믿도록 만든다(2:11). "이것은 요한 기자가 예수의 신성을 드러낼 때, 의도적으로 디오뉘소스의 이미지를 잘 이용했다는 것이다."[26] 말하자면, 당시에 널리 알려진 디오뉘소스가 포도주를 만드는 전승을 통하여 예수가 하나님의 아들임을 설명하고 있다.[27]

또한 요한복음에 나오는 사마리아 여인의 이야기(4:4-42)는 『박카이』에 나오는 아시아에서부터 자발적으로 디오뉘소스를 따라온 여신도들(216-223)과 비슷하다. 사마리아 여자와 아시아에서 따라온 여신도들은 모두 외국인이었지만 자국인들보다 주인공들에게 더 충성을 보이고 열성적으로 그들의 종교를 전파한다. 반면에 디오뉘소스와 예수의 가까운 친척들 또는 가족들은 그들의 신성을 부정한다. 요한복음에서 식인 언어를 사용한 성찬 담화(6:51-59) 후에 많은 제자들이 예수를 떠나갈 뿐만 아니라(6:60-67), 예수의 형제들도 예수를 조롱하며 그를 믿지 않는다(7:3-5).[28] 마찬가지로, 『박카이』(28, 44-51)에서

---

26. 조재형, "디오니소스의 제의를 통해서 본 요한복음서의 성찬(요 6:51-59)," 42.
27. 조재형, "디오니소스의 제의를 통해서 본 요한복음서의 성찬(요 6:51-59)," 42.
28. Jae Hyung Cho, "The Johannine Eucharist in the Light of Greco-Roman Religion," 122.

디오뉘소스의 사촌인 펜테우스는 가장 적대적인 인물로 등장하며 그의 이모들도 디오뉘소스의 신성을 부정한다.

요한복음에는 공관복음의 성만찬 단락(막 14:22-25; 마 26:26-29; 눅 22:15-20)과 고린도전서 11:23-25에 나오는 바울의 성만찬 단락에 언급되지 않는 "인자의 살을 먹지 아니하고 인자의 피를 마시지 아니하면 너희 속에 생명이 없느니라"(6:53)라는 내용이 나온다. 공관복음과 고린도전서(11:23-25)에서는 예수의 몸(body)과 피를 먹고 마시라고 하는데, 왜 요한 기자는 살과 피를 먹으라고 하는가? 이 본문은 분명한 식인주의적 분위기를 자아낸다. 51절에서 "예수는 자신을 '생명의 빵'이 아니라 '살아있는 빵'(ὁ ἄρτος ὁ ζῶν)으로 나타냄으로써, 51절 후반부에 나오는 살아있는 '살'로 자신을 연결시킨다."[29] 또한 54절에서 요한 기자는 '트로곤'(τρώγων)이라는 아주 독특한 용어를 사용하여 식인주의에서 생살을 먹는 장면을 형상화시킨다. "신약성서에서 이 낱말은 마태복음 24:38, 요한복음 6:54, 56-58, 13:18에서 총 6번만 사용되었다. 6회 중 마태복음을 제외하고는 5회가 요한복음에서, 특별히 6:54-58에서 4회가 나타난다."[30] 『박카이』의 디오니소스가 '오모파기아'(ὠμοφαγία)라는 용어로 생살을 먹는 것을 표현했다면, 요한복음 기자는 '트로곤'을 사용해서 그것을 나타낸다. 그러므로 『박카이』 135-139는 선행 본문으로 요한복음 6:51-59에 나오는 '살' 먹는

---

29. 조재형, "디오니소스의 제의를 통해서 본 요한복음서의 성찬(요 6:51-59)," 44.

30. 조재형, "디오니소스의 제의를 통해서 본 요한복음서의 성찬(요 6:51-59)," 48.

것의 의미를 설명해 준다.

3. 공관복음과 비교한 요한복음 예수 수난의 독특성

요한복음에서 예수의 수난이 집중적으로 나타나는 곳은 18:1-19:42이다.[31] 먼저 이 수난 이야기를 이해하기 위해서 요한복음이 그리는 예수의 모습은 공관복음과 다르다는 것을 인식해야 한다. 이미 서론에서 선포되었듯이 예수는 태초부터 하나님과 말씀으로 함께 하셨고, 하나님의 속성을 가지고 계신 하나님 그 자체로 묘사된다 (1:1-5, 9-18). 학자들이 요한복음의 구조를 논하면서 1:19-12:50을 '표적의 책,' 13:1-20:31을 '영광의 책'이라고 규정한 것에서 알 수 있듯이, 공관복음과 달리 요한복음의 예수는 권위와 담대함을 가지고 공개적으로 표적을 행하고, 그 표적의 의미를 설명한다.[32] 그리고 아버지 하나님이 그를 영화롭게 할 것임을 확신하는 모습을 보여준다. 예수는 이미 자신이 죽어서 하나님께 돌아갈 것을 알고 자신의 사람들을 더욱 사랑한다(13:1). 그는 죽음을 통해서, 잠시 머문 이 세상(17:5)을 그 스스로가 선택해서 떠나는 것이기 때문에 "그의 반대자들에 의해서

---

31. 물론 요한복음 전체를 통해서 이 땅에 하나님의 아들로 온 예수는 유대 지도자들의 반대와 박해를 서론(1:1-18)에서부터 받는다.

32. Luke Timothy Johnson, *The Writings of the New Testament: An Introduction,* revised ed. (Minneapolis: Fortress Press, 1999), 533-534.

속수무책으로 당한 희생자(victim)가 아니다."[33] 요한의 수난에서 예수
는 어떠한 고뇌도 보여주지 않는다. 레이몬드 브라운(Raymond Brown)
은 이미 이러한 점을 다음과 같이 잘 지적했다.

> 왜냐하면 이 세상 사탄의 권세는 예수에게 힘을 행사하지 못하며
> (14:30) 예수는 이미 그 세상을 이겼다(16:33). 요한복음의 예수는 모
> 든 것을 알고 있기 때문에(2:25; 6:6 등) 수난에서 무엇이 일어날 것인
> 가에 대해서 놀라지 않는다. 그는 유다가 그를 배신할 것을 알면서
> (6:70-71) 유다를 선택했고 유다의 악한 일을 위해서 그를 보냈다
> (13:27-30).[34]

그래서 공관복음에 나오는 겟세마네에서의 고뇌에 찬 기도는 생
략되고, 그 대신 요한복음에서 예수는 기드론 골짜기에 있는 정원에
서 유다와 그를 체포하러 온 군대와 사람들을 만났을 때 전혀 놀라지
않고 오히려 자신이 당할 일을 미리 아는 상태에서 유다와 그 일행들
을 당당하게 맞이한다.[35] 공관복음은 유다가 예수를 체포하기 위해서
주도적으로 성전 경비병들에게 신호를 주는 것으로 보도하지만, 요
한복음에서는 예수가 주도적으로 그들을 만난다.[36] 두려워하고 움츠

33. Raymond R. Brown,"The Passion According to John," *Worship* 49, no. 3 (March 1975): 127.
34. Brown, "The Passion According to John," 127.
35. Brown, "The Passion According to John," 127.
36. Wilbert F. Howard and Arthur John Gossip, "The Gospel According to St. John," in *The Interpreter's Bible: Luke John*, ed. George Arthur Buttrick (New

러드는 것은 예수가 아니라 그를 잡으러 온 사람들이다. 요한의 예수
는 자신을 잡기 위해서 횃불과 무기를 들고 온 사람들에게 "내가 그
다"(ἐγώ εἰμι)라고 두 번 말하고(18:6, 8), 또 이 말을 듣는 무리들이 모두
물러가서 땅에 엎드려진다고 기록한다(요 18:6).

또한 요한복음에는 마가와 마태가 보도하는 겟세마네 동산에서
괴로움과 근심으로 가득차서 기도하는 예수의 이야기가 없으며, 공
관복음에 공통으로 등장하는 "이 잔을 옮겨 주소서"라는 예수의 기
도조차 생략된다.[37] 오히려 예수는 구원해 달라고 기도하는 것을 거
부하고(요 12:27), 기꺼이 아버지가 주는 잔을 마시려고 한다(요 18:11).[38]
체포 과정에서 베드로가 대제사장의 종 말고의 오른쪽 귀를 잘랐다
는 것도 요한만의 기록이다(18:10). 이 모든 것들이 겟세마네가 아니라
기드론 골짜기의 한 정원(κῆπος)에서 일어났고(요 18:1), 나중에는 십자
가에 못박혀 죽은 후 다시 정원에 묻힌다(19:41). 정원은 꽃과 나무들
이 자라나는 곳인데 겟세마네(막 14:32; 마 26:36)와는 전혀 다른 배경을

York: Abingdon, 1952), 755를 참조하라.

37. 누가는 겟세마네 동산 대신에 예수가 습관을 좇아 감람산에 가서 무릎을 꿇
고서 기도를 했다고 기록한다. 이는 마가에 나오는 걱정하고 근심하는 예수
의 기도 대신에 자신의 운명을 의연하고 담대하게 받아들이는 선지자의 의
연한 기도로 바꾼다(막 14:32-42; 마 26:36-46; 눅 22:39-46).

38. Brown, "The Passion According to John," 128; 개정개역은 "아버지여 나를
구원하여 이때를 면하게 하여주옵소서 그러나 내가 이를 위하여 이 때에 왔
나이다"(요 12:27)로 번역하여 헬라어의 반어적 표현을 잘 나타내지 못했
다. 공동번역과 새번역, 그리고 영어성경들(NIV, NAS, NRS 등)은 원문의 의
미를 잘 살렸다. 즉 "지금 내 마음이 괴로우니, 무슨 말을 하여야 할까? '아버
지, 이 시간을 벗어나게 하여 주십시오' 하고 말할까? 아니다. 나는 바로 이
일 때문에 이 때에 왔다."(새번역)가 정확한 번역이 된다.

제공한다.[39] 예수가 빌라도 앞에서 심문받는 장면도 공관복음과 차이가 난다(18:28-19:16).

공관복음의 예수는 빌라도의 질문에 거의 대답하지 않는 반면에 요한복음의 예수는 자신이 진리를 위해 태어난 왕이라고 증언한다(18:33-37). 공관복음에서 빌라도는 주도적으로 신문을 하고 예수는 대답을 회피하지만, 요한의 예수는 빌라도의 질문에 품위 있고 적극적으로 거짓 기소에 대해 변호할 뿐만 아니라 빌라도로 하여금 '진리'가 무엇인지 묻게 하고 결국에는 "나는 그에게서 아무 죄도 찾지 못했소"(새번역)라고 유대인들에게 말하였다(18:38). 브라운은 이 장면에서 빌라도가 마치 카멜레온처럼 총독 관저 안과 밖을 드나들면서 유대인들과 예수에 대해서 다른 태도를 취하고, 재판을 받고 있는 사람은 확신에 찬 예수가 아니라 '진리'가 무엇인지를 묻는 빌라도와 같

---

39. 요한이 보도하는 예수의 심판 과정도 마태와 마가와는 다르다. 요한에서 예수는 먼저 대제사장 가야바의 장인인 안나스에게 먼저 끌려갔다고 나오지만(요 18:13) 마태에는 안나스는 등장하지 않고 예수가 곧장 가야바에게로 끌려갔다고 나오고(마 26:57), 마가와 누가는 가야바나 안나스의 이름은 언급하지 않고 그냥 대제사장에게 예수가 끌려갔다고 기록한다(막 14:53; 눅 22:54). 요한복음 18:13-24에 나오는 안나스와 가야바 중 누가 예수에게 질문을 했는가에 대해서도 본문 자체는 다소 혼란스럽다. 많은 학자들이 이 부분을 공관복음과 조화시켜서 설명하려고 한다. 19-23절의 질문은 가야바가 한 것처럼 보이지만 24절은 안나스가 한 것임을 암시한다. 그래서 Aidan Mahoney는 19-23절의 질문은 가야바가 한 후 산헤드린이 모인 곳으로 떠나자, 그 다음에 안나스가 예수를 가야바가 떠난 곳으로 보냈다고 설명한다(24절). Aidan Mahoney, "A New Look at an Old Problem (John 18,12-14,19-24)," *Catholic Biblical Quarterly* 27, no. 2 (1965): 144.

다고 지적한다.[40]

빌라도는 유대인들의 요구로 바라바를 놓아주고 예수를 채찍질
하고 군인들로 하여금 때리고 희롱하게 한다(18:39-19:5). 예수는 빌라
도를 두려워하지 않지만 빌라도는 "하나님의 아들"인 예수를 두려워
한다(19:7-8).[41] 빌라도에게 예수는 "위에서 주지 않으셨더라면, 당신에
게는 나를 어찌할 아무런 권한도 없을 것이오"(19:11, 새번역)라고 말함
으로써 재판의 관할권이 빌라도에게 있는 것이 아니라 하나님에게
있다고 확언한다. 모든 것을 통제하고 지배하는 예수의 이러한 태도
와 유대인들의 고함 사이에서 두려움을 느낀 빌라도는 결국 예수를
십자가에 못박도록 내어준다(19:11-16).[42]

또한 자신을 치는 사람에게 예수는 "내가 말을 잘못했으면 그 잘

---

40. Brown, "The Passion According to John," 129.
41. Brown, "The Passion According to John," 130.
42. 예수가 친히 십자가를 지고 골고다로 갔다는 사실도 공관복음의 전승과는
    다르다(요 19:17). 공관복음은 예수의 수난 단락에서조차 예수가 아닌 구레
    네 사람 시몬이 예수 대신 십자가를 졌다고 기록한다(막 15:21; 마 27:32; 눅
    23:26). 즉 구레네 시몬이 시골로부터 와서 우연히 로마 군인들에게 희롱당
    하는 예수 앞을 지나가는데, 그때 로마병사들이 억지로 예수의 십자가를 그
    에게 지웠다고 나오지만, 요한복음은 빌라도가 예수를 데려다가 채찍질을
    한 후 군인들이 가시나무로 관을 엮어 예수의 머리에 씌우고 자주색 옷을 입
    힌다. 그리고 나서 유대인들이 예수를 맨손으로 때린 후 예수는 다시 빌라도
    의 법정 앞에 섰다가 십자가를 직접 지고 가는 것으로 묘사한다. 그래서 어
    떤 학자들은 처음에 예수가 십자가를 지고 가다고 그것을 감당하지 못하자,
    구레네 사람 시몬이 지고 갔다고 주장하지만, 요한 기자는 의도적으로 이 부
    분을 생략한다. 이것은 요한복음이 공관복음보다 예수의 실제적인 고난을
    강조하면서도 예수가 스스로의 운명을 거뜬히 지고 가는 모습을 십자가를
    통해서 보여 준다.

못한 것을 증언하라 바른 말을 했으면 네가 어찌하여 나를 치느냐?"
라며 항의하고, 십자가 고통 와중에도 모친 마리아를 사랑하는 제자
에게 위탁하기까지 한다(19:25-27). 요한복음에만 나오는 예수의 최후
의 말, "내가 목마르다"(19:28)도 예수의 실제적인 고통을 표현하면서,
동시에 "그 자신의 운명을 주권적으로 통제하는 상황"을 보여준다.[43]
왜냐하면 그는 이 모든 일이 이뤄진 것을 알고서 마지막으로 포도주
를 마시고 "다 이루었다"하고 숨을 거두기 때문이다. 이러한 모습은
마가와 마태에서 큰 소리로 부르짖으며, "나의 하나님, 나의 하나님, 어
찌하여 나를 버리셨습니까?"라고 절망적으로 소리친 것과 대조된다.[44]

　　예수의 속옷조차도 병사들이 제비뽑아 가져갔다는 보도를 통해
예수가 발가벗긴 채로 숨졌다는 것(요 19:23-24), 예수의 다리가 꺾이지
않았다는 것, 예수의 옆구리에서 피와 물이 흘러 나왔다는 것에 대한
기록도 요한복음에만 나온다(요 19:31-36). 이것은 다른 어떤 복음서보
다도 예수의 수난과 죽음이 실제적으로 일어났음을 강조하는 증거
들이다. 이처럼 요한복음이 예수가 죽음에 대해 초연한 태도를 보였
다는 사실을 보도하면서도 실제적인 죽음을 강조하는 것은 영지주
의의 가현설을 거부하기 위한 고안(考案)이다. 그래서 요한이 마가나
마태에서처럼 예수의 고난을 표현하면서도, 마가/마태와는 다르게
예수가 수난을 담대함과 권위를 가지고 통제하는 모습을 보여 주는

43.　Brown, "The Passion According to John," 133.
44.　누가는 마태와 마가에 비해서 예수가 좀 더 의연하고 초연하게 죽음을 맞이
　　하는 것으로 묘사한다(눅 23:44-49). 이것은 누가가 예수를 의롭게 고난받는
　　선지자의 전통에서 보기 때문이다.

것이다.

차정식은 요한복음의 수난 이야기의 특징을 "그 비극성을 최대한 탈색하려는 의도" 가운데서 씌어졌기 때문에 "예수의 수난이 요한복음에서는 엄밀한 의미의 수난이 아니라 '영화'(glorification)의 구현이며 그 순간은 예수가 이 땅에 와서 줄기차게 고대한 그를 위한 '시간' 또는 '때'다"라고 말한다.[45] 그래서 차정식은 요한복음 기자는 "예수의 고난을 고통스럽게 드러내는 척하면서 영광스럽게 재포장"하고 공관복음과는 달리 예수가 수난에 대해 "당당한 초월적 자세를 강조한다"라고 잘 지적한다.[46] 그의 수난 연구는 예수가 '왜' 수난을 당했느냐는 물음보다는 '어떻게' 수난을 당했느냐에 초점을 둔 목적에는 부합하다.[47] 그러나 왜 요한은 공관복음과는 다른 예수의 수난을 그리고 있는가 하는 근본적인 물음에 대한 설명은 부족하다. 이런 측면에서 필자는 에우리피데스의 『박카이』에 나오는 디오뉘소스의 박해를 통해 요한복음의 예수 수난 단락의 독특성에 대한 문학적/사상사적 설명을 시도한다. 즉, 두 본문이 어떻게 서로 문학적으로 공명하는지에 초점을 맞춤으로써 요한복음 수난의 독특성을 찾아보려고 한다.

---

45.   차정식, 『예수는 어떻게 죽었는가: 예수의 수난 전승 탐구』 (서울: 한들출판사, 2006), 112-113.

46.   차정식, 『예수는 어떻게 죽었는가』, 126, 138.

47.   차정식, 『예수는 어떻게 죽었는가』, 6-7.

4. 『박카이』를 통해서 본 예수의 수난

요한복음 1:1-18은 앞에서 언급한대로 『박카이』 서론과 문학적으로 대화를 한다. 디오뉘소스가 태어날 때부터 박해를 받고 자기 백성들에게 거부당하는 것처럼 예수도 하나님의 독생자이지만 자기 백성으로부터 거부된다. 이러한 박해를 받는 예수의 의연하고 초월적인 또는 희극적인 태도는 디오뉘소스의 모습을 통해서 설명될 수 있다.

이미 4세기의 나지안주스의 그레고리우스는 『박카이』의 등장인물을 요한복음의 등장인물과 비교하여 묘사했다.[48] 그의 관점을 더욱 발전시키면, 예수는 디오뉘소스로, 예수의 어머니 마리아는 아가위에로, 세례 요한은 테레이레시아스와 카드모스로, 사마리아 여자(요 4:1-30)와 예수가 십자가에서 죽을 때 그 곁에 있었던 여인들은(요 19:25)은 아시아에서 온 여신도들로, 성전 경비병들과 로마 군인들은 디오뉘소스와 여신도들을 붙잡았던 펜테우스의 시종들로, 합창대와 합창대장은 (요 21:24의 "우리" 등과 같은) 요한복음의 해설자로, 유대 지도자들, 대제사장, 빌라도 등은 디오뉘소스의 가장 큰 박해자인 펜테우스의 역할로 묘사될 수 있다.

디오뉘소스의 신성을 거부하고 그 제의를 박해하는 펜테우스의 초조하고 두려워하는 모습은, 예수 때문에 자기 나라가 로마에 의해 멸망당할 것을 걱정하고 예수의 많은 추종자들을 두려운 눈으로 바

---

48. André Tuilier, ed. *La Passion du Christ: Tragédie* (Paris: Les Éditions du Cerf, 1969), 57-58.

라보는 유대인들의 모습과 예수를 신문하면서도 사태의 추이를 무
서워하는 빌라도의 모습으로 묘사된다. 펜테우스는 디오뉘소스가 여
인들을 음란하게 만들고 백성들을 속인다고 불안해한다(220-240). 그
는 디오뉘소스의 머리를 베겠다고 맹세하기까지 한다(241). 눈먼 예
언자인 테이레시아스는 펜테우스에게 다음과 같이 조언한다.

> 그대는 권력이 인간만사를 지배한다 과신하지 말고
>
> 그대의 생각이 병 들었을 때 그대의 그런 생각을 지혜라고
>
> 생각지 마시오. 그대는 그 신을 이 나라에 받아들여
>
> 제주를 바치고 환호성을 지르고 머리에 화관을 쓰시오!(310-313)

　　그러나 펜테우스는 신경질적으로 그 조언을 거부하고 디오뉘소스
의 여신도들을 잡아들인다. 그러나 안달하는 펜테우스와는 달리 그
여신도들은 디오뉘소스의 도움을 받아서 감옥을 빠져나간다(440-451).
디오뉘소스는 펜테우스의 종에 의해서 손이 묶여서 그 앞에 끌려와서
심문을 받는다. "너는 누구이고 어디에서 왔느냐"라는 펜테우스의 질
문에 디오뉘소스는 전혀 두려움을 가지지 않고 대답한다.[49] 이러한 모
습은 예수가 유대 지도자들 앞이나 빌라도 앞에서 보인 태도와 유사
하다. 심문받는 두 주인공의 모습을 도표로 나타내면 아래와 같다.

---

49. Euripides, *Euripides V*, ed. David Grene and Richmond Alexander Lattimore,
　　The Complete Greek Tragedies (Chicago: The University of Chicago Press,
　　1959), 172.

『박카이』 431-519[50]	요한복음 18:28-38 (새번역)
431-433 ① (펜테우스가 궁전에서 나오는 순간, 그의 시종들이 디오뉘소스를 포박하여 데려온다). … 460 펜테우스: ② 자네는 내게 먼저 자네 가문을 말해라! … 461 디오뉘소스: ③ 잘난 체할 것 없이 간단히 말할게요./ 그대는 꽃이 만발하는 트몰로스 산에 관해 들어보았나요?. … 465 ④ 펜테우스: 그래서 어떻게 해서 이런 비의를 헬라스에 도입하게 되었는가? 466 ⑤ 디오뉘소스: 제우스의 아들 디오뉘소스가 나를 거기에 입문하게 하셨어요. 467-469 ⑥ 펜테우스: 그곳에 새로운 신들을 낳는 제우스란 신이 있나 보구려?. … 자네는 그분의 명령을 꿈결에 받았는가, 깨어서 받았는가? 470 ⑦ 디오뉘소스: 서로 대면하는 가운데 그분이 자신의 의식을 내게 전수하셨어요. 471 ⑧ 펜테우스: 그 의식이란 대체 어떤 종류의 것인가?. … 498 ⑨ 디오뉘소스: 내가 원하기만 하면 언제든 그 신이 나를 손수 풀어주실 것이오. … 503 ⑩ 펜테우스: (시종들에게) 이자를 붙잡아라! 그는 나와 테바이를 능멸하고 있다. … 505 ⑪ 펜테우스: 명령이다. 그를 묶어라! 여기서는 그대가 아니라 내 권위가 통하니까. … ⑫ 507 펜테우스: 나는 아가위에의 아들 펜테우스고, 내 아버지는 에키온이시다. 515-518 ⑬ 디오뉘소스: 가지요. 나는 내가 당하도록 되어 있지 않는 일은/ 당하지 않을 테니까요. 그러나 그대의 이런 교만을/ 그대가 부인하는 디오뉘소스가 벌주실 것이오.	18:28 ① 사람들이 가야바의 집에서 총독 관저로 예수를 끌고 갔다. … 29 빌라도가 그들에게 나와서 "당신들은 이 사람을 무슨 일로 고발하는 거요?" 하고 물었다. 30 그들이 빌라도에게 대답했다. ⑩ "이 사람이 악한 일을 하는 사람이 아니라면, 우리가 총독님께 넘기지 않았을 것입니다." 31 빌라도가 그들에게 말했다. ⑪ "그를 데리고 가서, 당신들의 법대로 재판하시오." 유대 사람들이 "우리는 사람을 죽일 권한이 없습니다" 하고 대답하였다. 32 이렇게 하여, ⑬ 예수께서 자기가 어떠한 죽음으로 죽을 것인가를 암시하여 주신 말씀이 이루어졌다. 33 빌라도가 다시 관저 안으로 들어가, 예수를 불러내서 물었다. ② "당신이 유대 사람들의 왕이오?" 34 예수께서 대답하셨다. ③ "당신이 하는 그 말은 당신의 생각에서 나온 말이오? 그렇지 않으면, 나에 관하여 다른 사람들이 말하여 준 것이오?" 35 빌라도가 말하였다. ⑫ "내가 유대 사람이란 말이오? 당신의 동족과 대제사장들이 당신을 나에게 넘겨주었소. ④당신은 무슨 일을 하였소?" 36 예수께서 대답하셨다. ⑤ "내 나라는 이 세상에 속한 것이 아니오. 나의 나라가 세상에 속한 것이라면, ⑨ 나의 부하들이 싸워서, 나를 유대 사람들의 손에 넘어가지 않게 하였을 것이오. 그러나 사실로 내 나라는 이 세상에 속한 것이 아니오." 37 빌라도가 예수께 물었다. ⑥ "그러면 당신은 왕이오?" 예수께서 대답하셨다. ⑦ "당신이 말한 대로 나는 왕이오. 나는 진리를 증언하기 위하여 태어났으며, 진리를 증언하기 위하여 세상에 왔소. 진리에 속한 사람은, 누구나 내가 하는 말을 듣소." 38 빌라도가 예수께 ⑧ "진리가 무엇이오?" 하고 물었다.

* 원 안에 있는 숫자의 번호는 두 본문이 문학적으로 공명하는 부분을 표시한 것이다.

---

50. 에우리피데스, 『에우리피데스 비극 전집 2』, 468-71.

① 펜테우스의 시종들이 디오뉘소스를 펜테우스 앞으로 포박하여 끌고 오듯이 성전 경비병들과 유대인들이 예수를 묶어서 빌라도의 관저로 끌고 간다. ② 펜테우스는 끌려온 디오뉘소스에게 어디에서 왔으며 누구인가를 묻듯이 빌라도는 예수의 정체를 묻는다. ③ 잡혀온 디오뉘소스는 쾌활한 어조로 펜테우스를 놀리듯이 그의 질문을 무시하고 새로운 차원의 질문을 던진다. 비슷하게 예수는 빌라도의 질문에 대답하지 않고 빌라도의 질문이 어리석은 것이라는 듯이 새로운 질문을 던진다. 즉, '너는 나에 대해서 네 스스로가 아는 것이 무엇이냐?'라고 묻는 것이다. ④ 펜테우스는 디오뉘소스의 신적인 출생과 신성을 의심하기 때문에 디오뉘소스가 누구이며, 그 제의가 누구를 예배하는가를 질문하듯이, 빌라도는 예수가 행했던 일들을 이해하지 못하기 때문에 예수가 한 일이 무엇인가를 묻는다. ⑤ 디오뉘소스는 3인칭을 사용하여 제우스의 아들인 자신이 그 제의를 시작했다고 말하듯이 예수는 자신이 행하는 일은 이 세상에 속한 것이 아니라 신적인 기원 속에 있다고 말한다. ⑥ 펜테우스는 디오뉘소스의 말을 믿지 않으면서 디오뉘소스가 제우스로부터 꿈결에 신탁을 받았다고 조롱한다. 비슷하게 예수의 말을 의심하는 빌라도는 "당신은 왕이오?"하고 조롱하듯이 묻는다. ⑦ 디오뉘소스는 자신의 신적인 기원이 제우스에게 있으며 최고신인 제우스가 직접 대면하는 가운데서 모든 것을 가르쳐 주었다고 주장하듯이, 예수는 하나님의 아들이라는 하나님이 직접 계시한 그 진리를 알리기 위해서 세상에 왔다고 주장한다. ⑧ 그러자 펜테우스는 그 신적인 신비가 어디에서 오는가를 묻듯이 빌라도는 그 신적인 진리에 대해서 묻는다. ⑨ 자신의

머리를 자르고 튀르소스를 뺏고 감옥에 넣어 버리겠다는 펜테우스의 협박에 디오뉘소스는 전혀 겁을 내지 않고 오히려 그 모든 박해에서 그는 자유롭다고 말하듯이, 예수는 자신을 박해하며 그를 잡아서 유대 사람들의 손에 넘어가게 한 사람들을 전혀 두려워하지 않고 오히려 맘만 먹으면 그 모든 것을 지금이라도 막을 수 있다고 장담한다. ⑩ 펜테우스는 디오뉘소스의 자신만만함에 화가 나서 시종들에게 디오뉘소스를 포박하라고 명령한다. 펜테우스는 디오뉘소스가 자신과 테베스를 능멸하고 있다고 화를 낸다. 유사하게도 빌라도에게 예수를 잡아서 끌고 온 사람들은 예수가 악한 일을 했다고 주장한다. ⑪ 펜테우스는 자신의 권위에 도전하는 디오뉘소스를 묶으라고 소리친다. 말하는 대상은 다르지만 빌라도는 예수를 데리고 가서 유대인들이 원하는 대로 하라고 말한다. ⑫ 자신의 권위에 도전하는 디오뉘소스에게 펜테우스는 자신이 왕족의 혈통임을 내세우듯이 빌라도는 자신이 예수와 같은 유대인이 아니라 로마인임을 강조한다. ⑬ 디오뉘소스는 펜테우스의 시종들에게 끌려가면서 자신의 운명은 펜테우스가 결정할 수 없음을 말하듯이, 예수는 자신이 당하는 모든 박해가 자신의 의지에 의해서 결정되고 있음을 밝힌다.

　『박카이』 중반까지 나오는 펜테우스에게 받는 디오뉘소스의 박해 묘사는 요한복음의 예수의 박해 묘사와 대부분 평행적으로 나온다. 그런데 『박카이』의 중반 이후부터 디오뉘소스는 자신의 반대자를 잔인하게 심판하는 모습으로 나온다. 고난은 디오뉘소스가 아니라 오히려 펜테우스가 더 받는다. 펜테우스가 그의 어머니와 이모들에 의해 몸이 찢어지고 나무 막대기에 그의 머리가 꽂힌 모습은 요한복음에서 예수가 자기 살을 찢어 주고(6:51-53), 병사의 창에 찔리고 채찍질과 모욕을 당하고 십자가에 달려서 죽는 부분을 연상시킨다.

『박카이』와 요한복음에 나오는 박해하는 자의 극단적인 운명을 이해하기 위해서는 디오뉘소스의 두 가지 얼굴을 알아야한다. "디오뉘소스 전승에서 디오뉘소스는 자신의 살을 주는 자이면서(raw flesh giver) 동시에 원수들의 살을 먹는 자로(raw flesh eater) 묘사된다."[51] 『박카이』에서 황소는 디오뉘소스의 여신도들에 의해서 찢겨지고(743) 또 염소는 찢겨져서 먹힌다(138). 『박카이』에서 디오뉘소스는 황소로 묘사되기도 하지만(99, 920-922, 1017-1019) 디오뉘소스 제의에서처럼 자기 살을 주는 긍정적인 모습보다는 오히려 다른 동물의 살을 먹는 파괴적인 모습이 더 두드러진다. 사실 많은 경우에 '오모파기아'는 신이 동물의 모습으로 나타나서 그의 숭배자들에 의해 찢겨지고 먹히는 거룩한 의식이다.

도즈는 '오모파기아'가 『박카이』(139)와 『크레탄스』(단편 475)에 나타나는데 이러한 생살을 먹는 의식은 '동종요법'(homoeopathic)으로 인간이 신을 먹음으로써 신과 같이 된다는 효과를 기대했다고 지적한다.[52] 그래서 그는 "아마도 인간의 형상을 가진 신을 먹는다는 것, 그리고 펜테우스 이야기는 그러한 행위를 반영하고 있는 부분이다"라고 펜테우스의 죽음을 신의 죽음과 연관시킨다.[53] 이러한 박해받는

---

51. 조재형, "디오니소스의 제의를 통해서 본 요한복음서의 성찬(요 6:51-59)," 46-47.

52. Dodds, "Maenadism in the Bacchae," 165.

53. Dodds, "Maenadism in the Bacchae," 166.

자의 비극적인 죽음에 대한 구체적인 이야기는 요한복음에서는 나타나지 않고 다만 간접적으로 보여주고 있다. 왜냐하면 이것은 『박카이』에서 살을 먹으며 복수하는 부정적인 디오뉘소스의 모습을 인지한 요한복음 기자가 자신의 살을 나누어주는 긍정적인 디오뉘소스의 모습으로 예수를 그리기 때문이다. 그래서 예수를 생명을 나눠주는 그리스도교적인 디오뉘소스 상으로 창조한다. 디오뉘소스의 담대한 고난을 예수에게 적용시키면서, 펜테우스의 비극적인 죽음은 예수를 박해하는 자들이 받게 될 미래의 심판을 그리는 것으로 요한복음은 대치시키고 있다.[54]

5. 소결론

필자는 그리스도교 전통 안에서만 주로 해석되어져왔던 예수의 수난을 그리스 3대 비극 작가 중 하나인 에우리피데스의 작품과 비교하여 요한복음 기자가 나타내고자 하는 예수의 수난에 대한 문학적 해석을 시도했다. 특별히 요한복음에는 예수가 물로 포도주를 만드는 사건(2:1-11)과 예수와 사마리아 여인과의 대화(4:1-26)와 공관복음서와 다른 성찬에 대한 진술(6:51-59), 그리고 포도나무 비유(15:1-11)

---

54. 게다가 디오니소스를 박해한 펜테우스의 죽음의 비극성을 삽입하여, 그리스도교를 반대하는 자의 최후를 암시하면서도, 긍정적인 디오니소스의 모습을 예수에게 적용시켜서 펜테우스와 그의 어머니 아가위에의 비극을 예수와 마리아와의 관계로 바꾸어서 수난을 초월하는 예수의 모습을 담아내고 있다.

를 포함해서 곳곳에 디오뉘소스의 흔적들이 간직되어 있다. 그래서 필자는 에우리피데스의 『박카이』에 묘사되는 디오뉘소스 제의와 요한복음 사이의 유사성과 특이성을 제시했다. 우선 『박카이』에 나오는 문학적 구도(특히 드라마로서의 특징)는 요한복음의 문학적 구도에 간접적으로 또는 직접적으로 나타난다. 두 본문에 나타나는 구성과 사상의 유사성을 맥도날드가 제시한 미메시스의 비평의 6가지 척도를 통해서 정리해 보면 다음과 같다.

첫째, '접근성'이다. 에우리피데스의 『박카이』는 호메로스의 『일리아스』와 『오뒷세이아』만큼이나 널리 알려졌고, 무엇보다 그것이 연극으로 공연되어 그리스와 지중해 전역에 널리 알려졌다. 고대 세계에서 에우리피데스의 영향력은 남겨진 사본의 숫자로도 알 수 있다. 예를 들면 호메로스의 『일리아스』의 사본은 약 700개 정도, 에우리피데스의 작품들의 사본은 약 350개 정도가 발견되었는데, 이 둘은 다른 고대 작품들 중에서는 가장 많은 사본들을 남긴 작품들이었다.[55] 호라티우스(기원전 65-68년), 테오크리투스(기원전 270년), 디오 크뤼소스토모스(기원후 40-115년)과 같은 많은 그리스-로마의 작가들과 아르타파노스(기원전 3세기 또는 2세기), 필론(기원전 25-기원후 50년)와 같은 유대인들뿐만 아니라 오리게네스(기원후 184/185-253/254), 클레멘스(기원후 150-215)와 같은 그리스도교 신학자들도 『박카이』를 읽고 논쟁했고,

---

55.　Bart D. Ehrman, *The New Testament: A Historical Introduction to the Early Christian Writings*, 2 ed. (New York & Oxford: Oxford University, 2000), 443.

때로는 자신들의 사상을 확증하거나 반박하는 데 사용했다.[56] 이러한 예들은 신약성서 기자들이 『박카이』를 쉽게 접근할 수 있었고, 그것을 통해 문학적이고 철학적인 대화를 하면서 자신들의 문서들을 작성했다고 추정할 수 있게 해준다.

둘째, '유사성'이다. 많은 고대의 작가들이 『박카이』를 모델로 해서 자신들의 작품들을 썼다. 예를 들면 "『박카이』를 직접적인 모델로 해서 새로운 그리스도교 이야기를 창조한 그레고리우스나 풀겐티우스 등의 작품들이 있고, 베르길리우스와 타티우스 등도 『박카이』를 모방했다."[57] 앞에 언급한 호라티우스뿐만 아니라 카툴루스(기원전 84-54년), 오비디우스(기원전 43-기원후 17/18년) 등이 『박카이』를 모방하여 자신들의 작품을 썼다.[58] 많은 작가들이 『박카이』를 모방했다는 것은 신약성서 기자들도 그 대열에 합류했을 가능성이 높다는 점을 시사한다.

셋째, '밀도'다. 필자는 넓은 사상적 측면에서 『박카이』에 묘사된 디오뉘소스의 특징들과 요한복음에 묘사된 예수의 특징들이 가지는 공통점들을 살펴보았다. 그리고 구체적으로 요한복음에 나타나는 예수의 수난의 독특성을 『박카이』에 나오는 디오뉘소스의 박해와 비교하여 두 문서가 평행한 부분을 다수 포함하고 있음을 살펴보았다. 특별히, 『박카이』 431-519과 요한복음 18:28-38을 비교 분석하여 두

---

56. Friesen, "Reading Dionysus," 56-335를 참조하라.

57. 조재형, "미메시스 비평으로 살펴본 사도행전의 기적적인 탈출과 사울의 저항," 753.

58. MacDonald, *The Gospels and Homer*, 11-12.

본문 간에 낱말과 의미의 유사성과 사건 정황의 비슷함을 평행적으로 제시하여 두 본문의 문학적 밀도가 높음을 논증했다.

넷째, '순서'다. 『박카이』와 요한복음의 큰 문학적 구성상의 순서는 유사한 부분이 있다. 특별히 『박카이』 431-519과 요한복음 18:28-38은 구체적인 13개의 문장 중 8개가 동일한 순서를 보여준다. 두 본문의 순서가 일치할수록 그들의 문학적 연관성은 증대한다.

다섯째, '문학적 특이성'이다. 요한복음 2장에 예수가 물로 포도주로 바꾸는 이야기는 신약성서에서 유일하게 나오는 이야기이지만, 이것은 디오뉘소스의 제의에서 또는 디오뉘소스의 여신도들의 축제에서 대표적으로 등장하는 항목이다. 또한 예수가 사용한 '트로곤'과 『박카이』에 나오는 '오모파기아'는 두 본문의 연관성을 보여주는 특별한 용어이다. 『박카이』의 서론과 요한복음의 서론이 보여주는 (드라마적 특징을 가지는) 문학적 유사성도 이 후대에 기록된 요한복음이 선행 본문에 밀착되어 있음을 보여준다.

여섯째, '해석성'이다. 요한복음 기자는 『박카이』와 디오뉘소스 제의에 나오는 두 가지 디오뉘소스의 모습 중 요한공동체에 적합한 부분을 선택하여 긍정적인 디오뉘소스의 모습을 가지고 예수를 묘사했다. 요한복음 기자는 그리스도교의 영웅인 예수를 유대교 지도자들과 대제사장들과 빌라도가 박해하는 것을 새로운 종교의 전파자인 디오뉘소스를 펜테우스가 박해하는 것과 병렬시킨다. 그래서 두려움 없는 디오뉘소스의 모습을 이용해서 권위를 가지고 담대하게 '고난받는 하나님의 아들'인 예수를 독자들에게 효과적으로 전파했다. 그러면서도 파괴적이고 복수하는 디오뉘소스의 모습은 제거하고, 그 대신에 자기를 희생하며 인내하는 새로운 모습으로 예수를 부각시킨다. 이것은 요한이 『박카이』의 본문을 창의적으로 자신의 공동체의 정황에 맞게 해석하여 로마와의 우호적인 관계 속에서 그리스도교를 전파하려고 했던 정황을 보여준다. 그렇기에 펜테우스의 비극적인 죽음은 그리스도교를 거부하는 자들에게 내려질 현재와 미래의 심판이라는 요한공동체의 신학적인 암시이다.

그러므로 요한복음을 위의 척도들에 비추어 볼 때 요한복음의 수난 이야기를 요한복음과 『박카이』 사이의 상호텍스트적 관계 안에서 창의적으로 해석할 수 있다. 그뿐만 아니라 요한복음의 예수의 수난과 『박카이』의 비교 연구는 인문학적 지평 속에서 신약성서를 읽고 해석하면서 현대 사회에 적절한 종교/윤리적 가치들을 우리에게 제시한다.

제17장
고린도전서에 나타난 그리스-로마의 공동식사:
튀시아 희생제의로 살펴본 그리스도교의 성찬*

그리스도교 성찬은 그리스도교 신학과 예배 개혁의 중심에 있음에도 불구하고 개신교는 가톨릭교회나 정교회에 비해 성찬에 대한 신학과 의식(ritual)에 있어서 부족함이 있었고, 매주 성찬을 거행하는 가톨릭과 정교회조차도 성찬을 주로 유대교적 배경에서 복음서를 대상으로 집중적으로 연구해왔다. 이런 한국 교회의 현실에서 이 논문의 목적은 사상사 비평법으로 고린도전서에 나타나는 공동식사를 그리스-로마 종교의 '신성한 식사'의 관점에서 살펴봄으로써 그리스도교 성찬의 기원과 신학을 추적하는 데에 있다. 구체적으로 신성한 식사는 '튀시아'(θυσία) 희생제의에서 가장 뚜렷하기 때문에 이것들이 등장하는 그리스 고전 작품을 분석하여, 바울이 이를 어떻게 창의적으로 변경하여 자신의 작품에 담았는지 고린도전서를 통해 추적하려 한다. 왜냐하면 고린도전서에서는 우상의 제물 먹는 문제를 거룩한 식사와 관련해서 설명하고(고전 8-10장), 특별히 그리스-로마 튀시

아 희생제의가 명확하게 나타나며(10:18-21), 그리스-로마의 신성한 식
사로 성찬을 해석하기 때문이다(고전 11:17-34). 먼저 국내외 학자들의
간략한 연구사를 개괄함으로써 이 연구의 의의와 학문적 위치를 가
늠해보려 한다.

1. 선행 연구와의 비교

지금까지 그리스도교 성찬(또는 성만찬, 주의 만찬)은 주로 유대교의
유월절 전승 속에서 연구되었다.[1] 대표적인 학자는 예레미아스(J. Jere-
mias)다. 그는 예수의 최후의 만찬을 실제적인 유월절 식사로 본다.[2]
예레미아스와는 반대로 딕스(Gregory Dix)는 그리스도교 성찬이 예수
의 마지막 만찬에서 기원하지만 이는 유월절 식사가 아닌 유월절 식
사가 있기 24시간 전에 행했던 '카부로트'(chaburoth) 만찬이라고 주장
하면서 바울과 복음서의 성찬 단락을 똑같은 배경에 놓는다.[3] 리츠만
(Hans Lietzmann)은 딕스보다 더욱 강하게 유월절 기원을 부정하면서
그리스도교 성찬을 헬라사상과 헬라 희생제의 속에서 찾는다. 그는

---

*   이 장은 다음의 나의 논문을 수정한 것이다. 조재형, "고린도전서에 나타난
그레코-로만의 공동식사: 뛰시아(Θυσία) 희생제의로 살펴본 그리스도교의
성찬," *Canon & Culture* 13/2 (2019): 281-311.

1.   쟌자크 폰 알멘, 『주의 만찬』, 박근원 옮김 (서울: 양서각, 1986), 9.

2.   Joachim Jeremias, *The Eucharistic Words of Jesus* (Philadelphia: Fortress Press,
1977), 41-49.

3.   Gregory Dix, *The Shape of the Liturgy* (London: Dacre Press, 1945), 50-55.

원시 교회에 복음서를 근거로 빵으로만 구성된 예루살렘 성찬과 바울서신을 근거로 빵과 포도주로 구성된 바울 기원의 성찬이 있었다고 주장하지만, 각 신약성서에 나오는 성찬 단락의 독특성을 보지는 못했다.[4] 반면에 스미스(Smith),[5] 버커트(Burket),[6] 질(Gill)과[7] 호네아(Honea)[8] 등은 그리스-로마의 거룩한 식사의 예를 튀시아로 심도 있게 묘사하면서 이를 신약성서의 성찬 단락을 설명하는 데 이용한다.[9] 맥코넬(John F. McConnell)은 선도적으로 그리스도교 성찬과 그리스-로마의 밀의 종교를 비교했지만, 보수적인 그리스도교 신학에 집착해서 그 관련성을 부정하는 결론에 이른다. 그럼에도 그의 연구는 바울의 성만찬과 밀의 종교의 관련성에 대해 많은 정보를 제공한다.[10] 맥코넬과 비슷하게 내쉬(Nash)는 그리스-로마의 신비종교의 특징과 그리스도교 성찬을 상세하게 비교하지만 그 결론은 주의 만찬이 고대 이

4. Hans Lietzmann and Robert D. Richardson, *Mass and Lord's Supper: A Study in the History of the Liturgy* (Leiden: E J Brill, 1979), 204-208.

5. Dennis E Smith, "Meal Customs (Sacred Meals)," in *Anchor Bible Dictionary 4*, ed. David Noel Freedman (New York: Doubleday, 1992), 654.

6. Walter Burkert, *Greek Religion* (Cambridge: Harvard University Press, 1985), 34-57.

7. David Gill, *Greek Cult Tables*, ed. Gregory Nagy, Harvard Dissertations in Classics (New York & London: Garland Publishing, 1991), 11.

8. Sion M. Honea, "Homer's Daitos Eises, the Greek Sacrificial Meal," *Journal of Ritual Studies* 7:2 (1993), 53-67.

9. Jae Hyung Cho, "The Johannine Eucharist in the Light of Greco-Roman Religion," Ph. D. Dissertation (Claremont Graduate University, 2010), 39-42.

10. John F. McConnell, "The Eucharist and the Mystery Religions," *Catholic Biblical Quarterly* 10/1 (1948), 30-37.

교의 것을 차용하지 않았다는 것이다.[11]

그리스-로마의 공동식사 관습에 대한 연구를 통해서 그리스도교
성찬을 연결시킨 학자는 데니스 스미스(Dennis E Smith)와 할 타우직
(Hal Taussig)이다.[12] 그는 그리스-로마 시대에 그리스인, 로마인, 유대인
뿐만 아니라 그리스도교인들도 비스듬하게 누워서 먹는 '데이프
논'(δεῖπνον)이라는 연회 및 그 이후에 특정 주제에 대한 이야기를 나
누는 '심포지움'(symposium)이 정형화되었다고 주장한다. 그는 구체적
으로 이러한 예를 플라톤을 비롯한 그리스 문학 작품들에서 찾는
다.[13] 그의 주장은 성찬의 기원에 대한 역사적 예수와의 관련성은 약
화시키지만, 성찬을 그리스-로마의 식탁 관습으로 해석할 수 있는 단
초를 제공한다.

국내의 대부분의 학자들도 유대교 배경에서 주로 성찬을 연구했
다.[14] 최근에 이런 흐름과는 달리, 몇몇 학자들은 그리스-로마 세계와

---

11. 로날드 H. 내쉬, 『복음과 헬라문화』, 이경직, 김상엽 옮김 (서울: 기독교문서
   선교회, 2017), 218-34.
12. Dennis E Smith, *From Symposium to Eucharist: The Banquet in the Early
   Christian World* (Minneapolis: Fortress Press, 2003); 할 타우직, 『기독교는 식
   사에서 시작되었다-사회적 실험 그리고 초기 기독교의 정체성』, 조익표, 조
   영희, 장영진, 이난희 옮김 (서울: 동연, 2018).
13. Dennis E Smith, "Meal Customs (Greco-Roman)," in *ABD 4*, ed. David Noel
   Freedman (New York: Doubleday, 1992), 650; Smith, *From Symposium to
   Eucharist: The Banquet in the Early Christian World*, 21-27.
14. 김외식, "성만찬의 기원과 초기 구조에 대한 연구," 「신학과세계」45 (2002),
   202-30; 이어진, "디다케 9-10장의 성만찬 연구," 「장신논단」 48:2 (2016),
   175-200; 김승년, 『주의 만찬 회복: 주의 만찬의 기원과 의미』 (서울: 기독
   교문서선교회, 2000), 143-46; 최홍진, "요한의 성만찬," 「신약논단」 11/4

사회적·문화적·윤리적·정치적 지형 속에서 형성된 '호혜' 개념을 통해 고린도전서 11:17-34에 담긴 공동식사를 분석하여 성찬 담론을 경제학과 문화인류학적으로 해석하고,[15] 식사의 사회학이라는 짐멜(Simmel)의 관점에서 신약성서 공동식사의 신학적 지형학을 그려서 현대교회의 성만찬이 모두를 위한 균등한 배분과 마지막 식사를 넘어 메시아의 향연을 담아내는 종말론적 식사가 되어야 한다고 제안한다.[16] 정우홍은 데니스 스미스의 이론을 적극적으로 받아들여서 로마 식사 관습이 고린도전서(11:17-34)의 성찬 단락에 반영되어 있으며, 고린도교회는 로마의 문화와 관습에 깊이 영향을 받았기 때문에 이러한 문화로 발생된 교회의 분열 문제를 해결하기 위해 바울이 성찬을 기술했다고 주장한다.[17] 비슷하게 우진성은 사회학적 관점에서 고린도교회의 성만찬은 제의이면서 동시에 한 끼의 완전한 식사였기 때문에 그 안에서 모든 사람들이 한 상에서 함께 먹고 마시는 평등공동체를 바울은 '그리스도의 몸'이라는 표현을 통해 나타냈다고 본다.[18] 필자는 위의 학자들의 연구를 비판적으로 고찰하고 그들의 의견

(2004), 775-96; 정장복, "성만찬의 역사적 의미와 위치성 회복문제," 「장신논단」 2 (1986), 222-52.

15. Rohun Park, "Between and Beyond Reciprocity and Communion," 「한국기독교신학논총」 101 (2016), 157-73.

16. 차정식, "음식과 식사의 신학적 지형학," *Canon & Culture* 2/2 (2008), 99-135.

17. 정우홍, "로마 식사 관습을 통한 고전 11:17-34 해석," 「신학지남」 67/4 (2000), 256-74.

18. 우진성, "고린도교회의 주의 만찬에 나타난 "배고픈 자들"과 "술 취한 자들"의 정체," 「신학연구」 61 (2012), 38-67.

을 발전시켜서 그리스-로마의 식사 관습과 튀시아 제의를 먼저 살펴본 후 그것들을 통해서 고린도전서의 공동식사 본문을 살펴보겠다.

2. 그리스-로마의 식사 관습과 튀시아 희생제의

1) 그리스-로마 식사 관습[19]

헬라와 로마 시대를 거치면서 로마인과 그리스인들뿐만 아니라 유대인들도 그리스-로마의 식사 관습을 따랐다. 스미스는 고대 지중해 지역에서 일상적인 식사, 희생제사 식사, 일상의 유대교 식사, 신비종교 식사, 유대교 축제 식사, 장례 식사, 그리스도교 아가페 식사, 그리스도교 성찬, '심포지아'(symposia)를 포함하는 공통적인 식사 관습이 있었다고 주장한다.[20] 실제로 "지중해 지역을 둘러싼 다양한 집단들은 모두 그 당시에 식사를 중심으로 모였다."[21] 이것의 가장 독특한 특징은 '기대어 눕기'(reclining)였다. 식사 참가자들은 '카우치'(긴 의자, 침상, 소파)에 왼쪽 팔꿈치로 몸을 기대어 누워 오른손으로 음식을 먹었다.[22] 플라톤도 식사를 할 때 침대나 긴 의자에 기대어 눕는 모습

---

19. Cho, "The Johannine Eucharist in the Light of Greco-Roman Religion," 33-36을 참조하라.

20. Smith, *From Symposium to Eucharist: The Banquet in the Early Christian World*, 2-5.

21. 타우직, 『기독교는 식사에서 시작되었다: 사회적 실험 그리고 초기 기독교의 정체성』, 57.

22. Smith, "Meal Customs (Greco-Roman)," 650-51.

을 묘사한다(Republic 372b-e).[23] 데이비드 노이(David Noy)에 따르면, 유대인들은 전통적으로 지키는 유월절 식사에서도 그 당시의 공식적인 관습인 그리스-로마의 기대어 눕는 식사 관습을 따랐다. 이러한 관습은 그 사회 정황에서 상당히 고급스러운 문화였기 때문에 가난한 유대인들도 따르려고 노력했다고 한다.[24]

이 식사 관습은 두 개의 잘 정립된 순서에 따라서 진행되었다. 첫 번째는 '데이프논'이라는 저녁식사(연회)이고, 두 번째는 '심포지움'이라는 "술 마시는 주연"이었다. 심포지움 때 여러 가지 공연이 이뤄지며, 참석자들은 편안하게 술(포도주)을 마시면서 대화와 토론을 하는 시간을 가졌다.[25] 연회가 끝나면 포도주로 기념하는 헌주를 통해 주연이 시작됨을 알렸다.[26] 그러므로 공식적인 연회로서의 데이프논은 저녁과 밤에 배설(排設)되며, 일반적으로 음식을 먹는 부분과 술을 마시는 부분으로 구성되어 있었다.[27] 이 그리스-로마의 식사는 사회적 가치들이 표현되고 공고화되었는데, 마티아스 클링하르트(Matthias

---

23. Plato, "Republic," in *The Collected Dialogues of Plato Including the Letters*, ed. Edith Hamilton and Huntington Cairns (New York: Pantheon Books, 1961), 618-19.

24. David Noy, "The Sixth Hour Is the Mealtime for Scholars: Jewish Meals in the Roman World," in *Meals in a Social Context*, ed. Inge Nielsen and Nanne Sigismund Nielsen, Aarhus Studies in Mediterranean Antiquity (Aarhus, Denmark: Aaruhs University Press, 1998), 140.

25. Smith, *From Symposium to Eucharist: The Banquet in the Early Christian World*, 27.

26. 타우직, 『기독교는 식사에서 시작되었다: 사회적 실험 그리고 초기 기독교의 정체성』, 70.

27. Cho, "The Johannine Eucharist in the Light of Greco-Roman Religion," 34.

Klinghardt)는 그 가치들을 "공동체"(*koinonia*), "평등과 우정"(*isonomia*와 *philia*), "이상적인 정치적 가치로서 표현된 은혜/관대함/아름다움 (*charis*)"이라고 제시한다.[28]

　이 가치들 중에서 '코이노니아'(*koinonia*)가 가장 중요했다. 그래서 식사에서 "기대 눕는 사람들의 순서, 음식 몫의 분배, 영예를 돌리고 축배하는 연속적인 순서, 그날 저녁의 주연장이 누구인가, 누가 누구를 위해서 재정적인 지원을 제공하는가 등의 주제를 기억"하여 코이노니아를 가능하게 하고 심지어 보장한다.[29] 공동식사는 평등과 우정의 가치를 지향했지만 기대 눕는 사람들의 서열(주연장의 오른편이 더 높은 사람의 자리)과 서열이 더 높은 사람들에게 더 좋은 음식이 제공되게 함으로써 공동체의 질서를 반영했다. 그렇지만 "공동체와 우정의 밀접한 관련성은 서열 및 특권과는 긴장 관계"에 있었지만, 이 긴장을 해결하지 않은 채 우정과 평등을 드러내기도 했다.[30]

28.　Matthias Klinghardt, *Gemeinschaftsmahl Und Mahlgemeinschaft: Soziologie Und Liturgie Frühchristlicher Mahlfeiern* (Tubingen: Francke, 1996), 153-55. 타우직, 『기독교는 식사에서 시작되었다-사회적 실험 그리고 초기 기독교의 정체성』, 71-72에서 재인용.

29.　Klinghardt, *Gemeinschaftsmahl Und Mahlgemeinschaft: Soziologie Und Liturgie Frühchristlicher Mahlfeiern*, 155가 타우직, 『기독교는 식사에서 시작되었다-사회적 실험 그리고 초기 기독교의 정체성』72에서 인용됨.

30.　타우직, 『기독교는 식사에서 시작되었다-사회적 실험 그리고 초기 기독교의 정체성』, 73-74.

2) 튀시아 제의에 나타난 신성한 식사[31]

신성한 식사는 희생제의에서 가장 두드러지게 나타났다. 왜냐하면 그리스-로마 시대에 모든 데이프논은 어떠한 형태로든지 희생제의와 관련되었기 때문이다.[32] 고대 지중해 지역에서 희생제의는 종교의식의 중요한 형식이었으며, 고대 축제의 핵심 요소였다. 그중에서도 동물을 제물로 드리는 희생제의는 그 자체가 극적인 요소와 특별한 시각적인 효과(피와 불과 연기)를 가지고 있어서 곡물과 과일로 드리는 제의보다 중요하게 여겨졌다.

이 동물의 피와 살을 이용한 희생제의를 그리스 종교에서는 '튀시아'(θυσία)라고 한다. 이 용어 자체는 "드리는 행위", "희생제의", "희생제의 식사" 등의 뜻을 가지고 있다.[33] 스미스에 의하면, 그리스의 가장 흔한 희생제의는 동물을 도살하고, 포를 떠서 제단에서 태우는 행위를 한 후에 제사장들과 예배자들이 희생제물의 나머지 부분을 함께 먹는 '튀시아'이고, 희생동물을 도살한 후 태우지 않고 제단에 모두 바치고, 먹는 행위가 뒤따르지 않는 제의는 '스파기온'(sphagion)이다.[34] 그는 튀시아 제의에 늘 잔치가 분명 뒤따랐기에 향연과 튀시

---

31. Cho, "The Johannine Eucharist in the Light of Greco-Roman Religion," 37-41 을 참조하라.

32. Smith, *From Symposium to Eucharist: The Banquet in the Early Christian World*, 85.

33. Walter Bauer, *A Greek-English Lexicon of the New Testament and Other Early Christian Literature*, ed. Frederick W. Danker, trans. William F. Arndt and F. Wilbur Gingrich, 3rd and revised ed. (Chicago: University of Chicago Press, 1957; repr., 2000), 462.

34. Smith, *From Symposium to Eucharist: The Banquet in the Early Christian World*,

아 제의가 한 가지 행사의 두 측면이라고 말한다. 종교적 행사가 희생제의를 포함할 때 항상 잔치를 포함하고, 이 잔치는 반드시 종교적 의미와 연관되어 있었다는 것이다.[35] 버커트도 동물 희생제의(튀시아 제의)는 지역마다 세부적인 것은 달랐지만, 기본적인 요소는 제사 드릴 동물을 제의적으로 도축한 다음에 그 고기를 함께 먹는 식사가 동반되었다고 주장한다.[36] 신에게 바쳐졌던 고기를 참여자들이 함께 나눠 먹음으로써 신과의 연합뿐만 아니라 참여자들 사이의 연합까지 만들었다.

튀시아 제의의 완전한 형태는 호메로스의 서사시에 나타난다. 『일리아스』 1.458-474에서 사제 크뤼세스는 아폴론 신에게 기름으로 싼 넓적다리뼈들을 태워서 바치고, 나머지 고기들을 구워서 참여자들이 공평하게 나눠서 먹는 튀시아 제의를 바친다.[37] 『일리아스』 2.420-431에도 비슷한 튀시아 제의의 모습이 기록되어 있다. 즉, "드디어 일[제의와 요리]이 끝나자 그들은 음식을 차려 먹었는데, 공평한 식사에 마음에 부족한 것이 하나도 없었다"라며 '공평한 식사'를 강조한다. 이 공평한 식사를 '다이토스 에이세스'(daitos eises)라고 하는데, 이것은 예배자들 사이의 존경과 책임을 상징적으로 나타내어 공동체의 연대성을 제공한다.[38]

68.

35. Smith, *From Symposium to Eucharist: The Banquet in the Early Christian World*, 69.

36. Burkert, *Greek Religion*, 57.

37. 호메로스, 『일리아스』, 천병희 옮김 (파주: 도서출판 숲, 2015), 48.

38. Honea, "Homer's Daitos Eises, the Greek Sacrificial Meal," 66-67.

사실 칠십인역(LXX)에서 튀시아는 히브리어 '제바흐'(זבח)의 번역으로 약 400회 정도 나온다. 보통 희생, 소제, 소제물, 화목제, 제물, 헌물 등으로 번역되며 동물 희생제의뿐만 아니라 식물 및 곡물을 이용한 제의에도 사용된다. 그리스-로마의 튀시아에 정확하게 해당될 수 있는 것은 '화목제'인데, 이것은 제물의 피를 제단에 붓고, 기름기 있는 부분을 태워서 하나님께 바치고, 가슴과 다리는 제사장들이 가지고, 나머지 부분은 제사에 참여한 사람들이 함께 먹기 때문이다.[39] 그래서 데이비드 질(David Gill)은 그리스의 튀시아와 이스라엘의 '슐라밈'(שלמים, 왕상 8:63, 64)이 모두 소량의 제물을 신에게 태워서 바치고, 나머지를 예배자들이 공동의 신성한 식사로 먹었다고 한다.[40] 그러나 '슐라밈'이 사용될 때는 많은 경우에 '제바흐 하슐라밈'(זבח השלמים, 왕상 8:63)처럼 '제바흐'와 함께 나온다. 비록 칠십인역은 식물과 곡물을 이용한 제의까지도 튀시아로 번역했지만, 그리스 제의에서는 튀시아는 동물 희생제의와 신성한 식사가 함께 따르는 제의를 지칭하고 있다   .

---

39. Steven Barabas, "Sacrifice," in *The Zondervan Pictorial Bible Dictionary*, ed. Merrill C. Tenney (Grand Rapids: Zondervan, 1967), 737-40.

40. David H. Gill, "Thysia and Šelāmīm: Questions to R Schimd's Das Bundesopfer in Israel," *Biblica* 47/2 (1966), 255.

3. 고린도전서에 나타난 튀시아 제의와 공동식사

1) 고린도교회의 우상에게 바친 고기와 튀시아 제의(고전 8-10장)

고린도교회는 다양한 이유로 분열이 있었다. 바울은 글로에의 집 사람들을 통해서 고린도교회에 분쟁이 있다는 소식을 들었다(고전 1:11). 고린도교회의 교인들은 아볼로파, 게바파, 바울파, 그리스도파로 나뉘어져 있었고, 이 분열에는 세례가 형식상 중요한 요소가 되었던 것 같았다(1:12-16). 바울은 세례가 중요한 것이 아니라 복음을 전하는 것이 중요하고, 그 복음은 말의 지혜로 전하는 것이 아니라 하나님의 지혜를 힘입어 십자가에 달린 그리스도를 전하는 것이 되어야 한다고 주장한다(1:17-31).

하나님의 지혜에 대한 강조는 고린도전서 2장에서도 나타난다. 특히 바울은 "우리는 비밀로 감추어져 있는 하나님의 지혜를 말합니다. 그것은, 하나님께서 우리를 영광스럽게 하시려고, 영세 전에 미리 정하신 지혜입니다"(2:7)라고 쓰고 있다.[41] 그럼에도 고린도교회는 여전히 바울파와 아볼로파로 나뉘어서 시기와 분쟁이 있었기 때문에(3:4-7), 바울은 세상 지혜의 어리석음을 말하면서(3:18-21), 그리스도와 하나님 안에서 하나가 되어야 한다고 말한다(3:22-23). 4장에서 바울은 고린도의 그리스도인들에게 서로 판단하지 말라고 가르친다(4:5). 그 판단의 근저에는 서로 대적하여 교만한 마음이 있기 때문이다(4:7). 바울은 고린도교인들의 교만을 다시 지적하면서(4:10-13), 그

들의 말이 아니라 능력을 알아보겠다고 경고한다(4:18-20).

이러한 경고를 기반으로 바울은 음행하는 자들을 질책한다(5:1). 바울이 더욱 통탄하는 것은 이들이 교만해져서 음행하는 자들을 용납했다는 사실이다(5:2-6). 그러면서 바울은 고린도교회 교인들을 "누룩이 들지 않은 사람들"(5:7a)이라고 비유하면서, "우리들의 유월절 양이신 그리스도께서 희생되셨습니다"(5:7b)라는 흥미로운 진술을 한다. 이 구절의 헬라어 표현, '토 파스카 헤몬 에튀테 크리스토스'(τò πάσχα ἡμῶν ἐτύθη Χριστός)는 그리스도의 죽음을 유월절 어린양으로 묘사하면서, 동시에 '에튀테'(ἐτύθη)라는 표현을 사용함으로 그리스-로마의 튀시아 제의로 해석한다. 이 용어는 "희생제사를 드리다", "도살하다", "제의적으로 도살하다"라는 뜻을 가진 '튀오'(θύω)의 3인칭 단순과거 수동태이다.[42] '튀오'의 명사형이 바로 '튀시아'가 되기 때문에 이 부분은 고린도전서 10장과 11장을 다룰 때 배경적 지식을 제공한다.

바울은 음행하고, 탐욕을 부리고, 약탈하고, 우상 숭배하는 교회 밖의 사람들과 전혀 사귀지 말라는 것이 아니라고 해명하면서(고전 5:10), 다만 신도(형제)라 불리면서도 악을 행하는 사람들과는 함께 먹지도 말라고 전한다(5:11). 여기에서 '사귀지 말라'는 '함께 먹지도 말라'와 동의어로 사용되고 있다. 즉, 그리스도가 고린도교인들을 위해서 희생제물이 되었기 때문에 모든 악덕을 행하는 교인들은 그 제의 (예배) 다음에 이어지는 신성한 식사에 참여할 수 없다는 것이다.

---

42. Bauer, *A Greek-English Lexicon of the New Testament and Other Early Christian Literature*, 463.

플루타르크에 의하면 혼자 식사를 하는 것은 진정한 의미에서 식사가 아니라 단순히 '먹는 것'이었다. 이런 공동식사라는 관점에서 바울은 고린도전서 8-10장의 거룩한 식사를 논하고 있다.[43] 무엇보다 이 거룩한 식사는 '우상에게 바친 고기'와 관련되어 있다. 개역개정에서 '우상의 제물'로 번역하고 주요 영어성서 번역본(NIV, NRSV, RSV 등)에서 '우상에서 희생제의로 바친 음식'으로 번역한 헬라어 '에이돌로튀토스'(εἰδωλόθυτος)는 신약성서에 약 11번 나오는데, 그중 6번이 고린도전서에 나오고, 특히 8장에서 4번 나온다.[44] 고린도의 그리스도인들은 네 가지 경우의 장소에서 우상에게 바친 고기와 마주쳤다. 첫째는 '우상의 신당'(고전 8:10)이며, 둘째는 "귀신들의 식탁"(고전 10:21), 이며, 셋째는 "시장"(μακέλλῳ, 고전 10:25)이며, 넷째는 불신자들의 가정(고전 10:27)이었다. "귀신들의 식탁"은 '우상의 신당'과 '불신자'의 가정에도 해당되기 때문에, 고린도의 그리스도인들은 자신들의 가정과 집을 제외하고는 모든 곳에서 아주 위험한 '에이돌로튀토스'를 대해야 했다.[45]

바울은 고린도전서 10:16-21에서 성찬을 설명할 때 앞에서 설명

---

43. Lee M. Jefferson, "The Pagan Feast and the Sacramental Feast: The Implication of Idol Food Consumption in Paul's Corinth," *Sewanee Theological Review* 51:1 (2007), 22.

44. 행 15:29; 21:25; 고전 8:1, 4, 7, 10; 10:19, 28; 계 2:14, 20. "things offered unto idols"(KJV); "things sacrificed to idols"(NASB); "food sacrificed to idols"(NIV, NRSV); "food offered to idols"(RSV).

45. Jefferson, "The Pagan Feast and the Sacramental Feast: The Implication of Idol Food Consumption in Paul's Corinth," 24.

한 그리스-로마 튀시아 제의의 개념을 사용한다. 특별히 이것은 고린
도전서 10:18, 20-21에 명료하게 나타난다. 여기에서 바울은 고린도
교인들이 참여하는 축복의 잔(ποτήριον τῆς εὐλογίας)과 빵(ἄρτον)은 그리
스도의 피(αἵματος τοῦ Χριστοῦ)와 몸(σώματος τοῦ Χριστοῦ)이라고 지적하면
서 전형적인 성찬 제정의 형식을 따른다(10:16). 튀시아 제의 속에서
고기를 먹었던 이스라엘 사람들(οἱ ἐσθίοντες τὰς θυσίας κοινωνοὶ)과 같이
그리스도교인들은 하나님의 튀시아(θεῷ [θύουσιν])에 참여하여 빵과 포
도주를 먹고 마심으로 그리스도교의 성찬에 참여한다. 바울은 또한
귀신에게 바친 튀시아(θύουσιν, δαιμονίοις)를 하나님의 튀시아(θεῷ
[θύουσιν])와 비교하여 그리스-로마의 튀시아 제의의 의미와 구조를
가지고 성찬을 설명한다(10:19). 또한 "주의 잔"(ποτήριον κυρίου)과 "귀신
의 잔"(ποτήριον δαιμονίων)을 대비시키고, "주의 식탁"(τραπέζης κυρίου)과
"귀신의 식탁"(τραπέζης δαιμονίων)을 비교하여 성찬의 중요한 구성요소
인 잔과 식탁을 튀시아 제의를 기반으로 해석한다(10:20-21).[46]

놀랍게도 여기에서 바울은 "마치 이방제의의 식사와 그리스도교
의 식사가 똑같은 동전의 양면인 것처럼 그 둘을 비교했다."[47] 그래서
"고린도교회에서 우상에게 바친 고기와 관련된 바울의 대응은 직접
적으로 초기 교회 교부들의 오염에 대한 개념뿐만 아니라 그들이 이

---

46. Cho, "The Johannine Eucharist in the Light of Greco-Roman Religion," 41-42.
47. Smith, *From Symposium to Eucharist: The Banquet in the Early Christian World*, 174.

해한 성찬(Eucharist)에도 영향을 주었다."[48] 즉, 초기 그리스도인들은 바울의 영향을 받아서 "가장 강력하고 위험한 음식인 '에이돌로튀토스'"를 "물질적 힘과 '코이노니아'(koinonia)의 연합을 구체화한 성찬으로 대체했다."[49] 에드워드 피터스(Edward H. Peters)는 고린도전서 10장 16절을 "우리가 축복하는 축복의 잔은, 그리스도의 피의 코이노니아가 아니냐? 우리가 떼는 빵은, 그리스도의 몸의 코이노니아가 아니냐?"로 해석하여 이것을 더욱 구체화한다.[50] 코이노니아가 초기 그리스도교 문헌에서 "참여"(participation)라는 뜻보다는 "상호 이익과 배당에 연관된 매우 밀접한 공동 단체"라는 뜻으로 압도적으로 사용되었다는 사실은 피터스의 주장에 힘을 실어준다.[51]

바울은 시장에서 팔리고 또 신자들의 가정에서 제공되는 '에이돌로튀토스'가 그리스도인들에게는 전혀 문제가 될 수 없다고 주장한다(10:25-28).

> 25 시장에서 파는 것은, 양심을 위한다고 하여 그 출처를 묻지 말고, 무엇

---

48. Jefferson, "The Pagan Feast and the Sacramental Feast: The Implication of Idol Food Consumption in Paul's Corinth," 23.

49. Jefferson, "The Pagan Feast and the Sacramental Feast: The Implication of Idol Food Consumption in Paul's Corinth," 23.

50. Edward H. Peters, "St. Paul and the Eucharist," *The Catholic Biblical Quarterly* 10:3 (1948), 250쪽의 "Τὸ ποτήριον τῆς εὐλογίας ὃ εὐλογοῦμεν, οὐχὶ κοινωνία ἐστὶν τοῦ αἵματος τοῦ Χριστοῦ; τὸν ἄρτον ὃν κλῶμεν, οὐχὶ κοινωνία τοῦ σώματος τοῦ Χριστοῦ ἐστιν;"을 참조하라.

51. Bauer, *A Greek-English Lexicon of the New Testament and Other Early Christian Literature*, 552-53.

이든지 다 먹으십시오. 26 '땅과 거기에 가득 찬 것들이 다 주님의 것'이기 때문입니다. 27 불신자들 가운데서 누가 여러분을 초대하여, 거기에 가고 싶으면, 여러분 앞에 차려 놓은 것은 무엇이나, 양심을 위한다고 하여 묻지 말고, 드십시오. 28 그러나 어떤 사람이 "이것은 제사에 올린 음식입니다" 하고 여러분에게 말해 주거든, 그렇게 알려 준 사람과 그 양심을 위해서, 먹지 마십시오.

25 Πᾶν τὸ ἐν μακέλλῳ πωλούμενον ἐσθίετε μηδὲν ἀνακρίνοντες διὰ τὴν συνείδησιν· 26 τοῦ κυρίου γὰρ ἡ γῆ καὶ τὸ πλήρωμα αὐτῆς. **27 εἴ τις καλεῖ ὑμᾶς τῶν ἀπίστων καὶ θέλετε πορεύεσθαι, πᾶν τὸ παρατιθέμενον ὑμῖν ἐσθίετε μηδὲν ἀνακρίνοντες διὰ τὴν συνείδησιν.** 28 ἐὰν δέ τις ὑμῖν εἴπῃ· **τοῦτο ἱερόθυτόν ἐστιν,** μὴ ἐσθίετε δι᾽ ἐκεῖνον τὸν μηνύσαντα καὶ τὴν συνείδησιν. (볼드는 필자의 강조)

왜냐하면 그리스-로마 식사 관습에서 손님이 배설된 음식을 거부하거나 다른 것으로 바꿔달라고 요청하는 것은 예의에 맞지 않고 매우 이상한 행동으로 간주되었기 때문이다.[52] 바울은 '에이돌로튀토스'를 먹는 것은 그 당시 그리스-로마 식사 관습을 문화로서 따르는 것이라고 해석한다. 튀시아 제의와 제의 후에 제공되는 '에이돌로튀토스'가 신과 인간, 그리고 인간들 사이의 연합을 만들어내듯이, 고린도교회에서 그리스도교의 성찬은 그 대상을 귀신에서 주님으로

---

52. Jefferson, "The Pagan Feast and the Sacramental Feast: The Implication of Idol Food Consumption in Paul's Corinth," 29.

바꾸어서 그리스도교인들을 코이노니아로 초대한다. 그러므로 바울
은 고린도의 그리스도인들이 익숙한 튀시아 제의에 나타나는 동물
희생제의의 구조와 거룩한 식사의 기능 속에서 성찬을 설명한다.

2) 그리스-로마의 신성한 식사로 살펴 본 주의 만찬(고전 11:17-34)

스미스는 고린도전서 11장과 갈라디아서 2장이 초기 그리스도교
의 식사를 아주 구체적으로 묘사하는 유일한 본문들이라고 지적한
다.[53] 특별히 고린도전서 11장의 식사는 '주의 만찬'과 관련되어 밀접
하게 해석할 수 있다. 고린도전서 11:17-34은 고린도교회의 분열의
정황을 그리스-로마의 식사 관습과 연결하여 그리스도교의 성찬을
신성한 식사로 해석한다.[54] 바울은 그들이 모일 때에 분열이 있었으
며(18절), 그 분열은 식탁에서 먹는 것과 관련되어 있었다고(20절) 지적
한다. 여기에서 핵심은 식탁에서 공평한 분배가 이뤄지지 않았기 때
문에 이어지는 만찬도 함께 할 수 없다는 것이다(21-22절).[55]

> 18 첫째로, 여러분이 교회에 모일 때에 여러분 가운데 분열이 있다는 말이
> 들리는데, 그것이 어느 정도는 사실이라고 믿습니다. 19 하기야 여러분
> 가운데서 바르게 사는 사람들이 환히 드러나려면, 여러분 가운데 파

---

53. Smith, *From Symposium to Eucharist: The Banquet in the Early Christian World*, 173.

54. 정우홍, "로마 식사 관습을 통한 고전 11:17-34 해석," 274를 참조하라.

55. Richard F. Oster, *1 Corinthians*, The College Press NIV Commentary (Joplin: College Press Publishing Company, 1995), 266.

당도 있어야 할 것입니다. 20 그렇지만 **여러분이 분열되어 있으니, 여러분이 한 자리에 모여서 먹어도, 그것은 주님의 만찬을 먹는 것이 아닙니다.** 21 먹을 때에, 사람마다 제가끔 자기 저녁을 먼저 먹으므로, 어떤 사람은 배가 고프고, 어떤 사람은 술에 취합니다. 22 여러분에게 먹고 마실 집이 없습니까? 그렇지 않으면, 여러분이 하나님의 교회를 멸시하고, 가난한 사람들을 부끄럽게 하려는 것입니까? 내가 여러분에게 무슨 말을 해야 하겠습니까? 여러분을 칭찬해야 하겠습니까? 이 점에서는 칭찬할 수 없습니다.

18 πρῶτον μὲν γὰρ **συνερχομένων ὑμῶν ἐν ἐκκλησίᾳ ἀκούω σχίσματα ἐν ὑμῖν ὑπάρχειν** καὶ μέρος τι πιστεύω. 19 δεῖ γὰρ καὶ αἱρέσεις ἐν ὑμῖν εἶναι, ἵνα [καὶ] οἱ δόκιμοι φανεροὶ γένωνται ἐν ὑμῖν. 20 **Συνερχομένων οὖν ὑμῶν ἐπὶ τὸ αὐτὸ οὐκ ἔστιν κυριακὸν δεῖπνον φαγεῖν·** 21 ἕκαστος γὰρ **τὸ ἴδιον δεῖπνον** προλαμβάνει ἐν τῷ φαγεῖν, καὶ ὃς μὲν πεινᾷ ὃς δὲ μεθύει. 22 μὴ γὰρ οἰκίας οὐκ ἔχετε εἰς τὸ ἐσθίειν καὶ πίνειν; ἢ τῆς ἐκκλησίας τοῦ θεοῦ καταφρονεῖτε, καὶ καταισχύνετε τοὺς μὴ ἔχοντας; τί εἴπω ὑμῖν; ἐπαινέσω ὑμᾶς; ἐν τούτῳ οὐκ ἐπαινῶ. (볼드는 필자의 강조)

　고린도교회는 내부적으로 '데이프논'에 참여하는 방식 때문에 분열되어 있었다. 바울은 이들이 모여서 데이프논을 먹을 때에 가난한 자와 부자를 차별해서 교회 내의 분열을 만든 것을 책망한다(17-22). "여러분이 교회에 모일 때에"(18절)와 "여러분이 먹으려고 모일 때에"(33절)는 구문론적으로 같은 의미로 사용되고 있다. 이것은 고린도교회의 교인들이 정기적으로 식탁에서 모여서 어떤 형태의 예배를 드렸다는 사실을 알려준다.[56] 바울은 "주의 만찬"(κυριακὸν δεῖπνον)과 "각자 자기의 만찬"(τὸ ἴδιον δεῖπνον)을 비교하여 주의 만찬을 새롭게 해석하는 도구로 사용한다. 원래 그리스-로마의 데이프논에서 음식의 종류와 양은 참석한 사람의 사회적 지위에 따라서 달랐다. 고린도의 그리스도인들은 그들이 관습적으로 해왔던 식사 관습을 따라서 교회 안에서 데이프논을 행했다. 바울은 이 데이프논을 차별이 없는 주의 만찬으로 제시하여 참여자들의 연대성을 만들고 '각자 자기의 만찬'과 경계를 정한다.[57]

일반적으로 고린도전서 11:23-26은 다른 공관복음과 비교했을 때 중요한 어구들 사이에 유사점들이 있다(예를 들면, τοῦτό ἐστιν τὸ σῶμά μου,[58] ἔλαβεν ἄρτον[59] (또는 λαβὼν ἄρτον),[60] εὐχαριστήσας,[61] ἔκλασεν[62]). 이것은 공관복음의 마지막 만찬 전승을 공유하지만, 그 형태에 있어서는 가장 원형적인 모습을 간직하고 있다.[63] 게다가 바울은 "여러분에게 전

---

56. Smith, *From Symposium to Eucharist: The Banquet in the Early Christian World*, 176.

57. Smith, *From Symposium to Eucharist: The Banquet in the Early Christian World*, 200을 참조하라.

58. 막 14:22; 마 26:26; 눅 22:19; 고전 11:24. 실제적으로 고전 11:24은 약간 다르게 보이지만 거의 똑같다.

59. 고전 11:23b.

60. 막 14:22; 마 26:26; 눅 22:19.

61. 고전 11:24; 막 14:23; 마 26:27; 눅 22:19.

62. 고전 11:24; 막 14:22; 마 26:26; 눅 22:19.

63. W. D. Davies and Dale C. Allison, *A Critical and Exegetical Commentary on the Gospel According to Saint Matthew*, 3 vols., vol. 3, The International Critical Commentary (Edinburgh: T. & T. Clark, 1988), 466.

해 준 것"이 주 예수로부터 받았다고 주장하면서 복음서에 나오는
성찬 모델을 그리스-로마의 밀의 종교의 기술적 용어를 사용하여 제
공한다(23절).[64] 이 주의 만찬은 바울이 예수에 대해서 전해 받은 것(고
전 15:3)과 똑같이 매우 중요한 것이다.[65] 바울은 예수가 잡히시던 밤
(또는 "배반당하던 밤", ἐν τῇ νυκτὶ ᾗ παρεδίδετο)에 주의 만찬이 행해졌다고
말한다. 예수가 행한 만찬이나 고린도교회의 데이프논은 그 시간적
배경은 밤이고, 공간은 식탁에서 일어났다. 바울 당시의 교회 구조가
가정교회(house church) 형태였고, 한 가정에서 예배를 드릴 수 있는 가
장 이상적인 공간은 식당이었을 것이다.[66]

그러므로 식탁 앞에서 만찬이 행해졌으며, 이것이 그리스도교 예
배의 한 형태를 형성했다고 가정할 수 있다. 즉, 그리스-로마 튀시아
제의에서 신에게 제사를 드리고, 참석자들이 음식을 공평하게 나눠
먹으면서 사회적 연대를 강화했듯이, 그리스도교 예배도 대상만 바
꾸어서 그리스-로마 튀시아 식사 관습을 이용해서 진행되었다. 바울
당시의 로마 종교의 성전이나 개인적인 집에서 열리는 식사는 음식

---

64. Hans Conzelmann, *1 Corinthians: A Commentary on the First Epistle to the Corinthians*, ed. George W. MacRae, trans. James W. Leitch, Hermeneia-a Critical and Historical Commentary on the Bible (Philadelphia: Fortress Press, 1975), 195-96; 조태연, 『예수운동-그리스도교 기원의 탐구』 (서울: 대한기독교서회, 2019), 20.
65. 바울은 오직 고린도전서 11장 23절과 15장 1, 3절에서만 "그 자신이 받고" "전한"전승을 말할 때 이 기술적 용어들(παρέλαβον, παρέδωκα)을 사용하여 강조한다. 조태연, 『예수운동-그리스도교 기원의 탐구』, 29.
66. Smith, *From Symposium to Eucharist: The Banquet in the Early Christian World*, 177.

을 먹는 부분과 많은 양의 포도주를 마시는 부분으로 구성된 전통적인 데이프논과 심포지움의 형식을 따랐다.[67]

할 타우직(Hal Taussig)은 고린도전서 11:24-25은 만찬(δεῖπνον)을 하는 동안에 빵에 대한 축복과 주연(symposium)의 첫째 잔을 신에게 바치는 헬레니즘 시대의 표준적인 만찬을 분명하게 따랐다고 지적한다.[68] 25절에서 바울은 "식후에"(μετὰ τὸ δειπνῆσαι)라는 어구를 집어넣어 마가와 마태가 주의 만찬을 예수의 마지막 만찬에서 찾는 것과는 달리 그리스-로마의 식사 관습으로 주의 만찬을 설명한다.[69] 그리스-로마의 식사 관습에서 심포지움을 할 때 포도주를 마시면서 토론과 노래, 찬미 등을 했다. 예수도 데이프논 후에 포도주를 들어서 말씀했고, 고린도전서 14장에 묘사되는 방언을 비롯한 많은 영적 활동들은 바로 식당의 식탁 앞에서 일어났다고 볼 수 있다.[70]

24절과 25절의 "이것을 행하여"(τοῦτο ποιεῖτε)는 직접적으로 희생 제의의 의미를 가지고 있다.[71] 왜냐하면 빵을 먹고 잔을 마시는 것은 예수를 기억하고 그의 죽음을 그가 다시 올 때까지 선포하는 것이기

---

67. Jefferson, "The Pagan Feast and the Sacramental Feast: The Implication of Idol Food Consumption in Paul's Corinth," 28; Smith, *From Symposium to Eucharist: The Banquet in the Early Christian World*, 179.

68. 타우직, 『기독교는 식사에서 시작되었다-사회적 실험 그리고 초기 기독교의 정체성』, 106-7.

69. Smith, *From Symposium to Eucharist: The Banquet in the Early Christian World*, 175.

70. Smith, *From Symposium to Eucharist: The Banquet in the Early Christian World*, 179.

71. Peters, "St. Paul and the Eucharist," 248.

때문이다(25-26절). 예수가 튀시아 제의의 희생제물로 공동체를 위하여 하나님께 드려졌기 때문에 참여자들은 빵과 포도주가 제공되는 만찬에 참여해서 공평한 식사('다이토스 에이세스')를 함께 나누면서 동일한 식사의 가치관을 가질 수 있었다.[72] 그렇지 않으면 주님의 몸과 피로 만들어진 코이노니아가 파괴되기 때문이다. 즉, 27절에서 바울은 다시 식사로 인한 고린도교회의 분열과 무질서의 주제로 돌아가서,[73] "그러므로 누구든지, 합당하지 않게 주님의 빵을 먹거나 주님의 잔을 마시는 사람은, 주님의 몸과 피를 범하는 죄를 짓는 것입니다"라고 강조한다. 게다가 자기를 살피지 않고 이 만찬에 참여하면 심판을 받게 되고, 심지어는 몸도 약해지고, 죽기까지 할 수 있다(28-32절).

바울이 제기하는 문제들은 상당히 대중적인 철학에서 말하는 것과 비슷하다. 즉, 일반적인 공동식사에서 발생하는 문제와 28-32절을 동일시한다. 그러면서 "먹을 때 함께 먹어라"라는 전통적이고 세속적인 조언을 그의 교회의 공동체 식사 윤리를 위한 본질적인 조언으로 바꾼다. 그들은 반드시 먹을 때 똑같은 장소에서(34절) 똑같은 시간에(33절) 함께 먹어야 한다는 것이다.[74]

33 그러므로 나의 형제자매 여러분, 여러분이 먹으려고 모일 때에는 서

---

72. George Arthur Buttrick, ed. *The Interpreter's Bible V 10 Corinthians; Galatians; Ephesians Bible Versions, English* (Nashville, TN: Abingdon Pr, 1953), 139-40 을 참조하라.

73. Buttrick, *The Interpreter's Bible V 10 Corinthians; Galatians; EphesiansBible Versions, English*, 141-42.

74. Smith, *From Symposium to Eucharist: The Banquet in the Early Christian World*, 198.

로 **기다리십시오. 34** 배가 고픈 사람은 집에서 먹어야 할 것입니다. 그
것은, 여러분이 모이는 일로 **심판받는** 일이 없도록 하려는 것입니다.
그 밖에 남은 문제들은 내가 가서 바로잡겠습니다.

33 Ὥστε, ἀδελφοί μου, *συνερχόμενοι εἰς τὸ φαγεῖν ἀλλήλους ἐκδέχεσθε*. 34 εἴ
τις πεινᾷ, ἐν οἴκῳ ἐσθιέτω, ἵνα μὴ εἰς κρίμα *συνέρχησθε*. τὰ δὲ λοιπὰ ὡς ἂν
ἔλθω διατάξομαι. (볼드는 필자의 강조)

여기에서 바울은 "고린도교회 안의 분쟁과 편당이라는 실제적인
문제에 접근"하기 위해서 위의 조언을 했다.[75]

3. 소결론

지금까지 필자는 바울 서신의 성찬 논의를 공동체 식사의 보다
넓은 사회적 지형 안에 놓고 이것을 그리스-로마의 식사 관습과 신
성한 식사와 비교하여, 구약성서의 유월절 형식과 다른 입장에서 고
찰했다. 예레미아스를 비롯한 많은 학자들이 그리스도교의 성찬을
유대교 배경에서 연구한 것과는 달리 스미스, 버커트, 질, 호네아, 클
링하르트 등은 그리스-로마의 식사 관습과 희생제의(특히 튀시아 제의)
에서 연구했다. 구체적으로 스미스와 클링하르트는 그리스-로마의
식사 관습에 대한 치밀한 고찰을 했다. 그리스-로마의 식사 관습의
특징은 기대어 눕기, 데이프논과 심포지움으로 이어지는 식사의 순

---

75. 조태연, 『예수운동-그리스도교 기원의 탐구』, 42.

서, 그 순서를 연결시켜주는 헌주 의식으로 특징지어진다. 이러한 식사를 통해서 그리스-로마 문화의 사람들은 코이노니아(공동체), 우정과 평등의 가치관을 창출하여 공동체의 연대감을 강화하고 경계를 설정했다.

신성한 식사는 그리스-로마의 튀시아 제의 안에 함께 나타나기 때문에 고린도교회에서 식사와 관련되어 나타나는 성찬을 잘 설명해준다. 그리스-로마 시대의 모든 형태의 식사는 희생제의와 관련되어 있으며, 그중에서도 동물의 피와 고기를 이용해서 드리는 튀시아 제의는 중요했다. 튀시아 제의 후에는 반드시 참여자들이 함께 먹는 식사가 뒤따랐기 때문에 그 식사는 종교적 의미를 항상 포함했다. 신에게 바쳐졌던 고기를 예배자들은 함께 동등하게 나눠 먹음으로써 신과의 연합뿐만 아니라 참여자들 사이의 연대감을 강화했다. 튀시아 제의는 호메로스의 작품 속에서 온전한 형태로 등장하고, 심지어는 칠십인역에서도 히브리어 '제바흐'가 '튀시아'로 번역되어 약 400회나 나타나며, 신약성서에는 약 20회 나타난다. 이것은 튀시아 제의의 구조와 의미가 구약성서뿐만 아니라 신약성서에도 많은 영향을 주었다는 사실을 알려준다.

바울은 튀시아를 하나님의 튀시아와 귀신의 튀시아로 구분하여 그 의미를 그리스도교의 성찬을 위해서 사용한다. 마치 튀시아 제의를 이용해서 이방제의와 식사와 그리스도교의 식사를 동전의 양면처럼 비교해서 제시한다. 그는 우상에게 바친 고기('에이돌로튀토스')를 공동체('코이노니아')의 연합을 구체화한 성찬으로 대체하여 그리스도의 피의 코이노니아와 그리스도의 몸의 코이노니아로 구체화한다

(10:16). 특별히 바울은 고린도전서 11:17-34의 주의 만찬을 그리스-로마의 식사 관습의 배경에서 해석한다. 고린도교회가 먹을 때에 분열이 있었던 것(34절)은 예배 때에도 분열이 있었다는 것이다. 왜냐하면, 연회 다음에 이어지는 주연에서 찬양과 기도, 영적 활동이 행해졌기 때문이다.

고린도교회가 소규모의 가정교회에서 모였다면, 그 교회의 예배는 식당의 식탁 앞에서 드려졌을 것이다. 빵과 포도주가 제공되는 만찬에서 그들은 공평한 식사('다이토스 에이세스')에 참여할 수 있었고, 또한 동일한 식사의 가치관을 가질 수 있었다. 공동체의 식사 윤리에서는 같은 시간에 같은 장소에서 함께 먹는 것이 중요하다(11:33-34). 성찬에 대한 이러한 접근은 그리스도교 예배의 기원 자체가 그리스-로마의 식사 관습을 계승한 성찬에서 시작되었음을 우리에게 알려준다. 또한 필자는 고린도전서의 공동식사를 그리스-로마의 튀시아 제의로 해석하여, 고린도교회가 당면했던 종교적·사회적 정황을 고찰했다. 그러므로 필자는 바울의 성찬을 그리스-로마의 식사 관습과 튀시아 제의로 해석하면 그리스도교의 정체성과 기원을 제공하는 풍성한 성찬 신학 담론을 만들 수 있다고 믿는 바다.[76]

---

76. 또한 그리스-로마의 식사 관습과 튀시아 제의로 바울의 성찬을 해석하면 보다 개방되고 연합된 성찬 예전과 신학을 만드는데 기여할 수 있다. 그래서 각 그리스도교 공동체가 성찬을 초대 그리스도교처럼 매주 행하여 그리스도의 희생과 겸손의 삶을 살 수 있도록 안내할 것이다. 그리스-로마 희생제의 후에 항상 신성한 식사가 뒤따라서 모든 사람들이 그 먹거리에 참여해서 먹었던 것처럼, 그리스도교 예배는 영적인 양식뿐만 아니라 성찬이 주는 본래적인 공동식사의 정신을 살려서 가난하고 굶주린 이들을 도울 수 있으며, 함께 사회적 나눔의 윤리도 실천할 수 있다.

나가는 말

　　호메로스의 『일리아스』와 『오뒷세이아』는 서양문학의 기원으로 자리 잡았을 뿐만 아니라 유대교의 구약성서와 더불어 지중해 지역을 비롯한 유럽 종교의 정경과 같은 역할을 해왔기에 거기에 등장하는 신들(gods)과 영웅들은 그리스-로마 종교와 문학에 지대한 영향을 끼쳤다. 신약성서 기자들도 이 거대한 문화적 파도를 피해갈 수 없었다. 그 영향은 긍정적이든 부정적이든 그들의 저작들 속에 반영될 수밖에 없었다. 신약성서 저자들(특히 마가복음, 누가복음, 사도행전)은 호메로스의 서사시를 모방해서 그리스도교적 서사시를 완성하기를 희망했다. 그렇기에 호메로스의 시에 등장하는 신들의 (부도덕하고 충동적인) 부정적인 모습들은 그들의 반면교사로 삼든지, 아니면 오뒷세우스, 제우스, 아테나, 아폴로, 디오뉘소스, 아킬레우스, 헥토르 등의 등장인물에서 부정적인 모습을 제거한 후 모방하여 좀 더 나은 그리스도교적인 주인공들로 재창조한다. 그 이유는 그 당시에 널리 알려진 호메로스의 신들과 영웅들의 이야기와 문학적 구도를 통해서 더욱 쉽고 설득력 있게 그리스도교의 예수 이야기를 널리 알리기 위해서였다. 즉, 호메로스의 서사시가 가지고 있는 문학적 영향력을 받아들여서 보다 도덕적이고 영적인 그리스도교 문학을 만들어 내기 위함이었다.

신약성서 기자에 끼친 호메로스의 영향력에 대해서 맥도날드 교수는 선도적으로 연구를 했으나, 그의 연구는 호메로스의 신들에 대한 분석보다는 호메로스의 영웅들(오뒷세우스, 헥토르, 아가멤논 등)에 치우친 면이 있다. 그래서 부도덕하고 충동적인 호메로스의 신들을 그리스도교의 하나님과 비교하기보다는 그 신들의 관계 속에서 씨름하며 고뇌하는 영웅들의 모습을 통해서 예수의 모습을 그려내려고 했다. 그렇지만 이미 마카베오 혁명 일어나기 전, 기원전 168년경 예루살렘의 유대인 사이에서 야훼는 제우스와 디오뉘소스로 인식되었다는 모튼 스미스의 주장은 필자의 관심을 끈다. 이것은 호메로스의 신들이 가진 긍정적인 모습과 호메로스의 서사시에 나오는 종교적인 행위들을 기원전 2세기의 유대인들뿐 아니라 기원후 1세기의 신약성서 기자들이 인지하고 그것들을 자신들의 저작들에 직접적이든 간접적이든 반영했음을 알려준다.

그리스-로마 튀시아 희생제의에서는 피를 마시거나 피가 들어 있는 고기를 (익히거나 날 것으로) 먹는 것에 대한 거부감이 없었다. 호메로스의 서사시에 등장하는 튀시아 희생제의는 구약에서처럼 피를 제하고 먹으라는 언급이 없다. 무엇보다 유대교의 공식적인 희생제의는 로마의 티투스 장군에 의해 기원후 70년 예루살렘 성전이 파괴될 때 공식적으로 중단되었다. 반면에 그리스-로마 튀시아 희생제의는 그리스도교가 로마의 국교로 공인되기 전까지 그리스-로마 세계에서 4세기 말까지 거행되었다.

(마가를 제외하고) 복음서가 기록되던 당시에 복음서 저자들이 경험할 수 있는 희생제의는 (비록 그들이 거기에 공식적으로 참여하거나 동의하지 않았더라도) 유대교의 희생제의가 아니라 그리스-로마 종교의 튀시아 희생제의가 되었을 것이다. 그렇기에 그들은 성찬 제정에 대한 이야기를 기술할 때, 유대교의 희생제의뿐만 아니라 튀시아 희생제의의 개념까지 사용해서 성찬의 의미를 보다 풍성하게 제시하고 있다. 예를 들면, 바울은 튀시아를 하나님의 튀시아와 귀신의 튀시아로 구분하여 이방제의 식사와 그리스도교의 식사를 동전의 양면처럼 비교해서 그리스도교의 성찬을 위해서 튀시아를 사용한다. 즉, 그는 우상에게 바친 고기('에이돌로튀토스')를 공동체('코이노니아')의 연합을 구체화한 성찬으로 대체하여, 그리스도의 피의 코이노니아와 몸의 코이노니아로 구체화한다(고전 10:16).

특별히 바울은 고린도전서 11:17-34의 주의 만찬을 그리스-로마의 식사 관습의 배경에서 해석한다. 고린도교회가 먹을 때에 분열이 있었던 것(34절)은 예배 때에도 분열이 있었다는 것이다. 왜냐하면, 연회 다음에 이어지는 주연에서 찬양과 기도, 영적 활동이 행해졌기 때문이다. 고린도교회가 소규모의 가정교회에서 모였다면 그 교회의 예배는 식당의 식탁 앞에서 드려졌을 것이다. 빵과 포도주가 제공되는 만찬에서 그들은 공평한 식사('다이토스 에이세스')에 참여할 수 있었고, 또한 동일한 식사의 가치관을 가질 수 있었다. 공동체의 식사 윤

리에서는 같은 시간에 같은 장소에서 함께 먹는 것이 중요하다(11:33-
34). 필자는 바울의 성찬을 그리스-로마의 식사관습과 튀시아 제의를
통해서 해석하여, 그리스도교의 정체성과 기원을 제공하는 풍성한
성찬 신학 담론을 만들 수 있다고 믿는다.

* * *

헤시오도스가 기록한 그리스의 종교의 기원은 호메로스가 알려
주지 않는 부분을 보충하여 설명해주기 때문에 그리스-로마 종교를
연구할 때 영웅 숭배와 관련하여 반드시 살펴보아야 한다. 왜냐하면,
헤시오도스의 신들의 계보는 신들의 탄생과 우주의 기원에 대해서
보고할 뿐만 아니라 제우스와 다른 신들의 아내들과 거기에서 태어
난 자녀들과 여신들과 인간 남자들 사이에서 태어난 자녀들에 대해
서도 보고하고, "신들과 여인들의 수많은 교합과 거기서 태어난 고
대 그리스 귀족 가문의 신화적 조상들의 목록"들을 제공하기 때문이
다(1019행 이하 참조). 신적인 기원을 가지는 영웅들을 숭배함으로써 사
람들은 자신이 속해 있는 공동체의 정체성을 강화하며, 그들을 통해
서 보다 쉽게 절대적인 존재(신)에게 가까이 다가갈 수 있다고 생각
했다. 한 명의 역사적인 예수가 있었지만, 그 예수를 주와 그리스도
로 고백하는 기독론은 신약성서 기자들 사이에서도 상당한 온도차
를 보여주고 있다.

그 많은 기독론 중 '영웅 기독론'은 초기 그리스도교인들이 그리
스-로마 문화와 종교의 영향력 아래에서 가장 선호하고 쉽게 이해할

수 있었던 기독론이 되었을 것이다. 신적인 속성과 인간적인 속성을
동시에 가진 그리스-로마 종교의 영웅 숭배는 예수의 신성이 점점
더 중요해져 가는 후기 로마 시대로 접어들면서 대중들 사이에 인기
가 많았던 그리스도교의 성인숭배(특히 마리아 숭배)를 이해하는 데 도
움을 준다. 사실 우리는 예수를 우리의 주와 그리스도로 고백할 때,
가장 감동 받는 것은 그가 하나님의 지고한 아들이었음에도 불구하
고 이 땅에서 인간인 우리들이 겪었던 삶을 살았고, 우리를 위해 자
신의 목숨까지 희생하여 죽었다는 사실이다. 이러한 감동과 감정은
고대 그리스 사회에서부터 예수 당시의 사람들도 그 당시의 영웅들
의 삶을 통해서 동일하게 느꼈던 것들이다. 영웅 숭배 제의에 대한
고찰은 예수의 신성과 인성을 동시에 볼 수 있게 할 뿐만 아니라 그
리스-로마 종교의 신비주의 제의와 로마의 황제 숭배를 심층적으로
이해하는 데 초석이 되기 때문에 이것에 대한 연구는 더욱 권장되어
야 한다고 생각한다.

　　미트라 제의와 황제 숭배의 신학적 배경에는 그리스의 영웅 숭
배가 가장 큰 그림자로 자리 잡고 있다. 결국에는 신약성서의 기자들
은 예수를 그리스-로마 세계 속에서 효과적으로 전파하기 위해서 그
문화와 종교를 이용해서, 그리스-로마 종교의 신과 영웅들보다 더욱
뛰어나고 위대한 그리스도교의 영웅인 예수를 소개하는 데 온 힘을
다했다. 미트라 제의가 남성들 위주의 종교였고, 디오뉘소스 제의가
여성들 위주의 종교였고, 황제 숭배가 지배자들의 사상을 전파하는
제의였다면, 그리스도교가 피지배자들까지 포함하는 모든 이들을 위
한 종교로서 나아갈 수 있었던 것은 그리스-로마 종교의 영웅 숭배

의 긍정적인 측면들을 잘 활용했기 때문이다. 미트라 제의와 로마 황제 숭배는 신비주의 종교의 속성도 강하기 때문에 그리스-로마 종교에서 신비주의 종교의 특성에 대한 이해도 반드시 필요하다.

주지하다시피 그리스-로마 종교에 등장하는 많은 신들과 영웅들은 주로 호메로스와 헤시오도스의 저술 속에서 우리들에게 다가왔다. 거기에 묘사되는 신들은 우리 인간들처럼 분노하고, 사랑하고, 모략을 세우고, 시기하고, 심지어는 질투하기도 한다. 인간이나 신들 모두 물질적인 것에 관심을 많이 가지고, 죽음 이후의 삶보다는 현세의 삶에 더욱 관심을 가진다. 이러한 대중적인 호메로스의 신들이 부도덕하다고 플라톤은 비판을 했고, 그는 오르페우스교와 퓌타고라스 학파의 사상을 받아들여서 영혼의 불멸성과 윤회에 대한 개념을 제시한다. 후에 플라톤의 사상은 철학적인 종교의 중요한 토대를 마련해 준다. 즉, 그리스의 밀의 종교(신비주의 종교)가 그리스-로마 종교의 방향을 영적인 것으로 새롭게 바꾸었다.

마치 유대인들이 구약의 배경과 구약성서 구절을 이용해서 예수의 삶과 사상을 전했던 것처럼, 신약성서 기자들은 구약의 사상뿐만 아니라 그리스-로마의 밀의 종교까지도 이방인들을 향한 복음전파를 위해서 창의적으로 사용했다. 이런 관점에서 엘레우시스 밀의는 이교를 대표하는 상징을 가지며 그 신전의 파괴는 이교에 대한 그리스도교의 승리를 보여주는 사건이다. 그렇지만 신전이 사라졌다고 이교의 그림자까지 사라진 것은 아니다. 이미 4세기동안 그리스도교는 이교와의 경쟁 속에서 그들을 이용했기에, 신약성서에 대한 깊이 있는 이해를 위해서는 밀의 종교를 포함하는 그리스-로마 종교에 대

해서 알아야 한다. 엘레우시스와 퀴벨레 제의는 여신들이 가지고 있
는 다산과 성적인 풍요를 담아내며, 여성성을 긍정적으로 보여주었
다. 이것은 또한 여신들에 대한 제의의 중단이 그리스도교 안에서 조
차도 여성지도력의 쇠퇴와 남성지도력의 등장을 나타내 주는 지표
가 되기도 한다.

　이집트 밀의 종교에 나타나는 신들의 고난과 죽음과 부활, 그리
고 내세에서의 영원한 삶, 신의 자비와 사랑 등의 개념은 하나님의
강 안에서는 단지 지류 또는 개울물들일 수밖에 없다. 그리스도교는
그것을 다른 방향과 세기 또는 새로운 수질로 바꿨고, 그 중심에는
예수 그리스도가 인간을 향해 보여준 사랑과 하나님에 대한 사랑이
자리 잡고 있다. 예를 들면, 구약성서에서는 오늘날 그리스도교가 가
지고 있는 많은 사상들을 담고 있으며(구속사, 하나님의 섭리, 속죄의 개념
등), 예수의 전형이 되는 인물들도 많이 나온다(모세, 엘리야, 요셉 등). 구
약성서를 이용해서 신약성서 기자들은 그리스도교를 변증하고, 새로
운 그리스도교의 강의 흐름을 만들어 낸 것이다. 그 누구도 그리스도
교와 유대교를 같은 종교이며 신약이 단순히 구약을 복사했다고 말
하지 않는다. 아무리 비슷해 보여도 유사성보다 차이점 때문에 그리
스도교의 독특성이 있는 것이다.

　그리스-로마 종교는 몇 번에 거쳐서 중대한 변화를 겪는다. 그 첫
번째는 호메로스와 헤시오도스에 의해서 확립된 다신론이 밀의 종
교를 통해 죽음 이후의 세계와 영혼에 대한 관심을 가지게 된다. 두
번째는 그리스의 철학자들에 의해서 단일신론에 대한 흐름이 시작
된다. 즉, "그리스의 고대 철학자들은 삼층 세계에서 인간의 모습으

로 물질적인 세계관 속에서 존재하는 어떤 궁극적인 실체 대신에, 지구중심의 세계관 속에서 영적으로 존재하는 모나드에 대한 사상을 발전시켰다."[1] 세 번째는 이러한 철학적 단일신론과 전통적인 다신론이 서로 공존을 모색하게 된다. 공존의 방법은 전통적인 그리스-로마 종교에서 최고신(제우스)의 역할을 증대시키거나, 단일신론을 가지고 있으면서도 동시에 다신론적 특징을 가지는 태양신에 대한 숭배가 밀의 종교와 결합되어 나타났다. 또한, 모나드에 대한 개념을 통해서 어떻게 하나가 다수가 되는가에 대한 사색의 결과로 고대 영지 사상이 탄생하게 되었다. 그러므로 오늘날 흔히 '영지주의'라고 불리는 초기 그리스도교 사상은 그리스의 철학자들의 단일신론, 특히 '모나드'에 의존한다.

이 사상에 의하면 하나님은 물질적인 하나님이 아니라 영적인 하나님이며(요 4:24), 인간의 참된 본질은 육체가 아니라 영혼이고, 그 인간의 영혼은 모나드인 하나님으로부터 왔기 때문에 다시 모나드로 돌아가야 한다. 그래서 "이러한 모나드의 신학을 가지고 신약성서의 하나님을 살펴보면 고대 영지 사상의 자취를 잘 발견 할 수 있다."[2] 이 세상을 주관하는 '정신' 또는 모나드가 지구 중심의 우주에서 모든 것을 움직인다고 그리스의 철학자들이 주장했듯이, 그리스

---

1.   조재형, "고대 영지 사상이 초기 기독교 공동체의 '신론'(神論)에 끼친 영향: 나그함마디 문서와 신약성서의 영지주의적 본문을 중심으로," 「신학연구」 69 (2016), 94.

2.   조재형, "고대 영지 사상이 초기 기독교 공동체의 '신론'(神論)에 끼친 영향," 94.

도교는 이 세상을 하나님이 창조하고 또한 주관한다고 주장한다. 일반적으로 대부분의 그리스도교인들에게 삼위일체 교리는 이해의 산물이라기보다는 믿음을 표현하는 신앙고백이다.

그럼에도 이 삼위일체 교리를 그리스-로마 종교의 다신론과 단일신론의 관계, 특히 고대 영지 사상에서 말하는 모나드에서 방출된 아들과 성령으로 이해하면 어느 정도 논리적인 설명이 가능하다. 로마의 아우렐리우스 황제와 콘스탄티누스 황제가 태양신의 일신교적 특징을 이용해서 제국의 통합을 이루려고 했던 것처럼, 그리스도교의 단일신론은 태양신의 것과 비슷한 역할을 감당했다. 그러나 콘스탄티누스가 태양신을 그리스도교의 삼위일체 하나님에게 복속시킴으로써 태양 숭배의 단일신론 안에 그리스도교의 성부, 성자, 성령의 특성을 포함시키는 복잡한 문제를 만들었다. 2-3세기에 그리스도교 변증가로 활동했던 테르툴리아누스는 흥미롭게도 삼위일체를 태양과 태양의 빛으로 비교하여 설명했다. 즉 그에 의하면 태양 자체는 하나님이고, 그 빛은 예수이고, 그 빛의 특별한 초점은 성령이 된다.[3] 비슷하지만 보다 삼위일체적 관점에서 아우구스티누스는 '삼위일체론'에서 성부, 성자, 성령을 빛으로 표현하며, 이 빛이 하나라고 주장한다. 이러한 설명들은 고대 영지 사상에서 주장하는 모나드의 방출을 태양의 단일신론적 특징과 보편주의를 병합하여 논리적인 설명을 한 것이다.[4]

3.　Roger E. Olson and Christopher A. Hall, *The Trinity, Guides to Theology* (Grand Rapids: W. B. Eerdmans, 2002, 2002), 30.

4.　이와는 별도로 태양 숭배의 흔적은 그리스도교가 로마의 국교가 된 이후에

그러므로 그리스의 철학적인 종교의 단일신론은 고대 영지 사상의 모나드의 신학에 큰 영향을 주었다. 이 모나드의 신학은 다시 그리스도교의 단일신론에 영향을 주어서 하나님을 물질적인 관점에서가 아니라 영적인 측면에서 바라볼 수 있게 해주면서 동시에 삼위일체적 관점에서 이해할 수 있는 철학적 근거를 제공해 준다.

플라톤이 주장한 영혼과 육체의 관계와 영혼 불멸설과 세계의 창조와 종말에 대한 사상은 유대교와 그리스도교, 주후 2-3세기의 영지주의자들과 후대의 이슬람교에도 큰 영향을 주었다. 무엇보다 신약성서 기자들은 육체에 대한 영혼의 우선성과 우월성에 대해서 민감하게 받아들였다. 마가복음의 예수는 "누구든지 나를 따라오려거든 자기를 부인하고 자기 십자가를 지고 나를 따를 것이니라. 누구든지 자기 목숨을 구원하고자 하면 잃을 것이요 누구든지 나와 복음을 위하여 자기 목숨을 잃으면 구원하리라 사람이 만일 온 천하를 얻고도 자기 목숨을 잃으면 무엇이 유익하리요"(막 8:34-36)라고 말한다. 예수는 사람이 온 세상을 얻고도 자신의 목숨 잃어버리면 아무런 소용이 없다고 말한다(36절). '목숨'의 헬라어 낱말은 '프쉬케'인데 이것은 땅에서의 생명을 의미하기도 하지만 본질적인 뜻은 '영혼'이다. 특별히 예수는 눈에 보이는 물질적인 몸을 위해서 영혼을 잃어버리는 어리석음을 비판한다(35절).

마가복음 14:51-52에는 다른 복음서에 나오지 않는 알몸으로 도

도 부활절 모닥불 의식과 크리스마스 장작불 점화 의식과 일요일을 준수하는 전통 속에서 변형되어 남아있다.

망간 청년에 대한 이야기가 나온다. 이 본문에 대한 다양한 해석이
존재하지만, 필자는 그 청년이 알몸으로 빠져나간 것을 육체에서 영
혼이 빠져나간 것에 대한 비유적인 묘사라고 해석한다. 즉, 그 청년
은 예수를 위해 죽었다. "죽음이 제자들에게 닥쳐왔을 때(군병들이 제자
들을 체포하려 할 때), 그들은 모두 자신들의 목숨을 얻기 위하여 도망갔
기 때문에 실상은 그들은 육체의 목숨은 얻었지만, 영혼의 목숨은 잃
은 것이다(막 8:34). 반면에 한 청년은 육체의 겉옷을 벗어놓고 알몸인
영혼으로 예수를 따른다."[5]

　육에 대한 영의 우월성은 요한복음과 바울서신에서도 잘 드러난
다. 예수는 "살리는 것은 영이니 육은 무익하니라"(요 6:63)고 말하고,
바울은 "혈과 육은 하나님 나라를 이어 받을 수 없고 또한 썩는 것은
썩지 아니하는 것을 유업으로 받지 못하느니라"고 고린도교회 교인
들에게 단언한다. 바울은 썩는 것을 육으로, 썩지 않는 것을 영으로
구분한다. 이러한 영육 이원론에 대한 가장 강력한 토대는 앞에서 살
펴보았듯이 플라톤의 사상이다. 그레고리 라일리가 "영육 이원론은
그리스도교가 기초를 두고 있는 가장 중요한 토대이며, 사실 이 이원
론이 없었다면 그리스도교도 없었을 것이다."라고 지적했듯이, 플라
톤의 사상은 그리스도교 신학의 가장 중요한 부분을 형성하고 있다.

　플라톤은 우주의 창조를 데미우르고스라는 신에게 돌린다. 이 신
은 모나드의 모상을 따라서 우주를 창조하지만, 그 역할이 부정적이

5.　조재형, "알몸으로 빠져나간 청년과 영혼의 여행(막 14:51-52)," 「신학사상」 172 (2016), 27-28.

지 않다. 기원후 2-3세기의 영지주의자들이 이 데미우르고스를 얄다 바오트로 바꿔서 그것을 악하고 열등한 신으로 묘사하는 것과는 차이가 있다. 요한복음 기자는 예수가 바로 이 데미우르고스의 역할을 한 것으로 해석한다(요 1:1-18). 플라톤의 이러한 모나드와 데미우르고스의 관계를 이용하여 요한은 로고스의 역할을 하나님 아버지와의 관계 속에서 설명한다. 신약성서의 하나님은 영적인 존재이며(요 4:24), 영원하고 불변하다.

물론 신약성서에는 이러한 몸과 영의 이원론을 반대하는 사상도 있다. 그리스도만 하더라도 이 땅에 육으로 왔다(요 1:14). 가장 영적인 존재인 그리스도는 아기 예수의 몸으로 이 땅에 왔으며, 마태복음에 보면 부활한 사람들이 몸으로 다시 부활한 모습도 보도한다(마 27:52-53). 사실 신약성서에 서로 반대되는 신학(믿음과 행위, 기독론, 종말론)들이 동시에 나타나는 것을 감안하면 영육 이원론에 대한 이러한 상반되는 보도는 결코 놀라운 일이 아니다. 그렇지만 신약성서는 육에 대한 영의 우월성을 더욱 비중 있게 이야기하며, 하나님은 절대적인 존재로 이 세상을 위한 진리와 사랑과 생명의 공급원이 된다고 강조한다. 그리스도교 이전부터 존재했던 고대 영지 사상이나 그리스도교 이후의 영지주의 모두 이러한 영육 이원론에 근거하여 영혼의 중요성을 강조하며, 그 영혼이 모나드인 하나님으로부터 왔다고 주장한다.

플라톤의 철학적인 종교는 영지 사상의 철학적 기반을 제공하여 그리스도교 공동체 안으로 들어왔다. 영지주의가 지나치게 영을 강조하고 그리스도의 몸을 소홀히 여겨 가현설을 주장하기도 했는데,

이것 역시도 플라톤이 남긴 그림자다. 상대적으로 정통 그리스도교가 플라톤의 사상을 보다 보수적으로 수용했다면, 영지주의는 보다 자유롭게 수용했다. 플라톤의 철학적인 종교는 그리스의 철학이 어떻게 세계 지성사, 특히 그리스도교에 영향을 주었는지를 보여주는 좋은 예다. 그래서 필론에서부터 테르툴리아누스, 오리게네스, 아우구스티누스를 포함한 신학자들은 플라톤의 철학을 적극적으로 이용해서 그리스도교의 신학을 발전시켰다. 이렇게 그리스도교 신학의 발전의 배후에는 그리스-로마 종교라는 강이 쏟아내는 무수한 물줄기가 있었다. 그 강을 하나의 지류로 볼 것인지, 아니면 유대교라는 강과 어깨를 마주하는 '대하'로 볼 것인지는 이제 이 책을 읽는 독자들이 판단할 차례다.

부록

부록:
1세기 팔레스타인에 영향을 주었던
고대 로마법의 역사와 내용*

그리스라는 나라를 생각할 때 그리스의 종교와 철학을 자연스럽게 연상한다면, 로마라는 나라를 생각할 때는 '법'이 자연스럽게 떠오를 정도로 로마법은 로마라는 제국의 정치와 사회문화의 근간을 제공해 주었다.[1] 조남진은 "국가와 법 생활에 있어 로마인들이 이룬 업적으로 그들은 세계사에서 유일한 법의 민족이라는 존엄성을 획득하게 되었다"고 주장함으로써 로마인들과 법의 관계를 잘 표현했다.[2] 그뿐만 아니라 로마법은 그리스도교가 발생할 당시에는 그리스도교인들에게 영향을 주었지만 313년 콘스탄티누스 황제에 의해서

---

*   이 장은 필자의 다음의 글을 수정한 것이다. 조재형. "1세기 팔레스타인에 영향을 주었던 고대 로마법의 역사와 내용" 「성서마당」 111 (가을, 2014), 81-93.

1.   현승종, 『로마法』 (서울: 일조각, 1997), 1.
2.   조남진, "스토아 사상과 로마법," 「西洋古代史研究」 2 (1994. 11), 23.

그리스도교가 로마에 의해서 합법적인 종교로 공인되고, 391년에 테오도시우스 황제에 의해서 국교가 된 이후로, 그리스도교는 로마법과 서구 법에 어느 정도 영향을 행사하려고 했다.[3] 그럼에도 로마법의 기본적인 근간과 정신은 그리스도교의 발생 이후부터 현대에 이르기까지 서구 나라의 법에 큰 영향을 끼쳤다. 이 글에서는 로마법의 개략적인 역사와 1세기 팔레스타인에 살았던 유대인들과 그리스도교인들이 지켜야했던 로마법의 범위와 내용에 대해서 살펴본 후, 신약성서에 나오는 일부일처제의 전통을 로마법과 관련시켜서 살펴보도록 하겠다.

1. 로마법의 개론적인 역사와 내용

로마의 역사는 크게 왕정 시대(주전 753-509년), 공화정 시대(주전 509-27년), 제정(원수정) 시대(주전 27-주후 476년)로 구분될 수 있다. 몇몇 학자들은 로마법의 역사에 있어서 좀 더 세분해서 여섯 개의 시대로 나누기도 하지만, 로마 역사상 두 번의 가장 큰 국가적 위기의 상황을 기점으로 세 개의 시기로 나눌 수 있다. 즉, 첫 번째 위기는 카르타고와의 전쟁에 이겨서(주전 202년) 로마의 공화정 사회에 커다란 변

---

3.   이런 관점에서 남성현은 그리스도교가 로마의 간통과 이혼법에 어떤 영향을 행사하려고 했는가를 자세하게 논했다. 남성현, "로마법과 기독교 간통 및 이혼에 관한 로마법 전통과 4-6세기 기독교 시대의 칙법 전통," 「서양고대사 연구」 29 (2011.12), 196.

화가 일어났던 것이고, 두 번째 위기는 주후 235년에 알렉산드로스 세베루스 황제의 암살로 시작된 50년간의 무정부 시대였다(주후 235-284년).[4] 그러나 여기에서는 로마의 역사구분을 주로 따르면서 두 개의 큰 위기를 참고적으로 따라서 로마법사를 설명할 것이다.

1) 왕정 시대

왕정 시대 로마법의 가장 큰 특징은 종교적이라는 것이다. 이 시대는 왕들이 세속적이고 종교적인 지배자들로 역할을 감당했다. 왕들은 한 가족의 아버지와 같이 절대적인 권력을 가지고, 세속적인 영역과 거룩한 영역을 함께 관장했다. 이들은 정치, 종교, 군사 등의 모든 영역에서 권력을 장악했지만 주로 종교적인 권위와 규범들을 가지고 권력을 행사했다. 그래서 모든 거룩한 영역의 규범들과 사회의 규범들은 종교적인 규범들이었다고 말해도 무방했다. 그러므로 왕에 의해서 이뤄지는 법에 대한 절대적인 권위는 법을 위반한 자에게 사형을 언도할 정도로 강력했다.[5] 이 시대의 로마는 부족들로 연합한 도시국가의 형태였고, 이탈리아의 중부에서 시작해서 이탈리아 전체를 통일한 국가로 발전함에 따라서 부족 연합의 도시국가의 형태에서 가족을 구성요소로 하는 공동체적 성격을 가지는 국가로 발전했고, 법도 농업생활에 맞게 소박하고, 민족적인 성질을 가지고 있었

---

4. 현승종, 『로마法』, 8-9.
5. Gordon Lee Anderson, "The Legal Basis for the Treatment of Christianity, 30-312 C. E." (Ph. D Diss. University of Minnesota, 1986), 54-55.

다.[6]

2) 공화정 시대

주전 510년 왕정은 공화정의 성립과 함께 무너졌다. 기본적으로 공화정은 집정관의 명령권, 원로원의 권위, 민회를 통한 국민의 자유가 서로 견제하고 조화하는 원리의 국가조직이었다.[7] 이와 함께 거룩한 영역에 대한 역할에 분할이 일어났다. 즉, 집정관들(consuls)을 포함한 정무관들(magistrates)은 사회 영역에 대한 책임을 맡고, 제사장들은 거룩한 영역(종교)에 대한 책임을 맡았다. 그렇다고 이 두 영역 사이의 책임에 있어서 명확한 분리가 있었던 것은 아니었다.[8] 주전 202년 로마는 2차 포에니 전쟁을 통해서 카르타고에 결정적으로 승리하여 지중해 지역의 패권을 차지하게 되었다. 이것은 로마가 작은 농업도시에서 세계적인 상업도시로 성장하는 데 있어서 중요한 계기가 되었다. 왕정이 끝나고 공화정이 시작될 때부터 증가하는 인구와 상업의 발달, 국가조직의 변화는 법체계의 변화를 요구했었는데, 2차 포에니 전쟁 후에 지중해 지역으로 본격적인 진출이 일어나면서 배타적이고 민족적인 법을 넘어서는 좀 더 포괄적인 법체제에 대한 수요가 일어나기 시작했다. 그래서 앞에서 지적했듯이 왕이 가지고 있었던 종교적 영역과 세속적 영역에 대한 책임에 대한 분할이 일어난 것은 당연했지만 기본적으로 로마는 전 공화정 시대를 거쳐서 종교적

---

6. 현승종, 『로마法』, 11.
7. 현승종, 『로마法』, 12.
8. Anderson, "The Legal Basis for the Treatment of Christianity," 55-56.

인 규범들이 중요했다. 왜냐하면 제사장들이 법과 국가 제도의 건설에 있어서 수호자와 조언자와 같은 역할을 담당했기 때문이다.[9] 제정시대의 시작을 알렸던 아우구스투스는 로마의 황제이자 최고 제사장의 직분을 동시에 가지고 있었다는 데서 로마법의 종교적인 토대를 알 수 있다.[10]

공화정 시대의 일반적인 법 제정은 정무관이 제안하여 민회에서 의결했고 주전 286년부터는 평민회에서 의결한 것도 법률과 동일한 효력을 가졌고, 주로 법 이름은 그것을 의결한 정무관의 이름을 따랐다.[11] 공화정 시대의 중요한 법률은 주전 450경에 제정된 12표법(*lex duodecim tabularum*)인데, 이것은 왕정 시대부터 존재했던 관습법을 문서화한 것으로 평민과 귀족간의 투쟁의 산물로 나온 것이지만 후대의 로마법의 기초가 된다.[12] 12표법 이후로 기본적인 원칙인 "시민의 의지"의 표현은 유지되었지만 로마법은 많은 변화를 겪게 되었고, 그중의 하나는 민법(civil law)과 형법(criminal law)에 대한 구분이 일어났다는 것이다. 흔히 영어로 "civil law"를 민법이라고도 하지만 로마법이라고 하는 데서 알 수 있듯이, 로마법의 창조성과 독특성은 '형법'보다는 '민법'에 있었다.[13] 일반적으로 형법은 국가의 안보를 위협하는 행동을 규제한다면 민법은 개인들의 권리에 대한 것들을 규제했

9.　Anderson, "The Legal Basis for the Treatment of Christianity," 56.

10.　Anderson, "The Legal Basis for the Treatment of Christianity," 56.

11.　현승종, 『로마法』, 15.

12.　현승종, 『로마法』, 15.

13.　Anderson, "The Legal Basis for the Treatment of Christianity," 57-58.

다. 이때 민법에서의 정무관들은 두 당사자 간의 '심판'(umpires)의 역할을 했다.[14]

공화정 후기(주전 157-27년)에 로마법 체계에 중요한 변화가 발생하는데, 첫째는 "정무관의 칙령이 로마법의 중요한 개혁 조항이 되었다."[15] 둘째는 형법을 다루기 위한 항구적인 재판소가 설치되었다. 그래서 형사법의 사건에 대한 대중들의 청취는 이뤄지지 않았고, 대신 재판관들에 의해서 다뤄졌다.[16]

3) 제정(원수정) 시대

공화정 후기에 움텄던 모든 민족과 문화를 포괄하는 만민법 사상은 제정 시대에 들어서면서 완성되었다. 정무관과 원로원과 민회의 권력을 모두 가지는 황제의 지배를 시작한 사람은 아우구스투스(주전 27-주후 14년)였다.[17] 민회는 사라지지 않았지만 황제권의 강화는 민회의 중요성을 감소시켰다. 정무관들이 했던 법의 발의를 이제 원로원에서 하게 된 것도 커다란 변화 중의 하나였지만, 실제적인 권한은 황제가 가지고 있었고, 원로원은 그저 황제의 "대변자" 역할을 하는 경우가 많았다. 황제 자신이 법을 만들어 내게 된 것도 이때부터였고, 이것은 로마법 역사상 아주 중요한 발전이었다.[18] "공화정 시대

---

14. Anderson, "The Legal Basis for the Treatment of Christianity," 58.

15. Anderson, "The Legal Basis for the Treatment of Christianity," 62.

16. Anderson, "The Legal Basis for the Treatment of Christianity," 62-63.

17. 현승종, 『로마法』, 21.

18. Anderson, "The Legal Basis for the Treatment of Christianity," 63.

에는 법을 해석하는 역할은 제사장들의 중요한 영역이었지만, 제정 시대에는 이러한 기능이 황제에 의해서 인정을 받은 반직업적인 (semi-professional) 변호사들이 맡게 되었다."[19] 그리고 제정 초기(27 B.C E-117 C.E)에 새로운 형태의 법원이 출현했다. 하나는 황제가 자문위원 회와 함께 심판관의 자리에 앉았다. 다른 하나는 원로원이 집정관 아래에서 심판관의 자리에 앉는 것과 속주의 지도자들이 황제의 뜻을 반영하여 속주의 법률적인 문제들을 다뤘다.[20] 제정의 중반기와 후반기에는 로마법의 커다란 변화는 거의 일어나지 않았고, 초기에 다져진 이러한 법 제도가 확고해지고 공고해졌다는 것이 특징이다.[21]

현승종은 제정 시대 법의 발달에 대해서 다음과 같이 설명한다.

> 萬民法은 부단히 발전하여 市民法의 적용범위를 더욱 좁혀갔거니와, 로마의 법학자는 市民法과 萬民法의 대립에 착안하여 그 관계를 일반화하여 이론적으로 설명하려고 노력했다. … 로마의 법학자는 그리스哲學을 토대로 萬民法의 理論的 기초를 마련하려고 했다. … 스토아哲學에서도 일반적으로 승인된 이 이론은 로마에 수입되어 Marcus Tullius Cicero(106-43 B.C.)와 그 이후의 법학자들은 萬民法과 관련하여 自然法 ius naturale의 理論을 전개했다.[22]

---

19. Anderson, "The Legal Basis for the Treatment of Christianity," 64.
20. Anderson, "The Legal Basis for the Treatment of Christianity," 64-65.
21. Anderson, "The Legal Basis for the Treatment of Christianity," 65-66.
22. 현승종, 『로마法』, 22.

자연법은 좁은 의미에서는 만민법의 이론적 토대가 되었지만 넓은 의미에서는 "인도주의, 공평, 그리고 평등주의와 같은 일반원리들"과 약자를 보호하는 원리들을 담고 있었다.[23] 그랜트(R. M. Grant)는 이러한 로마의 자연법은 그리스도교가 공인종교로 인정되어 로마법에 영향을 행사하기 이전부터 여성과 노예들의 법적인 상태를 개선했다고 지적한다.[24] 즉 "이론적으로 노예는 주인에게 속했지만 그들은 재산을 소유할 수 있었고, 그것들을 이용해서 자신들의 자유를 살 수 있었다. 노예들은 또한 주인들의 학대에 법률적으로 보호받았다."[25] 적용대상을 중심으로 로마법을 살펴보면 로마 내의 시민들에게 적용되는 자국법과 "자국민과 외국인들과의 관계를 규정하는 만민법(萬民法)"과 로마 외의 지역, 즉 로마의 속주에 대한 지방법이 있었다.[26] 이 지방법의 내용과 작용되는 범위에 대해서는 크게 로마가 속주민의 모든 권리를 박탈했다는 것과 원칙적으로 '속인주의 원칙'을 가지고 세금과 징병, 황제 숭배 등을 지키는 한 속주의 자치권을 허락했다는 것이다.[27] 김충연은 이러한 상반된 두 견해가 "로마 제국의 속주에 대한 정책의 우회성과 다양한 책략" 때문이라고 언급한

---

23. 조남진, "스토아 사상과 로마법," 「西洋古代史硏究」 2 (1994. 11), 25.
24. R. M. Grant, "Roman Empire," in *The Interpreter's Dictionary of the Bible*, vol. 4, ed. George Arthur Buttrick (New York: Abingdon Press, 1962), 106.
25. Grant, "Roman Empire," 106.
26. 김충연, "고대 로마법(원수정시대)과 사도행전에 나타난 초기 기독교인들의 율법 이해," 신약논단 19/2 (2012 여름), 496.
27. 김충연, "고대 로마법(원수정시대)과 사도행전에 나타난 초기 기독교인들의 율법 이해," 497-498.

다.[28] 1세기의 팔레스타인에 살고 있었던 유대인들과 그리스도교인
들은 로마의 지방법의 영향력을 직접적으로 받았다. 그러므로 그리
스도교와 로마법의 관계를 살펴보는 그 시작은 그리스도교의 발생
초기에 로마법과는 어떤 관계였나를 알아보는 것이다.

2. 1-2세기 팔레스타인의 로마법

팔레스타인은 기원전 63년에 로마의 폼페이우스에 의해서 시리
아의 로마 속주(屬州)가 되었다. 폼페이우스를 비롯한 로마의 지배자
들과 황제들은 주전 66년에 일어난 유대전쟁 전까지는 유대인들에
게 상당히 관용적인 정책을 사용했다.[29] 군사전략적으로 팔레스타인
전 지역은 로마에게 있어서 중요했지만, 유대인들의 특이한 유일신
에 대한 신앙을 알고 있었던 로마는 그들에게 상당한 자치권을 허락
해 주었다. 예를 들면, 아우구스투스는 "예루살렘에서는 군기 위에
황제의 초상화를" 그리지 않도록 했을 뿐만 아니라 유대인들에게
"황제제의"를 요구하지 않았다. 또한 로마 종교를 강요하지도 않았
고, 유대인 남자들을 강제 징용하지도 않았다.[30] 종교분야뿐만 아니

---

28. 김충연, "고대 로마법(원수정시대)과 사도행전에 나타난 초기 기독교인들의
    율법 이해," 498.
29. Bo Reicke, 『신약성서 시대사』, 번역실 옮김 (서울: 한국신학연구소, 1995),
    96-155; 김충연, "고대 로마법(원수정시대)과 사도행전에 나타난 초기 기독
    교인들의 율법 이해," 499.
30. Reicke, 『신약성서 시대사』, 155.

라 사법과 행정에서 유대인들은 산헤드린이라는 "총독관구의 내정을 관장하는 최고행정기관"을 통해서 자신들의 율법을 적용시켜 나갔다.[31] 그렇기에 "행 16:19-28 이하에 보도되는 것처럼 유대인이 팔레스타인 밖에서, 즉 로마의 또 다른 속주에서 거할 때는 로마의 법에 지배를" 받았지만, 예수 당시의 팔레스타인의 유대인들은 로마의 속주로 또는 지배를 받을 때도, 누릴 수 있는 최대한의 자치권을 보장받았기 때문에 그들에게 직접적인 영향을 주었던 것은 로마법이 아니라 바로 유대교의 율법이었다.[32]

그러나 폼페이우스 이후로 유대전쟁이 발발하기 전까지 팔레스타인에서 일어났던 유대 지도자들의 양태를 보면, 그들은 끊임없이 친로마 정책을 통해서 자신들의 권력을 강화했다. 로마가 산헤드린에 보냈던 공문서에 보면 "예루살렘의 정부와 원로원과 민중에게"라고 수신인을 명기했던 것처럼, 산헤드린은 로마의 법체제와 재판구조를 모방했던 것처럼 보인다.[33] 이러한 예들은 예수의 재판과 사도행전에 나오는 바울의 재판 모습을 통해서도 나타난다.

유대인들이 로마로부터 합법적인 자치권을 누린 반면 팔레스타인의 그리스도교인들의 상황은 좀 달랐다. 처음에 로마는 유대교로부터 그리스도교인들을 따로 구분하지 못한 것 같다. 그리스도교인들을 유대교의 한 분파쯤으로 생각하다가 이들이 로마의 정치범으

---

31. Reicke, 『신약성서 시대사』, 156.
32. 김충연, "고대 로마법(원수정시대)과 사도행전에 나타난 초기 기독교인들의 율법 이해," 499-501.
33. Reicke, 『신약성서 시대사』, 156.

로 십자가에 못 박혀 죽은 예수를 신봉하며 황제 숭배를 팔레스타인 뿐만 아니라 로마 전역에서 거부하자 로마당국은 그들을 의심의 눈 초리로 보게 되었고, 전제국적인 박해는 아니지만 산발적이고 지역 적인 박해를 하게 되었다. 즉 "로마 제국은 기독교를 이상한 마술 집 단으로 의심을 했고, 더 나아가 무신론집단(국가의 신들을 부인하는)과 소 요집단으로 간주했다. 유대교가 기독교에 대한 박해가 힘을 가질 수 있었던 것은 로마의 이러한 기독교에 대한 정책에 힘입은 측면이 있 었다."[34] 이 박해 때 그리스도교인들은 로마의 형법에 의해서 하나의 국가를 위협하는 존재들에 대한 본보기로서 십자가형, 참수형, 화형 등에 처해지기도 했다.[35] 2세기의 테르툴리아누스, 순교자 유스티누 스, 디오니게스 서신을 쓴 익명의 저자가 바로 이러한 상황에 맞서서 그리스도교가 로마와 모든 사람들에게 해로운 종교가 아니라는 사 실을 변증하게 되었다. 그들의 주장은 그리스도교는 로마의 법을 위 반하지 않았다는 것이다. 또한 유대인들이 1세기 말부터 자신들의 회당으로부터 그리스도교인들을 추방해 나가자(요 9:22; 12:42; 16:2) 복 음서 기자들(특히 요한과 누가)은 예수와 예수의 제자들(베드로와 바울)이 로마 당국의 호의를 받는 반면에 유대인들에 의해서 박해를 받는다 고 묘사한다.[36] 1세기의 그리스도교인들은 예수가 그리스도라는 사

---

34. 조재형, "요한복음 서론(1:1-18)에 반영된 요한공동체의 정황," 「복음과 교 회」 19/1 (2013), 165.

35. Grant, "Roman Empire," 106.

36. 요한복음과 누가복음과 사도행전에 묘사되는 빌라도, 베스도 등의 로마의 관리들에 대한 호의적인 묘사 등이 이러한 상황을 반영한다.

실을 전할 때와 황제 숭배 거부를 제외하고 가능한 로마의 법을 충실히 따르는 것으로 자신들의 정체성을 확립했다. 지면 관계상 이와 관련된 많은 예들을 다루는 대신에 로마법이 신약성서 기자들에게 준 영향력에 대한 단서들을 신약성서에 나타난 일부일처제를 통해 살펴보려고 한다.

3. 로마의 혼인법과 신약성서의 일부일처 혼인에 대한 예

조은래는 로마의 혼인법의 특징을 다음과 같이 열거했다.

첫째 혼인의 개념에 있어서 로마인은 혼인의 순수성과 인도주의사상을 강조하여 혼인에 재산관계의 개입을 철저히 배제했으며, 부부재산계약은 미풍양속에 반한다고 하여 허용하지 않았다. … 둘째 혼인의 방식에 있어서 동부지방의 혼인이 문서로 성립한 반면, 로마의 혼인은 당사자의 합의로 성립했으며, 합의의 방식은 문제되지 않았다. … 로마의 결혼은 형식적인 면에서나 내용적인 면에서 오늘날의 결혼과 거의 유사한 점이 많다. … 셋째 로마의 동부지방민족의 혼인법은 예외 없이 일부다처제를 채용했지만, 유독 로마인만이 고대사회에서 일부일처제를 유지했다. 중혼은 무효로 하고 중혼자를 불명예자로 제재했다. 따라서 로마인들은 남편이 여러 명의 아내를 거느

린다는 것은 상상도 할 수 없는 일이었다.[37]

반면에 구약성서의 예들은 남녀의 결혼을 하나님의 창조 계획 속에서 설명한다(창 1:24-25). 물론 인도주의 사상이 없는 것은 아니지만, 로마법처럼 재산 관계가 철저하게 배제되지는 않았다. 특별히 일부다처제의 경우는 구약에서 많이 찾아볼 수 있다. 예를 들면, 아브라함(창 16:3), 레위 사람(삿 19:1), 사울(삼하 3:7), 다윗(삼하 5:13)과 솔로몬(왕상 7:8) 등은 첩을 두었고 모세도 일부다처제를 옹호한 것처럼 보인다(신 21:15-17). 그리고 구약성서를 보면 본부인이 아닌 '첩'(concubine)에 대한 언급이 셀 수 없이 많이 나오지만 신약에서는 단 한 번도 나오지 않는다. 이것은 유대인들이 고대에 가지고 있었던 일부다처제의 관습이 신약성서가 기록되었던 1세기의 그리스도교인들에게는 거부되었고 그 대신 일부일처제가 하나의 정형화된 결혼 제도로 받아들여졌다는 것을 보여준다.

예를 들면 예수의 육친의 아버지와 어머니와 세례요한의 부모도 일부일처제의 모습을 보여주며(마 1:16-24; 눅 1:13-24), 예수는 간음을 행한 이유 이외에는 아내를 버리고 다른 사람에게 장가를 갈 수 없다고 함으로써 일부일처제를 확고히 했다(마 19:8-9). 비록 비극적인 죽음을 맞이했지만 사도행전의 아나니아와 삽비라(행 5:1-10)도 일부일처제의 모습을 보여주며, 고린도전서 7장에 나오는 아내와 남편의 의미와 윤리적 문제들과 에베소서 5장의 아내와 남편의 관계도 모두 일부일

---

37. 조은래, "로마법상의 혼인제도,"「哲學硏究」 35 (2009.8), 120-21.

처제를 전제로 한다. 무엇보다 초기 그리스도교부터 현대의 그리스
도교는 일부다처제에 대해서 극도로 부정적이었고, 그것을 혐오했
다. 구약과 신약의 연속성을 생각해 본다면 이러한 태도는 로마의 결
혼법과 연관시키면 해결할 수 있다.

이런 관점에서 조세프 오모레그베(Joseph Omoregbe)는 구약성서나
신약성서가 일부일처제(Monogamy)를 신적인 의도라고 가르치지 않았
고, 바울이 결혼과 관련해서 '아내들'이라는 복수 표현이 아닌 "아
내"라는 단수 표현을 사용한 것 또한 일부일처를 가르치는 것은 아
니라고 보았다. 그는 일부일처제는 그 당시의 그리스-로마의 지배적
인 결혼문화였고, 바울이 그것을 단지 문화적으로 받아들였다는 것
이다.[38] 비록 오모레그베는 신약성서의 일부일처제의 어떤 종교적이
고 그리스도교적인 의미를 인정하지 않았지만, 그가 로마의 결혼법
의 전통을 신약성서 기자들이 따랐다고 본 것은 적절하다.

사도 바울이 그리스-로마의 철학과 종교 정책뿐만 아니라 로마
의 문화와 잘 발달된 도로망과 치안을 이용해서 복음을 전했듯이, 1
세기의 대부분의 유대인들과 그리스도교인들은 로마법의 사고체계
속에서 일상적인 삶을 살았다. 그들에게 있어서 로마법이 제시한 일
부일처제는 보다 발달된 결혼제도로 자연스럽게 받아들여졌을 것이
다. 남성현은 4-6세기의 그리스도교의 혼인관과 로마의 간통법과 이
혼법 전통에 대한 연구를 통해서 로마법의 영향력이 그리스도교에

---

38. Joseph Omoregbe, "Is Polygamy Incompatible with Christianity?" *After* 21,
    no. 6 (December 1979): 366-67. 363-72

게 얼마나 중요했는가를 논했다. 그의 결론에 따르면, "이교 로마 제국은 사라졌지만 때로 관습적 생명력으로(간통에 관한 법의 경우), 때로 법리(法理)적 진리로(이혼에 관한 법의 경우), 기독교 로마 제국을 보이지 않는 손으로 지배하고 있었다."[39] 그의 결론이 중요한 이유는 주후 391년에 그리스도교가 로마의 국교가 된 후 그리스도교 시대의 칙법 전통은 로마법 전통에 대한 변화를 시도했고, 어떤 부분에서는 일정 부분의 성과도 있었지만, 근본적인 로마법의 구조를 바꾸지는 못했다. 오히려 그리스도교의 법학자들은 그리스도의 제자라기보다는 로마법의 제자로서 "로마법의 영향력이 기독교에게 얼마나 중요했는가를" 보여주었다.[40]

4. 소결론

로마는 왕정 시대와 공화정 시대를 거치면서 국가의 변화에 맞는 법제도를 만들어서 그것을 사회를 움직이는 기본 질서로 삼았다. 12표법을 기초로 로마는 배타적이고 민족적인 법 개념을 보다 포괄적이고 보편적인 개념으로 바꾸어서 자국민뿐만 아니라 속주민도 법으로 통치하여, 그리스도교 시대의 칙법뿐만 아니라 오늘날 서구

---

39. 남성현, "로마법과 기독교 간통 및 이혼에 관한 로마법 전통과 4-6세기 기독교 시대의 칙법 전통," 251.

40. 남성현, "로마법과 기독교 간통 및 이혼에 관한 로마법 전통과 4-6세기 기독교 시대의 칙법 전통," 251.

사회의 법 발전에 크게 기여했다. 1세기 팔레스타인은 다른 속주에 비해서 로마로부터 자치권을 많이 부여받아서 실제적으로는 로마법보다는 유대 율법이 지배하는 사회처럼 보이지만, 그 내면을 보면 그리스도교가 국교화된 이후에도 로마법은 지속적으로 그리스도교 칙법에 영향을 주었다. 신약성서에 나타나는 일부일처제의 개념도 이러한 로마의 결혼법에 의해서 영향을 받았을 것이다. 그러므로 로마법의 역사와 내용에 대한 이해는 신약성서의 세계를 깊이 탐구하는데 도움이 될 뿐만 아니라, 오늘날에도 존재하는 그리스도교적 윤리와 현대 사회의 법 사이에 존재하는 차이점에 대한 접근과 그것에 대한 대안을 모색하게 해 줄 수 있을 것이다.

한글 저서와 논문

김선정.『요한복음서와 로마 황제 숭배』. 서울: 한들출판사, 2003.

김승년.『주의 만찬 회복: 주의 만찬의 기원과 의미』. 서울: 기독교문서선교회, 2000.

김외식. "성만찬의 기원과 초기 구조에 대한 연구."「신학과세계」45 (2002), 202-30.

김충연. "고대 로마법(원수정시대)과 사도행전에 나타난 초기 기독교인들의 율법 이해."「신약논단」19/2 (2012년 여름), 493-524.

김한식. "미메시스 해석학을 위하여."「불어불문학연구」79 (2009), 149-189.

남성현. "로마법과 기독교 간통 및 이혼에 관한 로마법 전통과 4-6세기 기독교 시대의 칙법 전통."「서양고대사연구」29 (2011.12), 195-260.

내쉬, 로날드 H.『복음과 헬라문화』, 이경직, 김상엽 옮김. 서울: 기독교문서선교회, 2017.

디킨스, G. L.『그리스인의 이상과 현실: 서양철학의 뿌리』. 박만준·이준호. 서울: 서광사, 1989.

라이케, 보.『신약성서 시대사』. 번역실 옮김. 서울: 한국신학연구소, 1995.

라일리, 그레고리.『하느님의 강: 그리스도교 신앙의 원류를 찾아서』. 박원일 옮김. 21세기 기독교 총서. 고양: 한국기독교연구소, 2005.

로제, 에드워드.『新約聖書背景史』. 朴昌建 옮김. 서울: 대한기독교출판사, 1984.

문우일. "상호텍스트성에서 미메시스 비평까지."「신약논단」19/1 (2012 봄), 313-351.

_____. "솔로몬 전승으로 분석한 요한복음의 예수: 요 1:47-49; 10:19-

24를 중심으로.”「한국기독교신학논총」 82 (2012), 123-46.

맹성렬.『오시리스의 죽음과 부활: 고대 이집트 왕권 신화의 본질을 찾아서』. 서울: 르네상스, 2009.

송혜경.『신약 외경 입문-상권: 신약 외경 총론』. 서울: 바오로딸, 2013.

아폴로도로스.『원전으로 읽는 그리스 신화』. 천병희 옮김. 고양: 도서출판 숲, 2012.

알멘, 쟌자크 폰.『주의 만찬』박근원 옮김. 서울: 양서각, 1986.

우진성. “고린도교회의 주의 만찬에 나타난 “배고픈 자들”과 “술 취한 자들”의 정체.”「신학연구」 61 (2012), 38-67.

에우리피데스.『에우리피데스 비극 전집 2』. 천병희 옮김. 서울: 도서출판 숲, 2009.

엘리아데, 미르치아.『세계종교사상사 1: 석기시대에서부터 엘레우시스의 비의까지』. 이용주 옮김. Vol. 1, 2 vols. 서울: 이학사, 2014.

_____.『세계종교사상사 2: 고타마 붓다에서부터 기독교의 승리까지』. 최종성·김재현 공역. Vol. 2, 2 vols. 서울: 이학사, 2014.

유은걸. “요한계시록의 황제제의: 요한계시록 13장과 17장을 중심으로.”「신약논단」 15/2 (2008), 469-503.

이어진. “디다케 9-10장의 성만찬 연구.”「장신논단」 48/2 (2016), 175-200.

이종철. “바울의 로마 항해 내러티브와 버질의『아이네이스(Aeneid)』의 상호텍스트성 연구.”「신학논단」 19/4 (2013), 1103-40.

정우홍. “로마 식사 관습을 통한 고전 11:17-34절 해석.”「신학지남」 67/4 (2000), 256-74.

정장복. “성만찬의 역사적 의미와 위치성 회복문제.”「장신논단」 2 (1986), 222-52.

조남진. “스토아 사상과 로마법.”「西洋古代史研究」 2 (1994.11), 23-78.

조은래. “로마법상의 혼인제도.” 哲學研究 35 (2009.8), 117-41.

조재형. "오디세우스의 변모(16.166-224; 299-303)가 예수의 변모(눅 9;28-36)에 끼친 영향에 관한 문학적 연구."「한국기독교 신학논총」 83 (2012), 101-22.

"고린도전서에 나타난 그레코-로만의 공동식사: 뛰시아(Θυσία) 희생제의로 살펴본 그리스도교의 성찬," *Canon & Culture* 13/2 (2019): 281-311.

_____. "디오니소스의 제의를 통해서 본 요한복음서의 성찬(요 6:51-59)."「기독교신학논총」 88 (2013), 33-58.

_____. "고대 영지주의 사상의 관점에서 바라본 요한복음 6장의'살'(Σάρξ)."「신학연구」 51/1 (2014), 7-30.

_____. "미메시스 비평으로 살펴본 사도행전의 기적적인 탈출과 사울의 저항: 사도행전 12:6~7, 16:25~26, 22:14를 중심으로."「신약논단」 21/3 (2014), 731-60.

_____. "영지주의 사상의 관점에서 살펴본 고린도전서 15장 51절의 다양한 이문에 대한 연구."「신약논단」 21/4 (2014), 1099-128.

_____. "요한복음 서론(1:1-18)에 반영된 요한공동체의 정황."「복음과 교회」 19/1 (2013), 152-178.

_____. "요한복음서의 예수의 수난과 유리피데스의『박카이』의 디오니소스의 수난에 대한 미메시스 비평."「신약논단」 22/2 (2015), 467-502.

_____. "고대 영지 사상이 초기 기독교 공동체의 '신론'(神論)에 끼친 영향: 나그함마디 문서와 신약성서의 영지주의적 본문을 중심으로."「신학연구」 69 (2016), 87-110.

_____. "알몸으로 빠져나간 청년과 영혼의 여행(막 14:51-52)."「신학사상」 172 (2016), 7-39.

진영석. "플라톤의『법률』: 법과 교육과 종교."「도덕 교육 연구」 27/2 (2015.8), 1-20.

조태연.『예수운동-그리스도교 기원의 탐구』. 서울: 대한기독교서회, 2019.

차정식. 『예수는 어떻게 죽었는가: 예수의 수난 전승 탐구』. 서울: 한들출판사, 2006.

_____. "음식과 식사의 신학적 지형학." *Canon & Culture* 2/2 (2008), 99-135.

최홍진. "요한의 성만찬." 「신약논단」 11/4 (2004), 775-96.

타우직, 할. 『기독교는 식사에서 시작되었다-사회적 실험 그리고 초기 기독교의 정체성』. 조익표, 조영희, 장영진, 이난희 옮김. 서울: 동연, 2018.

카트리지, 폴. 『알렉산더: 위대한 정복자』. 이종인 옮김. 서울: 을유문화사, 2004.

탄, W. W. 『알렉산더 大王史』. 地動植 옮김. 서울: 三星美術文化財團, 1985.

한상수. "플라톤의 법치국가론 -『법률』을 중심으로." 「법철학연구」 2 (1999), 59-80.

현승종. 『로마法』. 서울: 일조각, 1997.

호메로스. 『오뒷세이아』. 천병희 옮김. 파주: 도서출판 숲, 2014.

_____. 『일리아스』. 천병희 옮김. 파주: 도서출판 숲, 2015.

외국어 저서와 논문

A Guide to the Pompeii Excavations. Ed. Editor. trans. Translator. Series A Guide to the Pompeii Excavations. Ed. Series Editor. Pompeii: Board of Cultural Heritage of Pompeii, 2015.

Anderson, Gordon Lee. "The Legal Basis for the Treatment of Christianity, 30-312 C. E." Ph. D. Dissertation. University of Minnesota, 1986.

Apuleius, Lucius. *The Transformation of Lucius: Otherwise Known as the Golden Ass*. trans. Robert Graves. New York: Farrar, Straus and Giroux, 1951.

Balz, Horst and Gerhard Schneider, eds. *Exegetical Dictionary of the New Testament*. Vol. 2. Grand Rapids: W. B. Eerdmans, 1993.

Barabas, Steven. "Sacrifice." In *The Zondervan Pictorial Bible Dictionary*. Ed.

Merrill C. Tenney, 737-40. Grand Rapids: Zondervan, 1967.

Bauer, Walter. *A Greek-English Lexicon of the New Testament and Other Early Christian Literature*. trans. William F. Arndt and F. Wilbur Gingrich. 3rd and revised ed.. Ed. Frederick W. Danker. Chicago: University of Chicago Press, 1957. Reprint, 2000.

Beck, Roger. *The Religion of the Mithras Cult in the Roman Empire: Mysteries of the Unconquered Sun*. Oxford: Oxford University Press, 2006.

Bevir, Mark. *The Logic of the History of Ideas*. Cambridge: Cambridge University Press, 1999.

Bonner, Campbell. "A Dionysiac Miracle at Corinth." *American Journal of Archaeology* 33 (1929): 368-75.

Bonz, Marianne Palmer. *The Past as Legacy: Luke-Acts and Ancient Epic*. Minneapolis: Fortress Press, 2000.

Boyd, William. *The History of Western Education*. 13 ed. New York: Barnes & Noble, 1973.

Bram, Jean Rhys. "Sun." In *Encyclopedia of Religion*. Ed. Lindsay Jones, vol 13, 8834-44. Detroit: Macmillan Reference USA, 2005.

Brandon, S. G. F. "Greek Religion." In *A Dictionary of Comparative Religion*. Ed. S. G. F. Brandon. New York: Charles Scribner's Sons, 1970.

_____. "Homer." In *A Dictionary of Comparative Religion*. Ed. S. G. F. Brandon. New York: Charles Scribner's Sons, 1970.

Brant, Jo-Ann A. *Dialogue and Drama: Elements of Greek Tragedy in the Fourth Gospel*. Peabody: Hendrickson, 2004.

Brenk, Frederick E. *With Unperfumed Voice: Studies in Plutarch, in Greek literature, Religion and Philosophy, and in the New Testament Background*. Stuttgart: Franz Steiner Verlag, 2007.

Brown, Raymond E. *The Gospel According to John I-XII*. Anchor Bible. Garden

City, NY: Doubleday, 1966.

_____. "The Passion According to John: Chapters 18 and 19." *Worship* 49, no. 3 (March 1975): 126-34.

Bultmann, Rudolf Karl. *The Gospel of John: A Commentary*. trans. G. R. Beasley-Murray. Ed. R. W. N. Hoare and J. K. Riches. Philadelphia: Westminster, 1971.

Burkert, Walter. *Greek Religion*. trans. John Raffan. Cambridge: Harvard University Press, 1985. Originally published as *Griechische Religion der archaischen und klassischen Epoche* (Stuttgart: Kohlhammer, c1977).

_____. *Ancient Mystery Cults*. Carl Newell Jackson Lectures. Cambridge: Harvard University Press, 1987.

Buttrick, George Arthur. *The Acts of the Apostles, the Epistle to the Romans*. The Interpreter's Bible. Nashville: Abingdon Press, 1954.

Chamberas, Peter A. "The Transfiguration of Christ: A Study in the Patristic Exegesis of Scripture." *St Vladimir's Theological Quarterly* 14, no. 1/2 (1970): 48-65.

Charlesworth, J. H. "From Messianology to Christology Problems and Prospects." In *The Messiah: Developments in Earliest Judaism and Christianity*. James H. Charlesworth ed. Minneapolis: Fortress Press, 1992.

Charlesworth, M. P. "Some Observations on Ruler-Cult Especially in Rome." *Harvard Theological Review* 28, no. 1 (1935): 5-44.

Cho, Jae Hyung. "Johannine Eucharist in the Light of Greco-Roman Religion." Unpublished Ph. D. Dissertation, Claremont Graduate University, 2010.

Clement. "Exhortation to the Greeks." In *Clement of Alexandria*, Loeb Classical Library. Cambridge: Harvard University Press, 1919. Reprint, 1982.

Creamer, Petra M. "Isis in Rome: The Popularity of the Isiac Cult in the Roman Empire." *Journal of Theta Alpha Kappa* 39, no. 1 (2015): 15-34.

Conzelmann, Hans. *1 Corinthians: A Commentary on the First Epistle to the Corinthians*. trans. James W. Leitch. Hermeneia-A Critical and Historical Commentary on the Bible. Ed. George W. MacRae Philadelphia: Fortress Press, 1975.

Davies, W. D., and Dale C. Allison. *A Critical and Exegetical Commentary on the Gospel According to Saint Matthew*. The International Critical Commentary. 3 vols. Vol. 3, Edinburgh: T. & T. Clark, 1988.

Des Places, E. "Sacrifice, II (Greco-Roman)." In *New Catholic Encyclopedia*, 508-10. Detroit: Gale, 2003.

Dix, Gregory. *The Shape of the Liturgy*. London: Dacre Press, 1945.

Dods, Marcus. "The Gospel of St. John." In *The Expositor's Greek Testament: Gospels, St. John*. Ed. W. Robertson Nicoll, I, 653-872. Grand Rapids: Wm. B. Eerdmans, 1956.

Dodds, E. R. ed. *Euripides Bacchae*. London: Oxford University Press, 1960.

_____. "Maenadism in the Bacchae." *Harvard Theological Review* XXXIII, no. 8 (July 1940): 155-76.

Duchesne-Guillemin, J. "Mithras and Mithraism." In *New Catholic Encyclopedia*, vol 9, 744-45. Detroit: Gale, 2003.

Ehrman, Bart D. *The New Testament: A Historical Introduction to the Early Christian Writings*. 2 ed. New York & Oxford: Oxford University, 2000.

Ekroth, Gunnel. "Heroes and Hero-Cults." In *A Companion to Greek Religion*. Ed. Daniel Ogden. Malden: Blackwell Publishing, 2007.

Euripides. *Euripides III*. Ed. T. E. Page and W. H. D. Rouse, trans. Arthur S. Way, IV vols., vol. III. London: Willinam Heinemann, 1912. repr. 1919.

_____. *Euripides V*. Ed. David Grene and Richmond Alexander Lattimore. Chicago: The University of Chicago Press, 1959.

Evans, Arthur. *The God of Ecstasy: Sex-Roles and the Madness of Dionysos*. New

York: St. Martin's Press, 1988.

Evans, Bergen. *Dictionary of Mythology*, Mainly Classical. Lincoln: Centennial Press, 1970.

Frazer, James George. *The New Golden Bough*. New York: Criterion Books, 1959.

Ferguson, John. *The Religions of the Roman Empire*. New York: Cornell University, 1970.

Finegan, Jack. *Myth & Mystery: An Introduction to the Pagan Religions of the Biblical World*. Grand Rapids: Baker Book House, 1989.

Finkelberg, MarGalit. "Introduction: Before the Western Cannon." In *Homer, the Bible, and Beyond: Literary and Religious Canons in the Ancient World*. Ed. MarGalit Finkelberg and Guy G. Stroumsa. Jerusalem Studies in Religion and Culture. Leiden and Boston: Brill, 2003.

Friesen, Courtney Jade. "Reading Dionysus: Euripides' Bacchae among Jews and Christians in the Greco-Roman World." Ph. D. Dissertation, University of Minnesota, 2013.

Gill, David. "Trapezomata: A Neglected Aspect of Greek Sacrifice." *Harvard Theological Review* 67 (1974): 117-37.

_____. *Greek Cult Tables. Harvard Dissertations in Classics*. Ed. Gregory Nagy. New York & London: Garland Publishing, 1991.

Gordon, Cyrus H. *Homer and Bible: The Origin and Character of East Mediterranean Literature*. Ventnor: Ventnor Publishers, 1966.

Gordon, Richard. "Mithraism." In *Encyclopedia of Religion*. Ed. Lindsay Jones, vol 9, 6088-93. Detroit: Macmillan Reference USA, 2005.

Graf, Fritz. "Eleusinian Mysteries." In *Encyclopedia of Religion. Ed. Lindsay Jones*, vol 4, 2751-53. Detroit: Macmillan Reference USA, 2005.

Grant, R. M. "Roman Empire." In *The Interpreter's Dictionary of the Bible*. vol. 4. Ed. George Arthur Buttrick. New York: Abingdon Press, 1962.

Griffiths, Gwyn. "The Great Egyptian Cults of Oecumenical Spiritual Significance." In *Classical Mediterranean Spirituality*. Ed. A. H. Armstrong. New York: Crossroads, 1986.

Haenchen, Ernst. "History and Interpretation in the Johannine Passion Narrative." *Interpretation* 24, no. 2 (1970): 198-219.

Hamilton, *Hdith and Huntington Cairns*, eds. The Collected Dialogues of Plato: Including the Letters. Vol. LXXI, Bollingen Series. New York: pantheon books, 1961.

_____. "Introduction." In *The Collected Dialogues of Plato: Including the Letters*. Ed. Hdith Hamilton and Huntington Cairns, vol LXXI, Bollingen Series. New York: Pantheon Books, 1961.

Harrill, J. Albert. "Cannibalistic Language in the Fourth Gospel and Greco-Roman Polemics of Factionalism (John 6:52-66)." *Journal of Biblical Literature* 127, no. 1 (2008): 133-58.

Hays, Richard B. *Echoes of Scripture in the Letters of Paul*. New Haven: Yale University Press, 1989.

Hendriksen, William. *New Testament Commentary: Exposition of the Gospel According to Mark*. Grand Rapids: Baker Book House, 1975.

Hesiod. "Theogony." In *Hesiod; Homeric Hymns; Epic Cycle; Homerica*, The Loeb Classical Library. Cambridge and London: Harvard University Press, 1936. Reprint, 2000.

Hock, Ronald F. "Homer in Greco-Roman Education." In *Mimesis and Intertextuality in Antiquity and Christianity*. Ed. Dennis R. MacDonald. Harrisburg: Trinity Press International, 2001.

Homer. "The Homeric Hymns II to Demeter." In *Hesiod, Homeric Hymns Epic Cycle Homerica*. Ed. Jeffrey Henderson, vol 57, The Loeb Classical Library. Cambridge and London: Harvard University Press, 1914. Reprint, 2000.

_____. "The Homeric Hymns XIV to the Mother of the Gods." In *Hesiod, Homeric Hymns Epic Cycle Homerica*. Ed. Jeffrey Henderson, vol 57, The Loeb Classical Library. Cambridge and London: Harvard University Press, 1914. Reprint, 2000.

_____. *Homer Odyssey Books 1-12*. trans. A. T. Murray. Vol. 104. 2 ed. Loeb Classical Library. Ed. Jeffrey Henderson. Cambridge and London: Harvard University Press, 1919. Reprint, 2002.

Honea, Sion M. "Homer's Daitos Eises, the Greek Sacrificial Meal." *Journal of Ritual Studies* 7, no. 2 (Fall 1993): 53-68.

Jefferson, Lee M. "The Pagan Feast and the Sacramental Feast: The Implication of Idol Food Consumption in Paul's Corinth." *Sewanee Theological Review* 51:1 (Christmas 2007), 22-47.

Jeremias, Joachim. *The Eucharistic Words of Jesus*. trans. Norman Perrin. 3rd ed. Philadelphia: Fortress Press, 1977. Originally published as Die Abendmahlsworte Jesu (Göttingen: Vandenhoeck & Ruprecht, 1960).

John, John St. "The Sacred Meal: The Roots of Christian Ritual." *Dialogue & Alliance* 6, no. 3 (1992): 52-69.

Johnson, A. H., ed. *The Wit and Wisdom of Alfred North Whitehead*. Boston: Beacon Press, 1947.

Johnson, Luke Timothy. *The Acts of the Apostles*. Sacra Pagina Series. Collegeville: Liturgical Press, 1992.

_____. *The Writings of the New Testament: An Introduction*. revised ed. Minneapolis: Fortress Press, 1999.

Kenney, John Peter. "Monotheistic and Polytheistic Elements in Classical Mediterranean Spirituality." In *Classical Mediterranean Spirituality*. Ed. A. H. Armstrong. New York: Crossroads, 1986.

Klinghardt, Matthias. *Gemeinschaftsmahl Und Mahlgemeinschaft: Soziologie*

Und Liturgie Frühchristlicher Mahlfeiern. Tubingen: Francke, 1996.

Larson, Jennifer. *Ancient Greek Cults: A Guide.* New York: Routledge, 2007.

Lee, Dorothy. "The Gospel of John and the Five Senses." *Journal of Biblical Literature* 129, no. 1 (2010): 115-27.

Lietzmann, Hans, and Robert D. Richardson. *Mass and Lord's Supper: A Study in the History of the Liturgy.* Leiden: E J Brill, 1979. Originally Published as Masse und Herrenmahl: eine Studie zur Geschichte der Liturgie (Bonn: Marcus, 1926).

Lovejoy, Arthur O. *The Great Chain of Being: A Study of the History of an Idea.* Cambridge: Harvard University Press, 1936. Reprint, 1948.

Maccoby, Hyam. "Paul and the Eucharist." *New Testament Studies* 37:2 (1991), 247-67.

MacDonald, Dennis R. *Christianizing Homer: The Odyssey, Plato, and the Acts of Andrew.* New York/ Oxford: Oxford University Press, 1994.

_____. *The Homeric Epics and the Gospel of Mark.* New Haven & London: Yale University Press, 2000.

_____. *Does the New Testament Imitate Homer?: Four Cases from the Acts of the Apostles.* New Heaven and London: Yale University Press, 2003.

_____. "Jesus' Transfiguration (Mark 9:2-10 and Luke 9:28-36) Odysseus's Transfiguration (Odyssey 16.154-24 and 299-307) in a Synopsis of Mark, Luke-Acts, and Classical Poetry." Unpublished Class note.

_____. "My Turn: A Critique of Critics of 'Mimesis Criticism.'" Claremont Graduate University, 2006.

_____. *The Gospels and Homer: Imitations of Greek Epic in Mark and Luke-Acts.* Vol. I. The New Testament and Greek Literature. Lanham/Boulder/ New York/London: Rowman & Littlefield, 2015.

McConnell, John F. "The Eucharist and the Mystery Religions." *Catholic Biblical*

Quarterly 10/1 (1948), 29-41.

MacMullen, Ramsay. *Paganism in the Roman Empire*. New Haven: Yale University, 1981.

Magill, Frank N., ed. *Dictionary of World Biography: The Ancient World*, Vol. 1. Chicago: Fitzroy Dearborn, 1998.

Marshall, I. Howard. *The Gospel of Luke: A Commentary on the Greek Text. The New International Greek Testament Commentary*. Exeter: The Paternoster Press, 1978.

Martin, Luther H. "Roman Mithraism and Christianity." *Numen* 36, no. 1 (1989): 2-15.

McGuckin, John Anthony. *The Transfiguration of Christ in Scripture and Tradition*. Vol. 9. Studies in the Bible and Early Christianity. Lewiston and Queenston: The Edwin Mellen Press, 1987.

Menken, Martinus J. J. "Allusions to the Minor Prophets in the Fourth Gospel." *Neotestamentica* 44, no. 1 (2010): 67-84.

Merrell, Lolly. "Excavations at Pompeii and Herculaneum Mark the First Systematic Study in Archeology." In *Science and Its Times*. Ed. Neil Schlager and Josh Lauer, vol 4, 1700 to 1799, 39-42. Detroit: Gale, 2000.

Meyer, Marvin W., ed. The Ancient *Mysteries: A Sourceboo*k of Sacred Texts. Philadelphia: University of Pennsylvania Press, 1987.

Mitchell, Margaret M. *"Homer in the New Testament?" The Journal of Religion* 83 (2003): 244-60.

Moore, Francis John. "Eating the Flesh and Drinking the Blood: A Reconsideration." Anglican Theological Review 48, no. 1 (1966): 70-75.

Morrison, John. "Orphism." In *Encyclopedia of Philosophy*. Ed. Donald M. Borchert, vol 7, 42-44. *Detroit: Macmillan Refer*ence USA, 2006.

Need, Stephen W. "Jesus the Bread of God: The Eucharist as Metaphor in John

6." *Theology* 105, no. 825 (2002): 194-200.

Nock, Arthur Darby. "The Cult of Heroes." *Harvard Theological Review* 37/2 (1944), 141-74.

Noy, David. "The Sixth Hour Is the Mealtime for Scholars: Jewish Meals in the Roman World." In *Meals in a Social Context, ed. Inge Nielsen and Nanne Sigismund Nielsen.* Aarhus Studies in Mediterranean Antiquity, 134-44. Aarhus, Denmark: Aaruhs University Press, 1998.

Omoregbe, Joseph. "Is Polygamy Incompatible with Christianity?" *After* 21, no. 6 (December 1979): 363-72

Olson, Roger E. and Christopher A. Hall. *The Trinity, Guides to Theology.* Grand Rapids: W. B. Eerdmans, 2002.

Oster, Richard F. *1 Corinthians.* The College Press NIV Commentary. Joplin: College Press Publishing Company, 1995.

Otto, Walter F. *Dionysus: Myth and Cult.* Ed. Editor. trans. Translator. Series Dionysus: Myth and Cult. Ed. Series Editor. Bloomington and London: Indiana University Press, 1965. Originally published as Dionysos, Mythos und Kultus (Frankfurt am Main: V. Klostermann,1933).

Park, Rohun. "Between and Beyond Reciprocity and Communion." 「한국기독교신학논총」 101 (2016), 157-73.

Peters, Edward H. "St. Paul and the Eucharist." The Catholic Biblical Quarterly 10:3 (1948), 247-53.

Plato. Republic. trans. G. M. A. Grube. Indiana*polis: Hackett Publishing Compa*ny, 1992.

_____. "Republic." In *The Collected Dialogues of Plato Including the Letters,* ed. Edith Hamilton and Huntington Cairns. New York: Pantheon Books, 1961.

Pleket, H. W. "An Aspect of the Emperor Cult: Imperial Mysteries." Harvard

Theological Review 58, no. 4 (1965): 331-47.

Plutarch. "Isis and Osiris." In Plutarch's Moralia V. Ed. T. E. Page, vol *V, The Loeb Classical Library*. Cambridge and London: Harvard University Press and William Heinemann LTD, 1936. Reprint, 1957.

Power, David Noel. "Words That Crack: The Uses of 'Sacrifice' in Eucharistic Discourse." Worship 53:5 (1979), 386-404.

Prümm, K. "Mystery Religions, Greco-Oriental." In New Catholic Encyclopedia, vol 10, 85-97. *Detroit*: Gale, 2003.

Price, Simon. "Gods and Emperors: The Greek Language of the Roman Imperial Cult." *Journal of Hellenic Studies* 104 (1984): 79-95.

Riley, Gregory J. *One Jesus, Many Christs: How Jesus Inspired Not One Ture Christianity But Many*. Minneapolis: Fortress Press, 2000.

_____. *The River of God: A New History of Christian Origins*. New York: HarperCollins, 2001.

_____. *I was Thought to be What I Am Not: Docetic Jesus and the Johannine Tradition*. Claremont: Institution of Ancient Christianity, 1994

Ringe, Sharon H. "Luke 9:28-36: The Beginning of an Exodus." *Semeia* 28 (1983): 83-99.

Roller, Lynn E. "Cybele." In *Encyclopedia of Religion*. Ed. Lindsay Jones, vol 3, 2108-11. Detroit: Macmillan Reference USA, 2005.

Rudolph, Kurt. "Mystery Religions." In *Encyclopedia of Religion*. Ed. Lindsay Jones, vol 9, 6326-34. Detroit: Macmillan Reference USA, 2005.

Sandnes, Karl Olav. "Imitatio Homeri?: An Appraisal of Dennis R. Macdonald's 'Mimesis Criticism.'" *Journal of Biblical Literature* 124, no. 4 (2005): 715-32.

Schmidt, Joél Z. "'For I Received from the Lord What I Also Handed on to You...' (1 Cor 11:23)." *The Conrad Grebel Review* 21:2 (Spr 2003), 59-71.

Schweizer, Eduard. *The Good News According to Luke*. trans. David E. Green. Atlanta: John Knox Press, 1984.

Seaford, Richard. Dionysos. *Gods and Heroes of the Ancient World*. Ed. Susan Deacy. London and New York: Routledge, 2006.

Sigal, Phillip. "Another Note to 1 Corinthians 10:16." *New Testament Studies* 29:1 (1983), 134-39.

Smit, Joop F. M. "'Do Not Be Idolaters': Paul's Rhetoric in First Corinthians 10:1-22." *Novum Testamentum* 39:1 (1997), 40-53.

Smith, Dennis E. *From Symposium to Eucharist: The Banquet in the Early Christian World*. Minneapolis: Fortress Press, 2003.

_____. "Meal Customs (Greco-Roman)." In *Anchor Bible Dictionary* 4, ed. David Noel Freedman, 650-53. New York: Doubleday, 1992.

_____. "Meal Customs (Sacred Meals)." In *Anchor Bible Dictionary* 4. Ed. David Noel Freedman, vol 4, 650-53. New York: Doubleday, 1992.

Smith, Morton. "The Origin and History of the Transfiguration Story." *Union Seminary Quarterly Review* (Fall 1980): 39-44.

Takács, Sarolta A. "Isis." In *Encyclopedia of Religion*. Ed. Lindsay Jones, vol 7, 4557-60. Detroit: Macmillan Reference USA, 2005.

Tatius, Achilles. *Achilles Tatius*. trans. S. Gaselee. Revised and reprinted ed. The Loeb Classical Library. Cambridge and London: Harvard University Press, 1917. Reprint, 1969.

Temple, Patrick J. "The Eucharist in St. John 6." *Catholic Biblical Quarterly* 9, no. 4 (1947): 442-452.

Thom, Paul. *The Logic of the Trinity: Augustine to Ockham*. New York: Fordham University, 2012.

Townsley, Jeramy. "Paul, the Goddess Religions, and Queer Sects: Romans 1:23-28." *Journal of Biblical Literature* 130, no. 4 (2011): 707-28.

Trzaskoma, Stephen M., R. Scott Smith, Stephen Brunet, and Thomas G. Palaima, eds. *Anthology of Classical Myth: Primary Sources in Translation*. Indianapolis: Hackett, 2004.

Tuilier, André, ed. *La Passion Du Christ: Tragédie*. Paris: Les Éditions du Cerf, 1969.

Ullucci, Daniel C. "Sacrifice in the Ancient Mediterranean: Recent and Current Research." *Currents in Biblical Research* 13:3 (2015), 388-439.

Weaver, John B. *Plots of Epiphany: Prison-Escape in Acts of the Apostles*. Berlin: Walter de Gruyter, 2004.

Vollert, Cyril. "The Eucharist: Insights from Scripture." *Theological Studies* 21, no. 3 (Summer 1960): 404-43.

Yoon, Sukkil. "Baptism as Christian Initiation: The Origins and Development of Being United with Christ." Ph. D. Dissertation. Claremont School of Theology, 2004.

Zimmerman, J. E. *Dictionary of Classical Mythology*. New York: Harper & Row, 1964.

겝	Geb	세라피스	Serapis
그레고리우스, 나지안주스의		세멜레	Semele
	Gregory of Nazianzus	세트	Seth
네로	Nero	셀레네	Selene
네메시스	Nemesis	소크라테스	Socrates
네프튀스	Nephthys	소포클레스	Sophocles
넵투누스	Neptunus	솔 인빅투스	Sol Invictus
논노스	Nonnos	솔라	Sola
누트	Nut	술라	Sulla
님프	Nymph	스타티우스	Statius
단테	Dante	스트라본	Strabon
데메테르	Demeter	아가멤논	Agamemnon
데모크리투스	Democritus	아가위에	Agaue
데모폰	Demophon	아낙사고라스	Anaxagoras
데미우르고스	Demiurgos	아레스	Ares
데키우스	Decius	아르테미스	Artemis
도미티아누스	Domitian	아리스타이우스	Aristaeus
뒤나미스	Dynamis	아모르	Cupid
드루실라	Drusilla	아스클레피오스	Asclepius
디아나	Diana	아우구스투스	Augustus
디오뉘소스	Dionysus	아우구스티누스	Augustin
디오스쿠로이	Dioskouroi	아우렐리우스	Aurelian
디오클레스	Diocles	아우로라	Aurora
라에테스	Laertes	아이기스토스	Aegisthus
라토나	Latona	아이스퀼로스	Aeschylus
레아	Rhea	아르타파노스	Artapanus
레우킵포스	Leukippos	아테나	Athena
레테	Lethe	아티스	Attis
레토	Leto	아티쿠스	Atticus
루나	Luna	아폴로도로스	Apollodorus
루키우스	Lucius	아폴론	Apollo
마르스	Mars	아풀레이우스, 루키우스	
마이나데스	Maenads		Apuleius, Lucius
메르쿠리우스	Mercurius	아프로디테	Aphrodite
메타네이라	Metanira	안토니누스 피우스	
무사에우스	Musaeus		Antoninus Pius
뮈사이	Muses	안토니우스	Anthony
미네르바	Minerva	알라리크	Alaric
바쿠스	Bacchos	알렉산드로스	Alexander
발레리아누스	Valerian	얄다바오트	Yaldabaoth
발레리우스	Valerius	에라토스테네스	Eratosthenes
베누스	Venus	에로스	Eros
베르길리우스	Vergil	에오스	Eos
베스타	Vesta	에우리디케	Eurydice
벨레로폰	Bellerophon	에우리피데스	Euripides
불카누스	Vulcanus	에우마이오스	Eumaios
사투르투스	Saturnus	에우몰포스	Eumolpos